Paul Raabe
Mein expressionistisches Jahrzehnt

Paul Raabe
Mein expressionistisches Jahrzehnt

Anfänge in Marbach am Neckar

Arche

Frontispiz: Paul Raabe. Zeichnung von Ludwig Meidner. 1958.
Aus dem Privatbesitz des Autors.

Copyright © 2004 by Arche Verlag AG, Zürich-Hamburg
Alle Rechte vorbehalten
Umschlag: Max Bartholl, Frankfurt am Main
Satz: Gaby Michel, Hamburg
Druck und Bindung: Clausen & Bosse, Leck
Printed in Germany
ISBN 3-7160-2328-0

Inhalt

Zuvor – von Oldenburg nach Hamburg

Kindheitserinnerung   11
Mein erster Mentor   14
die maer von der musa expressionistica   18
In Kurt Ottes Kubin-Archiv   23
Zu Gast bei Alfred Kubin   28
Karl Schwoon – ein Bauhaus-Schüler   34
Karl Ludwig Schneider – der Hamburger
   Expressionismusforscher   37

Marbacher Anfänge

Bibliothekar im Deutschen Literaturarchiv   47
Heym-Arbeiten   53
Wilhelm Badenhop – der
   Expressionismussammler   57
Paul Pörtner – der Herausgeber   64
Kurt Pinthus – die *Menschheitsdämmerung*   68
Der alte Ludwig Meidner   75
»Ich bin Thea Sternheim aus Paris«   80

Marbacher Wiederentdeckung des
   literarischen Expressionismus

Es lag in der Luft   89
Expressionismus in Marbach   93
Eine Ausstellung erregt Aufsehen   98
Ludwig Greve   102
Eine verworfene Einleitung   106

Hermann Kasacks Kontroverse mit Ludwig Greve   109
Noch ein Wort zum Katalog   114

Begegnungen

Alexandra Pfemfert und Nell Walden   123
Wilhelm und Erna Klemm   129
Kurt Hiller   134
Zwei Niederländer   141
Franz Jung   148
Witwen, Frauen, Freundinnen   152
Kurt Wolffs Tod   164

Eine Ausstellung auf Reisen

Münchner Auftakt   173
Ein Höhepunkt: Berlin   178
Amerikanisches Abenteuer   184
Emigrantenschicksale an der Ostküste   190
Wiedersehen mit Hamburg   196
Expressionismus in Florenz   202
Eine Wanderausstellung geht um die Welt   206

Ad fontes – zurück zu den Quellen

Unter Siegfried Buchenaus Ägide   213
Der Nachdruck der *Aktion*   220
Die expressionistischen Zeitschriften   229
Expressionismus-Taschenbücher   233
Eine Sammlung autobiographischer Texte   239
Verworfene Pläne   243
Die unvollendeten Studien   247

Die letzten Jahre

Bei Max Brod in Israel   253
Expressionismus im Prager Frühling   262
Kafka und kein Ende   266
Besuch in Ostberlin   270
Gegensätze   278
Biberacher *Wege und Gestalten*   286
Abschied von Marbach   293

Nachspiele

Wolfenbütteler Neuland   303
Kraus Reprint und Ulfa von den Steinen   309
Ein amerikanischer Expressionismussammler   317
Ein Handbuch nach 25 Jahren   320
Huldigungen an Gottfried Benn   325
Expressionismus im Arche Verlag   331
Rückblick   336

Anhang

Meine Veröffentlichungen zum Expressionismus   342
Nachbemerkung   346
Quellennachweis   348
Personenregister   353
Biographische Notiz   367

Zuvor – von Oldenburg nach Hamburg

Im Kubin-Archiv Hamburg. 1956.
Dr. Kurt Otte mit Paul Raabe.
Foto: Paul Raabe Archiv

Kindheitserinnerung

»Noch aber steht sie da: 1910–1920. Meine Generation! Hämmert das Absolute in abstrakte, harte Formen: Bild, Vers, Flötenlied. Arm und rein, nie am bürgerlichen Erfolg beteiligt, am Ruhm, am Fett des schlürfenden Gesindes. Lebt von Schatten, macht Kunst. Meine Generation – und heute fast alle tot – nur in den bildenden Künsten sind noch einige große Alte da... Es war eine belastete Generation: verlacht, verhöhnt, politisch als entartet ausgestoßen – eine Generation jäh, blitzend, stürzend, von Unfällen und Kriegen betroffen, auf kurzes Leben angelegt.« Das schrieb der Dichter Gottfried Benn 1955, ein Jahr vor seinem Tode, in der Einleitung seiner *Anthologie der Lyrik des expressionistischen Jahrzehnts.*

Wir, die Generation der Söhne, aufgewachsen in der unseligsten Zeit unserer Geschichte, wußten nichts von dieser letzten großen künstlerischen und literarischen Bewegung zwischen 1910 und 1920. Sie war verschüttet und schien vergessen, als der Zweite Weltkrieg im Mai 1945 zu Ende gegangen war und eine zertrümmerte Welt hinterließ.

Auch für meine Eltern lag das expressionistische Jahrzehnt weit zurück. Hatten sie es überhaupt damals um 1920 in der Provinz zur Kenntnis genommen? Ich weiß es nicht. Mein Vater war als Bildhauer 1920 mit 23 Jahren aus Zeitz in Sachsen zugewandert, arbeitete in der Tischlerei meines Großvaters, die zu seinem Antiquitätengeschäft gehörte. Er heiratete die Tochter des Hauses, meine Mutter, und ein paar Jahre später machte er sich selbständig. Er, der den Ersten Weltkrieg mitgemacht hatte und den Zweiten als Soldat nicht überlebte, war kein Künstler, sondern ein unendlich fleißiger Handwerker, der Jahr für Jahr in seiner kleinen Werkstatt an der Hobelbank stand und schnitzte, ohne sich je einen Urlaub zu gönnen. Er hatte es schwer in seinem Beruf, Möbelschnitzereien kamen aus der Mode. Die Aufträge für Schränke, Stühle und Truhen wurden spärlicher. Mit dem Schnitzen von Modeln, Plaketten, Wegweisern und anderen kunsthandwerklichen Arbeiten – geschnitzten Tellern, Schreibgarnituren, Kassetten – kam die vierköpfige Familie in den harten Zeiten der Weltwirtschaftskrise und danach nur mühsam über die Runden.

Abends – so erinnere ich mich – studierte der Vater die Hefte der reich bebilderten Fachzeitschrift auf Kunstdruckpapier, in der er Anregungen für seine Arbeit fand. Daß ich dort mit meinem Vater die Abbildungen moderner Holzplastiken etwa von Ernst Barlach, Bernhard Hoetger und anderen expressionistischen Bildhauern betrachtet haben könnte, mag ich nicht ausschließen. Daß sie meine kindliche Phantasie anregten, glaube ich kaum, denn ich beschäftigte mich mit dem Sammeln und Beschreiben von Steinen und Mineralien, schrieb Gedichte und Geschichten und legte mir eine kleine Bibliothek von Sprachführern und Wörterbüchern in vielen Sprachen an.

Dennoch: Mit Bewußtsein begegnete ich der modernen Kunst, die seit 1937 von den kleinbürgerlichen, selbstgerechten Machthabern des sogenannten Dritten Reiches als »entartet« verunglimpft und verfemt worden war, kurz vor dem Ausbruch des Zweiten Weltkrieges, ohne natürlich den historischen Hintergrund zu kennen. Meine Eltern liebten die Böttcherstraße in Bremen, wohin wir zusammen mit meinem Bruder hin und wieder sonntags mit der Eisenbahn fuhren. Pünktlich um 12 Uhr lauschten wir dem Glockenspiel an einem der bizarren Gebäude in der engen ehemaligen Handwerkergasse, die der Kaufmann Ludwig Roselius mit Hilfe des expressionistischen Künstlers Bernhard Hoetger geschaffen hatte. Fasziniert betrachteten wir die sonderbaren Bildtafeln, die während des Glockenspiels die Geschichte der Technik von der germanischen Seefahrt bis zur modernen Luftfahrt in den Reliefs abbildeten. In den Fassaden der ungewöhnlichen Klinker- und Ziegelgebäude mit Türmen, Rundungen, Nischen, Ausbuchtungen und ihren Verzierungen, Steinplastiken und Reliefs erlebten wir Kinder ein einzigartiges expressionistisches Kunstensemble, das im Zweiten Weltkrieg weitgehend zerbombt wurde. Danach wieder aufgebaut, ist es bekanntlich für alle Touristen ein beliebtes und bestauntes Ausflugsziel zwischen Marktplatz und Weser.

In meiner Vaterstadt Oldenburg hatte der Expressionismus durchaus eine Rolle gespielt. Der einzige aus dem Lande stammende Autor, der in Varel geborene Ferdinand Hardekopf, lebte allerdings seit 1900 in Berlin und gehörte mit seiner geschliffenen Prosa zu den Wegbereitern der expressionistischen Avantgarde. In Oldenburg hat er keine Spuren hinterlassen. Dagegen hatten die Brücke-Maler Erich Heckel und Karl Schmidt-Rottluff 1907 das kleine Nordseebad Dangast am Jadebusen entdeckt, und dort entstanden in dieser norddeutschen Landschaft bis 1912 viele ihrer expressionistischen Ölbilder und Holzschnitte. Max Pechstein schloß sich an. Aus Oldenburg kam Emma Ritter herüber und geriet mit ihrer Malerei unter Schmidt-Rottluffs Einfluß, wie ihre frühen Ölbilder, das *Stilleben mit Äpfeln* und die *Ziegelei* aus dem Jahre 1912, in Form und Farben zeigen. Der neugegründete Oldenburger Künstlerbund stellte die Dangaster Maler schon 1908 im Augusteum aus. Zu der Ausstellung 1910 in der Kunsthandlung Oncken druckte Erich Heckel einen Holzschnitt als Plakat mit Oldenburgs Wahrzeichen, dem Lappan. Später gehörte der junge Franz Radziwill zu dem Kreis der Dangaster Künstler.

Nach dem Ersten Weltkrieg kam 1920 Dr. Walter Müller-Wulckow als junger Museumsdirektor nach Oldenburg, der sich schon in seiner Frankfurter Zeit für die expressionistische Kunst und Architektur eingesetzt hatte und nun für das Landesmuseum viele Werke der Moderne erwarb. Unterstützt wurde er dabei von der Vereinigung für junge Kunst, für »dumme« Kunst, wie manche noch dachten. »So kam allmählich bis in die 30er Jahre der Expressionsmus-Raum zusammen, mit den Dangaster Bildern der Brücke-Maler, mit Ernst Ludwig Kirchner und Otto Mueller sowie den Norddeutschen Christian Rohlfs und Emil Nolde. 1937 aber wurden diese Bilder (auch von Paula Modersohn, Barlach, Beckmann, Oelze, Kluth, Stuckenberg u. a. insgesamt 114) als entartet beschlagnahmt, und ein Teil von ihnen in der Schweiz verkauft«, wie Müller-Wulckow nach dem Zweiten Weltkrieg erklärte.

Mein erster Mentor

Die Hoffnung, nach dem nachgeholten Abitur im Frühjahr 1946 in Göttingen studieren zu können, hatte sich zerschlagen. Meine energische Mutter bestand darauf, für mich in Oldenburg eine Stelle zu besorgen. »Du kannst sicherlich in der Landesbank eine Aufgabe finden. Ich kenne den Direktor Soundso.« Also machten wir uns auf den Weg. Doch der Angesprochene winkte ab: »Frau Raabe, wo denken Sie hin? Ein Ausbildungsplatz, jetzt, nach dem verlorenen Krieg?« Nach einer Viertelstunde standen wir wieder auf der Straße. Meine Mutter, überzeugt, für ihren Sohn eine berufliche Aufgabe zu finden, wußte sofort Rat. »Komm, wir gehen ins Landesmuseum. Ich kenne den Museumsdirektor. Er kann dich sicherlich brauchen.« Also saßen wir nach wenigen Minuten dem schon erwähnten Dr. Walter Müller-Wulckow, einem freundlichen Mann mit randloser Brille und dunklem Spitzbart, in seinem unaufgeräumten Arbeitszimmer im Schloß gegenüber. Selbstverständlich konnte auch er meiner Mutter und ihrem eingeschüchterten Sohn nicht helfen. Doch er sagte – und daran konnte auch er sich nach vielen Jahren noch erinnern, nachdem ich dem Expressionismus-Kenner 1960 den Marbacher Katalog zugeschickt hatte: »Gehen Sie doch mal nach oben in das Notquartier der ausgebombten Landesbibliothek. Der dortige Kollege, Dr. Fischer, ist vor sechs Wochen aus der Gefangenschaft gekommen. Vielleicht kann der etwas für Sie tun.«

Allein stieg ich die vielen Marmortreppen bis ins Dachgeschoß hinauf. (Der Museumsdirektor hatte das wohl meiner Mutter nahegelegt!) Die beiden mürrischen Bibliotheksbeamten waren sehr abweisend. Um so freundlicher empfing mich der Neue, der in seine zerstörte Stadtbibliothek Leipzig nicht zurückgekehrt war. Er fand wohl Gefallen an dem jungen Oldenburger und stellte mich ohne langes Zögern als unbezahlten Volontär ein. Es gelang ihm nach einigen Monaten bei seinen offensichtlich guten Kontakten zur Oldenburgischen Landesregierung, für die Landesbibliothek einen Ausbildungsplatz für den gehobenen Dienst an wissenschaftlichen Bibliotheken zu schaffen. Dank dieser »Lex Raabe« wurde ich am 1. Oktober 1946 als Beamtenanwärter vereidigt, sechs Wochen, ehe das Land Oldenburg in das neugegründete Land Niedersachsen eingegliedert wurde.

Die Landesbibliothek Oldenburg wurde meine geistige Heimat, ihr neuer Chef mein Mentor: Dr. Wolfgang Fischer. Er war ein selbstbewußter, hochgewachsener, gutaussehender Mann mit einem kantigen Kopf, nach hinten gekämmtem Haar und Brandmalen im Gesicht, die ihn noch interessanter machten. Dieser Intellektuelle schickte sich an, tatkräftig am praktischen und geistigen Neuaufbau des unter englischer Militäradministration stehenden Landes mitzuwirken, wie viele, die den Krieg überstanden hatten. Wir Jungen, die wir in abgestumpfter Lethargie dem Krieg entronnen waren, holten unter der Anleitung dieser Älteren eine geistig-moralische Erziehung zu humanistischen und christlichen Werten nach.

Dr. Fischer, ein sehr menschlicher, hilfsbereiter und langmütiger Förderer, war für mich damals wirklich wie der Mentor in der Antike, der den Telemach erzog. Er ließ mir in der Bibliothek viel Freiheit, und so eroberte ich mir mit einer unbändigen Neugier und mit autodidaktischem Fleiß die mich berauschende Bücherwelt, unterstützt durch die ältere Bibliothekarin Anna Baeckmann, eine Dame, die aus St. Petersburg über Posen als Flüchtling an die Oldenburger Landesbibliothek verschlagen worden war. Sie teilte ihr persönliches Schicksal mit dem des Chefs, dem sie oft Mut zusprach. Wir beide versuchten, uns die Regeln der alphabetischen Katalogisierung der Bücher, die sogenannten Preußischen Instruktionen, gegenseitig beizubringen, während der auch nach Oldenburg verschlagene Dr. Karl Kunert, ebenfalls als Bibliothekar eingestellt, mit uns über die philosophischen Lebensfragen diskutierte, denn er war ein Schüler von Karl Jaspers und arbeitete an einem mehrbändigen Werk über dessen Existenzphilosophie, aus dem er uns hin und wieder vorlas.

Im Frühjahr 1947 bezogen wir mit einem kleinen Stab

von sechs bis acht Leuten das ausgediente Zeughaus an der Ofenerstraße, denn einige der wenigen Bomben, die während des Krieges auf Oldenburg gefallen waren, hatten das alte Bibliotheksgebäude am Damm zerstört. Die Bücherbestände waren auf mehrere Standorte in der Stadt verteilt, und meine Aufgabe war es, eine Kolonne von Arbeitslosen und Invaliden zu beaufsichtigen, die in langen Ketten die irgendwoher requirierten Möbelwagen mit Büchern beluden, um sie im Zeughaus wieder aufzustellen. Zuvor hatten wir in Eigenarbeit die hohen Räume des ehemaligen Arsenals geweißelt, um für die Bücher wieder ein angemessenes Umfeld zu schaffen. Ungeordnete Bücher lagen in großen Stößen auch in einem Raum über der Verwaltung. Längere Zeit hörten wir, wie über uns die beiden zum Strafdienst verpflichteten hohen Beamten in langsamen, lauten Schritten diagonal – trapp trapp trapp, trapp trapp trapp – durch den Raum gingen, um ein paar Bücher von der einen Ecke zur anderen zu tragen, der eine ein Landgerichtspräsident, der andere ein Studiendirektor.

Dr. Fischer war Kunsthistoriker, er hatte bei Theodor Hetzer promoviert. Er beschäftigte sich mit der Kunstgeschichte des Buches, interessierte sich in seiner neuen Heimat für den Barockbildhauer Ludwig Münstermann und widmete sich in Kursen an der Volkshochschule, die er damals aufbaute und leitete, der Vermittlung moderner Kunst. Da ich ihm dabei die Lichtbilder in den Projektor schob und die Abbildungen in den Büchern unter das uralte Epidiaskop legte, lernte ich durch ihn die Geschichte der impressionistischen Malerei kennen, die für ihn am Anfang der modernen Kunst stand. Die Bilder von Cézanne und Gauguin, von Renoir, Manet und Monet wußte er seinen Zuhörern in abgewogenen Ausführungen mit großem persönlichen Engagement nahezubringen. Jeder

Abend war für mich ein Erlebnis. Da ich ihn nach dem Vortrag nach Hause begleitete, gab er mir zusätzlich noch ein Privatissimum.

So wurde Dr. Fischer mein Lehrmeister und später mein väterlicher Freund. Er ermöglichte mir nach meinem Ausbildungsjahr an der Bibliotheksschule in Hamburg und später nach der Rückkehr als Diplombibliothekar an die Landesbibliothek auf unkonventionelle Weise den Beginn meines Studiums in Hamburg im Wintersemester 1951. Daß ich in den ersten drei Semestern an vier Tagen 48 Stunden in der Bibliothek arbeiten konnte, um jede Woche zwei Tage in Hamburg studieren zu können, verdanke ich der Großzügigkeit und dem Einfallsreichtum meines Oldenburger Chefs. Die Sonntage nutzte ich zur Vorbereitung.

Dr. Fischer war ein Mann der ersten Stunde, der das kulturelle Leben der Stadt in den Nachkriegsjahren stark beeinflußt hat. Um so bedauerlicher und unverständlicher ist es, daß er in dem *Biographischen Handbuch zur Geschichte des Landes Oldenburg* (1992) nicht vertreten ist und seine großen Verdienste nicht gewürdigt wurden. Die kleine Schrift, die ich meinem Mentor nach seinem Tode, 1973, widmete, kann dafür kein Ersatz sein.

die maer von der musa expressionistica

Im Frühjahr 1948, noch vor der Währungsreform, war ich Bibliotheksschüler in dem zerstörten Hamburg. Der Unterricht fand in einem engen Raum zwischen den Bücherregalen einer Lehrerbibliothek im Keller des Curiohauses an der Rothenbaumchaussee statt, während über uns einer der Kriegsverbrecherprozesse ablief. Wir waren ein kleiner Haufen lernbegieriger, hungernder junger Leute. Die Schrecken des Krieges lagen hinter uns, wir sprachen nicht darüber, wir wollten die Alpträume der Vergangenheit vergessen und am Aufbau einer besseren Welt mitwirken. Ein unbändiger Wille zum Leben beseelte uns.

Ich war knapp 16 Jahre alt gewesen, als ich im Februar 1943 nach der verlorenen Schlacht um Stalingrad mit den vielen meines Jahrgangs 1927 als letztes Aufgebot eingezogen worden war. An den Luftabwehrgeschützen sollten wir als Flakhelfer das Vaterland verteidigen, das, was wir lange nicht wahrhaben wollten, bereits verloren war. Auf den Flughäfen in Zwischenahn und Sandkrug im Oldenburger Land eingesetzt, wurden wir keine Helden, sondern wehrlose Opfer. Der erste, der in der benachbarten Stellung fiel, war 14 Jahre alt, ein blonder Junge, Harm Pleines von Wangerooge.

Im Sommer 1944 lag unsere Stellung zwischen Flugfeld und Zwischenahner Meer, als an einem strahlenden Junitag wieder einmal ein Geschwader amerikanischer Langstreckenbomber im Anflug war. Die ersten Flugzeuge hatten Zielmarkierungsbomben abgeworfen und exakt das Gebiet eingegrenzt, das dann dem Bombenhagel ausgesetzt war. Der unheimliche, langgezogene, Tod und Verderben ankündigende Ton des Teppichalarms ging in dem aberwitzigen Krachen der explodierenden Bomben unter. Wir hatten unsere Geschütze im Stich gelassen, jeder hatte sich in ein Erdloch verkrochen, das Bombardement um uns herum wollte nicht enden, es kam immer näher, dann hörte ich plötzlich das helle Pfeifen einer Sprengbombe unmittelbar neben mir. Es schoß mir durch den Kopf, daß sie mir gelten würde. Doch dann kam nichts mehr, nur für den Bruchteil einer Sekunde eine unheimliche Stille. Die Bombe, ein Blindgänger, die neben mir den Abhang her-

19

untergerutscht war, hatte nicht gezündet. Als wir aus den Löchern krochen, sahen wir, daß unsere Stellung vollkommen verwüstet war, wie durch ein Wunder waren alle unverletzt davongekommen.

Diese traumatischen Kriegserfahrungen, Bombennächte und Fluchterlebnisse hat damals, im Frühjahr 1948, jeder von uns verdrängt. Wir lernten als künftige Bibliothekare den Umgang mit Büchern und versuchten, selbst Bücher zu erwerben. Die Neuerscheinungen wurden vor der Währungsreform meist unter dem Ladentisch gehandelt, zum Beispiel Ernst Kreuders abenteuerliche Geschichten der *Gesellschaft vom Dachboden,* Hans Erich Nossacks *Nekyia,* der Bericht vom Untergang Hamburgs, Horst Langes Erzählungen, Rudolf Alexander Schröders *Ballade vom Wandersmann.* Diese Bücher bedeuteten aufwühlende Leseerlebnisse, tröstliche Botschaften und Orientierungen in einer schwierigen Zeit.

Zum Rüstzeug eines künftigen Bibliothekars gehört die Kenntnis der Literaturgeschichte. Ich ergatterte zufällig ein auf holzhaltigem Papier gedrucktes Büchlein: Alfred Richard Meyer, *die maer von der musa expressionistica.* Ich erinnere mich, wie ich in jenen Tagen in den vollbesetzten Zügen nach Hamburg-Lohbrügge, wo ich ein möbliertes Zimmer gefunden hatte, die Schrift, eine Mischung aus Autobiographie, Anthologie und Literaturgeschichte, verschlang. Zum erstenmal begegnete ich dem lebendigen Expressionismus in den Aufzeichnungen eines Verlegers und Autors aus den Berliner Jahren vor und nach dem Ersten Weltkrieg und in den Gedichten von Georg Heym und Jakob van Hoddis, Ernst Stadler und Georg Trakl und den vielen anderen Autoren, die mir damals unbekannt waren, wie Gottfried Benn und Else Lasker-Schüler, Alfred Lichtenstein und August Stramm. Sie alle waren im

Schulunterricht, der ohnehin in den Kriegsjahren dürftig war, nicht vorgekommen. Zwar finde ich in meinem damaligen Lesebuch *Tausendstimmiges Leben* von 1942 Gedichte von Rainer Maria Rilke und Alfred Mombert, doch die moderne Lyrik kam nicht vor.

Alfred Richard Meyer war vor dem Ersten Weltkrieg der Verleger der *Lyrischen Flugblätter* mit den frühesten Veröffentlichungen expressionistischer Dichtungen. Als Verfasser der frechen *Munkepunke*-Gedichte war er selbst an dem literarischen Geschehen beteiligt gewesen. So schildert er seine Erlebnisse aus unmittelbarer Erinnerung: »Man kann sich heute beim besten Willen nicht mehr vorstellen, mit welcher Erregung wir abends, im Café des Westens oder auf der Straße vor Gerold an der Gedächtniskirche sitzend und bescheiden abendschoppend, das Erscheinen des ›Sturms‹ oder der ›Aktion‹ erwarteten, nicht so sehr auf den Rausch des Gedrucktseins bedacht als vielmehr scharf nach der Möglichkeit lugend: mit Worten angegriffen zu sein, die wie Ätzkalk oder Schwefelsäure wirken konnten. Überall in der Luft lag unheimliche Feindschaft, der wir zu begegnen hatten. Die Sitten des Waffen-Studententums waren hier kaum angebracht. Nur von Georg Heyms drohender Brachialgewalt flüsterte man. Hatten sich schon wieder neue Fronten ergeben? War ein neuer Überläufer festzunageln? Welches Lager drohte, sich zu spalten? Knisterte es nicht irgendwo im Gebälk einer Freundschaft? Wer stieg? Wer floh? Alle Börsenberichte waren für uns von nebensächlicher Bedeutung. Wir selbst waren die Marktwerte! Und jeder wußte darum. Wie heißt der neue Mann? Alfred Lichtenstein-Wilmersdorf. Und sein Gedicht ›Die Dämmerung‹ betitelt. Verdrängt das ›Weltende‹ des Jakob van Hoddis?

Ein dicker Junge spielt mit einem Teich,
Der Wind hat sich in einem Baum verfangen.
Der Himmel sieht verbummelt aus und bleich,
als wäre ihm die Schminke ausgegangen.

Auf langen Krücken schief herabgebückt
Und schwatzend kriechen auf dem Feld zwei Lahme.
Ein blonder Dichter wird vielleicht verrückt.
Ein Pferdchen stolpert über eine Dame.

An einem Fenster klebt ein fetter Mann.
Ein Jüngling will ein weiches Weib besuchen.
Ein grauer Clown zieht sich die Stiefel an.
Ein Kinderwagen schreit und Hunde fluchen.

Neben van Hoddis war dieser Lichtenstein gesprungen, der auf die Feststellung Wert legte, aus Wilmersdorf zu sein, das eben erst in Groß-Berlin eingemeindet war. Knapp zwei Jahre später, 1913, erschien das Flugblatt ›Die Dämmerung‹ in meinem Verlag und festigte damit die Kühnheit des Expressionismus außerordentlich.«

Dies war die Welt zwischen Aufbruch und Niederlage, mit der wir Nachgeborenen uns identifizieren konnten. Die unbekümmerte Jugendfrische, aber auch die Vorahnung und das Entsetzen in diesen Texten waren ungeheuer fesselnd. Ich ahnte damals nicht, daß die *maer von der musa expressionistica* mein Leben über Jahre prägen sollte. So bewahre ich diesem Büchlein mit dem bunten Umschlag und der Wiedergabe der eindrucksvollen Holzschnitte von Ernst Ludwig Kirchner und Curt Stoermer – der Buchrücken ist längst verlorengegangen – ein geradezu sentimentales Andenken.

In Kurt Ottes Kubin-Archiv

Der Zeichner Alfred Kubin lebte damals, als ich 1948 mit seinem Werk und seiner Welt in Berührung kam, in Zwickledt bei Wernstein am Inn in Oberösterreich und bewohnte ein Schlößchen, in das er sich schon 1906 zurückgezogen hatte. Um 1900 war er im Kreis der Münchner Boheme wegen seiner dämonischen und grauenerregenden Zeichnungen berühmt geworden und galt als Nachfahre von Hieronymus Bosch und Goya, Odilon Redon und James Ensor. In der Einsamkeit der ihm aus der Kindheit vertrauten Landschaft zähmte er seine Gesichte und Träume, die in seinem Roman *Die andere Seite* und der Mappe *Sansara*, erschienen 1909 und 1911, zum Ausdruck kommen.

Kubin, der in seinen doppelbödigen Zeichnungen zeitlebens dem Gegenständlichen treu blieb, gehörte damals am Rande dem Kreis des Blauen Reiters an. Er war mit Paul Klee und Lyonel Feininger befreundet, deren frühe skurrile Zeichnungen sich mit seinen Blättern treffen. In dem berühmt gewordenen Berliner Herbst-Salon 1913, auf dem Herwarth Walden dem deutschen Expressionismus zum Durchbruch verhalf, war Kubin mit 19 Zeichnungen vertreten, über die Lyonel Feininger an den Freund am 5. Oktober 1913 begeistert berichtete:

»Glücklich und angeregt kehrte ich vorhin von meinem ersten Besuch im Herbst-Salon des ›Sturm‹ zurück, und während noch der Eindruck in mir lebendig ist, will ich Ihnen einiges darüber berichten. Und vorab, für Ihren lieben Brief, den ich heute empfing, den herzlichsten Dank! Die, die Sie ›Diaboliker‹ (und weiß Gott was sonst für schöne Titel!) nennen, wenn sie von Ihren Arbeiten schreiben, kennen *meinen* Kubin garnicht! Ich habe den liebevollsten, innigsten Eindruck von Ihren Zeichnungen empfangen, heute, und nur immerzu darin den sehnsüchtigen, schwerreichen Gestalter von Visionen erkannt. Ich habe mich unglaublich *mit* Ihnen gefreut, über jedes einzelne Blatt: vielleicht noch mehr als Sie es können – denn uns ist die letzte Freude über unsere eigenen Werke versagt; es bleibt immer ein Rest von Schmerz, Zweifel, Wehmut in uns; schon wollen wir weiter, höher! Rein *kritisch*, insoweit mir die Gabe hierfür beschieden, habe ich erkannt, wie Ihre *Form* in letzter Zeit gereifter ist, gegen frühere Arbeiten. Sie haben ganz festgefügten Aufbau und großen Rhythmus erreicht, ohne irgendwie etwas an der fabelhaften luminösen Qualität, die Sie von jeher besaßen, einzubüßen, und der Gedanke ist zur *formalen* Vision geworden, rein von allem etwa ›Erzählerischen‹. In der Umgebung der Anderen haben Sie vollkommen Ihren Platz behauptet; es ist als sähe ich Ihre Arbeiten schon dadurch mit neuen Augen ... Die Herbst-Ausstellung ist ein großes Blatt in der Kunstgeschichte Deutschlands. Im Ganzen geradezu glänzend!«

In dieser Zeit hatte Kubin auch angefangen, Bücher zu illustrieren, die seiner hintergründigen Welt entsprachen: Edgar Allan Poe, Fjodor Dostojewski, Gérard de Nerval, auch zeitgenössische Autoren wie Friedrich Huch, Willy Seidel und viele andere. Kubin war ein phantasievoller Leser und wurde so auch ein genialer Buchillustrator. Unberührt von den Wandlungen der modernen Kunst, schuf der Einzelgänger seinen unverwechselbaren, seinen kubinischen Stil. Er blieb zwar der impressionistischen Zeichenkunst verhaftet, doch seine ihn zeitlebens bedrängenden Gesichte verwandelten die Gegenstände in spukhafte Erscheinungen. In diesen Dämmerungswelten ging es nie mit rechten Dingen zu. Kubin zeichnete die »andere Seite« des Lebens, und so wurde der Meister ein Abenteurer der Zeichenfeder, der viele Zeitgenossen fesselte.

Auch ich wurde in den Bannkreis Kubins hineingezogen, denn im Frühsommer 1948 lernte ich in Hamburg den Apotheker Dr. jur. Kurt Otte kennen. Er war ein besessener Kubin-Sammler, der seine Freizeit, sein Geld und seine Gedanken ganz dem Sammeln seiner Werke, Bücher und Dokumente widmete. Er hatte seit den 1920er Jahren ein einzigartiges Archiv aufgebaut. Als Dr. Otte damals einen Archivar und Bibliothekar suchte, der sein Archiv betreuen und erschließen sollte, empfahl mich sein väterlicher Freund, Paul Viebeg, der Leiter unserer Bibliotheksschule. Dem alten Bibliotheksamtmann hatte Otte die Rettung seiner großen Kubin-Sammlung zu verdanken, denn dieser hatte die Kubin-Kisten kurzerhand im Keller der Stadtbibliothek am Speersort untergebracht, und so blieben die Schätze mit anderen Bücherkisten unversehrt, während das Gebäude der späteren Staats- und Universitätsbibliothek in Schutt und Asche fiel.

Der österreichische Zeichner besaß in dem Hamburger Fischmarkt-Apotheker einen Enthusiasten und Freund, dem er zeitlebens verbunden blieb. Dem jungen Archivmitarbeiter, der nun in den nächsten Jahren immer wieder unter den Büchern und Bildern Kubins arbeitete, ermöglichte Kurt Otte den Zugang zu dem Werk des Künstlers und zu der uns in der Schule vorenthaltenen Kunst und Dichtung der Moderne.

Hier, im Kubin-Archiv, begegnete ich in den Briefen von Kandinsky, Franz Marc und Paul Klee der Welt der Avantgarde. Ich lernte die Bücher des phantastischen Schriftstellers Paul Scheerbart kennen, dessen Roman *Lesabéndio* Kubin illustriert hat, auch den skurrilen Schriftstellerphilosophen Salomo Friedlaender, der sich Mynona nannte. Mit seinem philosophischen Hauptwerk, der *Schöpferischen Indifferenz*, setzte sich Kubin auseinander und schrieb für Kurt Hillers Jahrbuch *Das Ziel* 1920 sogar eine Kritik, »ein panischer Künstler über einen panischen Erkennenden«, wie der Herausgeber emphatisch anmerkte.

Dr. Otte habe ich auch die Kenntnis vieler anderer Bücher zu verdanken, wie Ernst Jüngers *Auf den Marmorklippen*, Hermann Hesses *Die Morgenlandfahrt*, Elias Canettis Roman *Die Blendung* und den *Muspilli* von Wolfgang Goetz, eine leider in Vergessenheit geratene Weltuntergangsgeschichte, nicht zuletzt Fritz von Herzmanovsky-Orlando, mit dem Kubin wie mit vielen anderen Zeitgenossen über Jahre korrespondierte. Seine phantastische Erzählung *Der Gaulschreck im Rosennetz* war Dr. Ottes Lieblingslektüre, in der die groteske Welt Kubins charakterisiert wird.

Kubin illustrierte auch Bücher expressionistischer Autoren wie Franz Werfel und Georg Trakl, Anton Schnack und Oskar Maurus Fontana. Mein größtes Leseerlebnis aber waren die Bücher von Franz Kafka, der als Zeitgenosse der Prager Expressionisten Kubin gekannt hat. Was wußte man damals, 1948, als es die Bundesrepublik noch nicht gab, von diesem großen Autor, der inzwischen längst eine der markantesten Gestalten der Literatur des 20. Jahrhunderts geworden ist? Die Schocken-Ausgabe, die Dr. Otte besaß, war in Deutschland fast unbekannt. In jugendlichem Überschwang schrieb ich im Sommer 1949 zum 25. Todestag Franz Kafkas einen Gedenkartikel für die Oldenburger *Nordwest-Zeitung*, in der ich in jenen Jahren viele Feuilletons und Beiträge zur oldenburgischen Kulturgeschichte veröffentlichte. Mein etwas hilfloser Text war eine der ersten Nachkriegswürdigungen des in Deutschland noch unentdeckten Autors. Die damals aufwühlende Wirkung der

Lektüre schloß ich mit dem heute sehr bekannten Kafka-Zitat: »Wenn das Buch, das wir lesen, uns nicht mit einem Faustschlag auf den Schädel weckt, wozu lesen wir dann das Buch? Damit es uns glücklich macht? ... Mein Gott, glücklich wären wir eben auch, wenn wir keine Bücher hätten, und solche Bücher, die uns glücklich machen, könnten wir zur Not auch selber schreiben. Wir brauchen aber die Bücher, die auf uns wirken wie ein Unglück, das uns sehr schmerzt, wie der Tod eines, den wir lieber hatten als uns ... ein Buch muß die Axt sein für das gefrorene Meer in uns.«

Die Arbeit im Kubin-Archiv war für mich sehr lehrreich. Ich entdeckte unter den Büchern, Dokumenten und Briefen, den Zeichnungen und Bildern eine neue, unbekannte Welt. Besonders interessierte mich das Verhältnis Kubins zu den Autoren der von ihm illustrierten Bücher. Damals wollte ich eine »kubinische Literaturgeschichte« schreiben. Entwürfe solcher Arbeiten und auch meine Artikel über Kubin schickte ich dem Meister nach Zwickledt und war immer ganz erfüllt, wenn dann einer seiner schwer zu entziffernden Antwortbriefe eintraf. Dr. Otte wiederum war dankbar, einen Archivar zu haben, der ihm in den Jahren des Wiederaufbaus seines Hauses am Fischmarkt die Kubin-Arbeit abnahm.

Ich hatte den Auftrag, nicht nur die Sammlung – von den Büchern bis zu den kleinsten Zeitungsausschnitten – zu verzeichnen, sondern auch den von Dr. Otte gewünschten Œuvrekatalog von Alfred Kubin vorzubereiten. So beschrieb ich die Lithographien und illustrierten Bücher, die Zeitschriften, Almanache und Kalender mit Reproduktionen und Zeichnungen Kubins, auch seine eigenen schriftstellerischen Arbeiten, kurz alles, was von Kubin im Druck erschienen war. Ende 1949 schickte ich eine erste, noch sehr knappe Fassung an Kubin und bot gleichzeitig das Manuskript mindestens einem Dutzend Verlagen an, die sich jedoch in den ersten Jahren nach der Währungsreform nicht in der Lage sahen, eine solche Bibliographie zu veröffentlichen.

Meine Nebentätigkeit im Kubin-Archiv ging über viele Jahre weiter. Ich verzeichnete die Neuzugänge und arbeitete dort jede Woche einige Stunden. Zu Beginn meines vierten Semesters im Herbst 1953 gab ich meine Oldenburger Bibliothekarsstelle auf, da ich eine Anstellung als Forschungsassistent bei Professor Hans Pyritz für die Mitarbeit an seiner Goethe-Bibliographie erhielt und nebenher meinem Doktorvater Adolf Beck für einen Stundenlohn von einer Mark bei der Kommentierung seiner Hölderlin-Briefausgabe half. Ende November 1953 heiratete ich Mechthild Holthusen, die ich in Oldenburg zur Bibliothekarin ausgebildet hatte und die inzwischen an dem neugegründeten Unesco-Institut für Pädagogik in Hamburg arbeitete. In einer möblierten Studentenbude begannen wir unsere gemeinsame Zukunft.

Zu Gast bei Alfred Kubin

Im Sommer 1954 ermöglichte es mir Dr. Otte, die an Kubin gerichteten Briefe, die der Meister ihm für das Archiv versprochen hatte, aus Österreich zu holen. Darunter waren die erwähnten Briefe befreundeter Maler und die Berichte des Prager Dichters Otto Pick, die die Atmosphäre der expressionistischen Jahre so wundervoll vermitteln. In meinem Archiv habe ich einen vor 50 Jahren niedergeschriebenen Text über meine Reise zu Alfred Kubin aufbewahrt, der auch mein damaliges Lebensgefühl wiedergibt.

»Die ruhig fließende Donau war noch nicht über ihre Ufer getreten, als der Schnellzug an ihrem grünen malerischen Ufer entlangraste und in die Halle des Grenzbahnhofs Passau einrollte. Auch der immer reißende, zischende Inn schoß noch in seinem Bett der blauen Donau entgegen, während ich in der rumpelnden Kleinbahn Richtung Schärding einige Stationen südwärts durch das österreichische Grenzland fuhr. An den steilen Hängen lagen die Häuser und Ställe in der Junihitze, der Zug rauschte an den dichten Wäldern, den Ausläufern des Bayrischen Waldes, vorbei. Eine feierliche Ruhe lag über der Landschaft, über den grünen Bergkuppen und den Spielzeugdörfern in den Tälern.

Wernstein, ein kleiner, freundlicher Ort am Inn, gegenüber der die Höhen beherrschenden Feste Neuburg, war das Ziel meiner Reise. Freundliche Leute wiesen mir den Weg bergan zu dem Professor Alfred Kubin, der in der ganzen Gegend bekannt und beliebt zu sein schien. Als sich hinter einer Anhöhe die bekannte Turmspitze des kleinen Schlosses Zwicklet abzeichnete, fühlte ich mich plötzlich wie zu Hause. Wie oft hatte ich dieses Gemäuer auf Kubins Bildern betrachtet, das der Meister gern in seinen Träumen zu einer Arche oder einem wandernden Hause verwandelte. Der Turm war mir aus seinen Erzählungen vertraut. Kubin hatte immer die kleine Glocke im Gestühl geläutet, wenn unten im Tale jemand zu Grabe getragen wurde.

Nur noch ein kurzer Weg, und ich stand vor dem bescheidenen ländlichen Herrenhaus, das Kubin seit fast 50 Jahren bewohnt. Cilly, der gute Hausgeist, empfing mich und führte mich über die geräumige Diele hinauf ins

Obergeschoß. Hier also zwischen Truhen und alten Gemälden lebt der Künstler, den ich besuchen wollte. Er hatte mich mit einem freundlichen, schwer zu entziffernden Brief eingeladen. Ich hatte kaum Zeit, meinen Koffer abzusetzen. ›Erst kommen 'S zum Herrn Professor!‹ Durch einen Vorraum trat ich in das kleine Arbeitszimmer und stand Kubin, dem 77jährigen Künstler, mit seinem alterslosen Gesicht gegenüber. Aus den klugen Augen strahlte freudige Erregung. Er hieß mich auf eine so herzliche Art willkommen, daß meine Befangenheit schnell verflog.

Zwei Tage lang umgab mich die eigenartige Atmosphäre des Hauses und zog mich in ihren Bann. Ich hatte mich seit langem mit dem Werk Kubins bei meiner Tätigkeit im Kubin-Archiv beschäftigt, für das ich die Briefe an Kubin aus den letzten 25 Jahren zu holen den schönen Auftrag hatte. Doch wieviel stärker wirkte der persönliche Umgang und der Zauber, den dieser Künstler ausstrahlte. Da gab es keine leeren Augenblicke in den Stunden, die ich unter seinem Dach verbrachte.

Kubin ist nicht nur ein genialer Abenteurer der Zeichenfeder, er ist auch ein Zauberer des Wortes, ein geistreicher Erzähler, der von Paul Klee und Franz Marc so interessant zu berichten weiß wie von Franz Kafka oder Stefan George, dem ›König‹, wie er ihn nennt. Jeden charakterisierte er mit einigen verblüffenden Bemerkungen und Beobachtungen. Die Gemeinschaft der Dichter, zu der auch er gehörte, wird in den Geschichten Kubins lebendig. Er erzählte von seinem Freund Max Dauthendey und von Karl Wolfskehl, der einfach alles gewußt habe und den er einen Polyhistor nennt. Dauthendey starb auf Java, Wolfskehl auf Neuseeland. Auch Kubin hatte einst geplant, mit seinem Freund Lichtenberger nach Island auszuwandern. Man müßte einige Zeit in Kubins Nähe wohnen und alles das aufzeichnen, was dieser über Kunst und Leben zu sagen hat. Er ist auch ein philosophischer Kopf und ein Mystiker, der die Welt als ein ›Unisono‹ betrachtet, als ein Allumfassendes, das sich in verschieden veranlagten Individuen manifestiert. Eindrucksvoll erzählte er von seinem Schaffensdrang, der ihn oft in eine nahezu märchenhafte Verzauberung versetze. In solchen Stunden entstanden viele seiner Zeichnungen. Kubin war immer ein unermüdlich schaffender Mensch, der Jahr für Jahr ohne Unterbrechung täglich am Zeichentisch seine Träume, Gesichte und Erinnerungen mit jedem Federstrich umsetzt.

Aus zwei großen Schränken zog Kubin Berge von Originalen hervor, die wir gemeinsam durchsahen, darunter jene unbekannten, eigentlich unkubinischen Aquarelle aus dem Anfang des Jahrhunderts: Motive aus seiner Urheimat Dalmatien und Bosnien, Bilder der Südsee in einfachen Konturen, in gedeckten, aber frisch wirkenden Farben, jedes Blatt ein Meisterwerk. Geduldig zeigte Kubin dem Gast Zeichnung für Zeichnung und freute sich, wenn dieser das entdeckte, worauf er den eigentlichen Wert legte.

Kubin, dieser letzte Maler des 19. Jahrhunderts, lebt nicht in der Vergangenheit. Was vor 50 Jahren geschah, ist ihm gegenwärtig, als sei es gestern geschehen. Erregt und grenzenlos empört erzählte er hastig die Geschichte von seinem Jugendfreund, der ihm einmal fünf Mark gestohlen hatte, was er heute noch nicht fassen kann. Als wir auf Friedrich den Großen zu sprechen kamen, stürzte er in seine Bibliothek, holte eine Biographie des Preußenkönigs, in die er sorgfältig ein Jugendbildnis in einer einfachen Zeitungsreproduktion geklebt hatte, und ereiferte sich immer mehr über den geknechteten jungen Kronprinzen und seinen Freund Katte.

Kubin ist mit der Geschichte des k. und k. Österreich

aufgewachsen. Er liest gern Biographien, die er sich durch dicke Randnotizen erschließt. Chroniken, alte Uniformen, Wappen und Orden interessieren ihn. Sie sind Elemente seiner Kunst.

Es war aufregend, an der Seite des Künstlers seine Bibliothek, ein Wunderland der Bücher, zu durchstöbern, die vielen Reisebeschreibungen und philosophischen Werke anzublättern und in den Büchern der modernen Literatur all die Namen wiederzufinden, die mit dem von Alfred Kubin in irgendeiner Weise verknüpft sind: von Hermann Hesse und Thomas Mann über Max Dauthendey und Alfred Mombert zu Stefan Zweig und Hans Carossa.

Das ganze Schloß atmet den Geist Kubins. Die Schlangenhaut über dem Ofen, die japanischen Farbholzschnitte, die indischen Miniaturen, die alten Möbel, die Käfersammlungen auf dem Schrank und die Berge verstaubter Skizzenbücher inmitten einer schöpferischen Unordnung – alle Dinge erfüllen ihren kubinischen Sinn, den Zauber, mit dem da oben ein Weiser die Welt in ein erlebtes Traumland verwandelt.

Unvergleichlich ist der Blick aus den Turmfenstern von Zwickledt, unvergeßlich auch der schöne gemeinsame Rückweg bahnwärts. Cilly war mit dem Bollerwagen, auf den sie die Pakete mit Kubins Briefschaften geladen hatte, vorausgegangen. Wir folgten Arm in Arm. Dem ununterbrochen erzählenden Künstler ist jeder Ort in den Bergen vertraut, er liebt die Mausefallenfabrik, durch die der Weg führt, wie das plätschernde Forellenbächlein oder die Kinder, denen er allen ein freundliches Wort auf den Weg mitgibt. Unvergeßlich ist auch der Augenblick des Abschieds. Da stand am Bahnsteig ein alter verwitterter Mann, ungebeugt, in einen schwarzen Umhang gehüllt, in Schnürstiefeln und Knickerbockern, er grüßte noch einmal herüber, ein einsamer Eremit, der wieder in die Berge steigen wird, um sein Lebenswerk zu vollenden.«

Da ich mich in den nächsten Jahren meinem Studium, meiner Tätigkeit bei den Professoren und der Ausarbeitung meiner Dissertation widmete, konnte ich nur noch sporadisch im Kubin-Archiv arbeiten. Doch als sich der 80. Geburtstag Kubins am 10. April 1957 näherte, habe ich den ursprünglichen Œuvrekatalog zu einem umfassenden Quellenwerk mit einem ausführlichen Lebensbericht, einem chronologischen Werkverzeichnis, einer detaillierten bibliographischen Darstellung und einem vierfachen Register umgearbeitet. Dr. Otte verhandelte währenddessen mit dem Rowohlt Verlag in Hamburg und konnte den alten Ernst Rowohlt für die Publikation gewinnen. Im Winter 1956/57 erlebte ich die Herstellung des Buches von den ersten Satzproben bis zur letzten Korrektur an der Seite von Siegfried Buchenau, einem hervorragenden Buchgestalter, von dem ich später noch berichten werde.

Das so sorgsam gestaltete Buch *Alfred Kubin. Leben – Werk – Wirkung* mit zahlreichen Abbildungen und Texten wurde als eines der 50 schönsten Bücher des Jahres 1957 ausgezeichnet. Dr. Otte allerdings war über den von Buchenau festgelegten Rückentitel des Buches mit meinem Namen empört. Dieser Streit setzte unserer Zusammenarbeit und der so herzlichen und schönen Beziehung ein abruptes Ende, was ich noch heute bedaure.

Dr. Otte war mein zweiter Mentor gewesen und hatte mich in die Welt der modernen Kunst und Literatur eingeführt. Daß ich damals ab Herbst 1951 in Hamburg nicht Geschichte, sondern Germanistik im Hauptfach zu studieren begann, habe ich im wesentlichen ihm zu verdanken.

Karl Schwoon – ein Bauhaus-Schüler

Als Einundzwanzigjähriger habe ich zum erstenmal eine Kubin-Ausstellung mit einem Vortrag eröffnet. Nach meinem Bibliotheksexamen im Herbst 1948 war ich, wie erwähnt, nach Oldenburg zurückgekehrt und beschrieb neben meiner damals unbezahlten Bibliotheksarbeit an den Abenden und Wochenenden die Lithographien Alfred Kubins für den ursprünglich geplanten Œuvrekatalog. Ich hatte die Blätter in mehreren Transporten mit dem Zug aus Hamburg abgeholt und konnte mich ihnen in dem kleinen Zimmer in der mütterlichen Wohnung eingehend widmen. Da ich es sinnvoll fand, die Blätter der Oldenburger Öffentlichkeit zu zeigen, suchte ich die Galerie Schwoon im Souterrain an der Brüderstraße auf. Karl Schwoon, ein sehr lebhafter, gutaussehender Mann mit braunem Teint, einer etwas knolligen Nase und einer dunklen Hornbrille, nahm meinen Vorschlag begeistert auf. Nachdem Dr. Otte in den ein wenig überfallartig vorgetragenen Plan eingewilligt hatte, wählte ich die schönsten Blätter des Meisters aus, die Karl Schwoon mit großem Geschick rahmte und hängte.

An die Eröffnung vor einem zahlreich erschienenen Publikum habe ich eine sehr genaue Erinnerung, auch wenn der 15. Februar 1949 mehr als ein halbes Jahrhundert zurückliegt. Es war ein denkwürdiges Datum in meinem damaligen Leben. Am Vormittag hatte Dr. Fischer mir eröffnet, daß man mich als Diplombibliothekar nicht finanzieren könne. Ich war also arbeitslos. Bekümmert erzählte ich nach der Vernissage meine Notlage dem anwesenden Feuilletonchef der *Nordwest-Zeitung*, Dr. Norbert Hampel, er wußte Rat: Acht Tage später veröffentlichte ich meinen ersten Zeitungsartikel zum 50. Geburtstag Erich Kästners. So war ich also vorübergehend journalistisch tätig, bis ich im Herbst doch wieder an der Landesbibliothek angestellt wurde. Im übrigen förderte Karl Schwoon, der sich wie auch seine engagierte Frau des unerfahrenen jungen Mannes annahm, mein Interesse an der zeitgenössischen Kunst. Ich wurde ein dankbarer Besucher seiner Ausstellungen.

Karl Schwoon gab seine Galerie an der Brüderstraße auf, um sie in neuen hellen Räumen am Julius-Mosen-Platz fortzuführen. An die »insel« habe ich schöne Erinnerungen. Er veranstaltete u. a. eine eindrucksvolle Ausstellung mit Werken von Paul Klee. Für unsere Generation war das alles überwältigend neu. Damals fiel mir Paul Klees Vortrag über die moderne Kunst in die Hände, der in der *Neuen Auslese,* einer deutschen Ausgabe von *Readers Digest,* erschienen war. Seine Botschaft *Uns trägt kein Volk* hat mich schon damals sehr berührt.

In den Nachkriegsjahren 1947–1951 machte sich Karl Schwoon um das kulturelle Leben in Oldenburg verdient. Er war neben seiner Galerietätigkeit Geschäftsführer des von ihm mitgegründeten Bundes Bildender Künstler, des Kunstvereins und des Filmclubs, »ein unermüdlicher Förderer der tausend Jahre lang verfemten modernen Kunst, [für die er] bis zur Selbstopferung wirkte«. Unvergeßliche Eindrücke hinterließen damals die großartigen Ausstellungen des Kunstvereins mit Werken von Franz Radziwill und August Macke, dem sich Gustav Vriesen, ein junger Kunsthistoriker, in Oldenburg bis zu seinem frühen Tode widmete.

Die Stadt Oldenburg verlor 1951 einen engagierten Kunstförderer. Der hektische wirtschaftliche Wiederaufbau machte die Künste brotlos. Karl Schwoon zog mit seiner Familie nach Hamburg, arbeitete als Bildredakteur bei der neuen Rundfunkzeitung *Hörzu* und widmete sich in der Freizeit in seinem Atelier wieder seinem eigentlichen Beruf: der Malerei. Erst in Hamburg lernte ich diese Seite seines Lebens kennen. Der schon erwähnte Dr. Müller-Wulckow hatte dem jungen Schwoon 1927 den Weg in die Kunst vorgezeichnet. Von 1929 bis 1931 studierte er am Bauhaus in Dessau bei Paul Klee, Kandinsky und Oskar Schlemmer und widmete sich fortan der Kunst. Da seine in Berlin entstandenen Bilder im Krieg sämtlich verbrannt waren, nahm er erst spät seine künstlerische Arbeit wieder auf. Sein malerisches Spätwerk läßt die Herkunft von Kandinsky und den Künstlern des Bauhauses erkennen, es sind farbige abstrakte Bilder von großer Eindringlichkeit und malerischer Schönheit.

Eine Gesamtschau seines Werkes eröffnete ich 1964 in der Galerie von Ursula Wendtorf in Oldenburg. Später besuchte Karl Schwoon uns mit seiner Frau in Marbach und nahm 1972 an den 400-Jahr-Feiern der Herzog August Bibliothek in Wolfenbüttel teil. Er starb 1976 in Wildeshausen, seiner oldenburgischen Heimat. Einige seiner Bilder hängen in unserem Haus und gehören zu unserem Leben.

Karl Ludwig Schneider – der Hamburger Expressionismusforscher

Den unmittelbaren Zugang zur Erforschung des literarischen Expressionismus fand ich als junger und eifriger Germanistikstudent durch den klugen, intelligenten Karl Ludwig Schneider. Mein philologisches Rüstzeug verdanke ich meinen akademischen Lehrern, meinem späteren Doktorvater Adolf Beck, dem Hölderlinforscher, und seinem machtbesessenen Kollegen Hans Pyritz, der sich als größter Germanist aller Zeiten verstand. Dem einen diente ich als Hilfskraft für seine Edition der Briefe Hölderlins, dem anderen als Forschungsassistent für seine Goethe-Bibliographie. Der eine war menschlich, tolerant, um seine Schüler besorgt, der andere herrisch, egoistisch, bürokratisch. Eine ganz andere Persönlichkeit dagegen war der damalige Privatdozent Hans Wolffheim, der sich der modernen Literatur widmete und in seinem nonchalanten, lockeren Auftreten einen wohltuenden Kontrast zu den beiden etablierten, einander ausschließenden Professoren Beck und Pyritz darstellte. Bei ihm hatte ich in den beiden ersten Semestern die literaturwissenschaftlichen Übungen zu den Werken Franz Kafkas belegt und referierte im zweiten Semester über das berühmte Prosastück *Auf der Galerie*.

Gleichzeitig nahm ich an den Proseminaren von Karl Ludwig Schneider teil, der klar und sachlich in die Methoden der neueren deutschen Literaturwissenschaft einführte. Er war Assistent von Professor Pyritz, und so wurden wir 1953 Kollegen. Daraus ergab sich unsere spätere Zusammenarbeit. Nach vielen Jahrzehnten schrieb mir seine Witwe, Nina Schneider, eine Widmung in ihren schönen Begleitband zur Ernst Stadler-Ausstellung: »In Erinnerung an Karl Ludwig Schneider, der Sie damals auf die Fährte des Expressionismus gesetzt hatte, wie Sie es einmal nannten.« So war es.

Schneider hatte 1950 über das Thema *Der bildhafte Ausdruck in den Dichtungen Georg Heyms, Georg Trakls und Ernst Stadlers* promoviert; es war die erste grundlegende wissenschaftliche Nachkriegsstudie über den Frühexpressionismus. Er war sieben Jahre älter als ich, ein lebhafter, oft sarkastischer Partner, klein, untersetzt mit blonden Locken, ein beeindruckender Mann, der unglaublich witzig sein konnte und in seiner trockenen Art die ungeheuerlichsten Geschichten improvisierte.

Im Kriege gehörte Schneider einer Widerstandsgruppe an, wurde 1943 verhaftet, die Amerikaner befreiten ihn 1945 aus dem Zuchthaus. Der unvergessene Pädagoge Wilhelm Flitner, der auch noch mein Hamburger Lehrer war, schreibt darüber in seinen *Erinnerungen*: »Eine traurige Entwicklung nahm auch der Studentenkreis, der sich in meinem Oberseminar zusammengefunden hatte. Margaretha Rothe gehörte dazu und Elisabeth Lange, die beide Philosophie studierten, die Literaturwissenschaftler Karl Ludwig Schneider und Hans Joachim Lang, der Philosoph und Orientalist Heinz Kucharski und der Mediziner Albert Suhr. Sie verschwanden nacheinander aus dem Seminar, weil sie verhaftet wurden; erst nach dem Krieg erfuhren wir, bruchstückweise, ihr Schicksal: Sie hatten über Traute Lafrenz und Hans Leipelt Verbindung zum Münchner Kreis der Weißen Rose. Sie haben auch die Münchner Flugblätter leidenschaftlich diskutiert und wahrscheinlich sogar dafür gesorgt, daß sie aus Deutschland herauskamen und den Alliierten bekannt wurden – der Text wurde dann von britischen Flugzeugen über deutschen Städten abgeworfen, ein erstes öffentliches Zeichen, daß es in der deutschen Jugend Widerspruch gegen die Nazis gab. Zentrum dieser Diskussionen war die evangelische Buchhandlung, die Agentur des Rauhen Hauses, Gastgeber war der Sohn des Besitzers, der Philosophiestudent Reinhold Meyer...

Das Schicksal dieses Kreises ... ist erst nach und nach durch die Zeugenberichte und durch die Forschungen jüngerer Historiker bekannt geworden. Elisabeth Lange, Margaretha Rothe, Reinhold Meyer sind im Polizeigefängnis Hamburg-Fuhlsbüttel bzw. im Frauengefängnis Leipzig-Meusdorf umgekommen. Hans Leipelt wurde in München hingerichtet. Karl Ludwig Schneider und Albert Suhr wurden im Angesicht der alliierten Truppen aus dem Gefängnis Stendal entlassen, Suhr als schwer Lungenkranker. Und Heinz Kucharski konnte, auf dem Transport zur Hinrichtung, während eines britischen Fliegerangriffs seinen Wächtern entfliehen.«

Als wir uns kennenlernten, lagen die ersten Nachkriegsjahre hinter ihm. Die *Hamburgische akademische Rundschau*, die Karl Ludwig Schneider mit seinen Freunden von 1946 bis 1950 redigiert hatte und die sich noch heute als ein Dokument geistiger Verständigung und moralischer Rückbesinnung im Nachkriegsdeutschland liest, mußte nach der Währungsreform ihr Erscheinen einstellen.

Der phantasievolle Germanist schrieb damals auch zeitkritische, boshafte *Bumke-Gedichte*, die unter dem Pseudonym Tobias Runkel in der ZEIT und später auch in Buchform erschienen. Daraus eine Probe. Die Verse zielten wohl auf Hermann Kasack, von Schneider ins Visier genommen:

Der Literaturpreis

Nach raschem Aufstieg der Umbra Werke
zu unerhörter wirtschaftlicher Stärke
stiftet Bumke aus alter Liebe zur Poesie
einen Literaturpreis der Schattenindustrie.

Diese Stiftung beschritt zur Pflege
der Literatur ganz neue Wege,
indem sie Werke hoch prämiiert,
sofern der Autor attestiert,

und zwar in rechtsverbindlicher Verpflichtung,
er werde auf den Druck seiner Dichtung
für jetzt, für immerdar verzichten
und weiterhin auch nichts mehr dichten.

Gemäß den Statuten der Institution
ist die gekrönte Publikation
im Manuskript feierlich zu kremieren,
der Dichter aber zu honorieren

mit einem Preis von 50 000 Mark in bar
und einer Enthaltsamkeitsrente pro Jahr.
Mit der ersten Verleihung schon
erwarb sich Bumke den Dank der Nation.

Kafkasack hieß der geehrte Poet,
der in Literaturgeschichten nicht steht,
weil er Bumkes Preis erwarb
und als angesehner Bürger starb.

Der Umgang mit Karl Ludwig Schneider war in meinen Hamburger Jahren stets erfrischend. Sosehr wir von der profunden Philologie der »Hamburger Schule« profitierten, zu der ich auch noch den Altgermanisten Ulrich Pretzel zählen möchte, sosehr waren wir über die mit seiner Krankheit steigende Tyrannei des allgemein gefürchteten Professor Pyritz aufgebracht, der Schneider mit immer makabereren Witzen und Sprüchen zu begegnen verstand. Sie waren so deftig, daß man sie unmöglich zitieren kann.

Als Schüler von Pyritz begründete Schneider die Expressionismus-Philologie mit seinen kritischen Editionen der Werke von Ernst Stadler und Georg Heym. Er fand in Heinrich Ellermann einen verständnisvollen Verleger in Hamburg, der in der Nazizeit wegen seiner mutigen lyrischen Blätter *Das Gedicht* viele Freunde gewonnen hatte. Richard von Sichowsky, ein strenger Buchgestalter, betreute die Editionen typographisch.

Eines Tages bat mich Schneider, seinen Entwurf der Stadler-Bibliographie für den zweiten Band der von ihm besorgten, dann im Herbst 1954 erschienenen Werkausgabe zu überarbeiten. Als bibliographisch geschulter Bibliothekar brachte ich sie in Ordnung, und so steht mein Name neben dem seinen auf dem Zwischentitelblatt.

Unter den frühvollendeten expressionistischen Lyrikern war der Anfang des Ersten Weltkrieges gefallene Ernst Stadler ein Wissenschaftler. Er unterrichtete als Germanistikprofessor in Brüssel. Für sein Werk ist die Wandlung vom Ästhetizismus zum Expressionismus, von den *Präludien* zum *Aufbruch*, typisch.

Form ist Wollust

Form und Riegel mußten erst zerspringen,
Welt durch aufgeschlossne Röhren dringen:
Form ist Wollust, Friede, himmlisches Genügen,
Doch mich reißt es, Ackerschollen umzupflügen.
Form will mich verschnüren und verengen,
Doch ich will mein Sein in alle Weiten drängen –
Form ist klare Härte ohn' Erbarmen,
Doch mich treibt es zu den Dumpfen, zu den Armen,
Und in grenzenlosem Michverschenken
Will mich Leben mit Erfüllung tränken.

Der Aufbruch – das war die Hoffnung auf eine neue Zeit
des Friedens, der Liebe, der Menschlichkeit. Welch ein
Gegensatz zwischen den Versen Stadlers und den explosi-
ven und todessüchtigen Dichtungen Georg Heyms, dessen
Nachlaß durch Schneiders Bemühungen über Erwin Loewenson, den Mitbegründer des Neuen Clubs in Berlin, mit
Hilfe des Hamburger Senats für die Staats- und Universitätsbibliothek erworben werden konnte.

Die Bearbeitung des Heym-Nachlasses und die Herausgabe seiner Gedichte, Dramen und Erzählungen, seiner
Tagebücher, Träume und Briefe wurde für Karl Ludwig
Schneider, der nach seiner Habilitation 1960 Nachfolger
des zwei Jahre zuvor verstorbenen Hans Pyritz in Hamburg wurde, eine Lebensaufgabe, die ihn bis zu seinem
Tode beschäftigt hat.

Im Sommer 1957 bot Schneider mir die Mitarbeit an
der Herausgabe der Tagebücher und Briefe von Georg
Heym an. Dieses Quellenmaterial war damals gänzlich unbekannt. Meine Frau, in Erwartung unseres ersten Kindes
vom Dienst befreit, transkribierte die Aufzeichnungen des

Dichters, die naiven und unreifen Liebesbekundungen in seinen frühen Tagebüchern und die prophetischen und zugleich drastischen Äußerungen der letzten Jahre.

Für die Kommentierung der Tagebücher und Briefe erforschte ich die Biographie Georg Heyms und die Lebensläufe seiner Freunde und Weggefährten, auch den 1909 gegründeten Neuen Club in Berlin als Keimzelle des Frühexpressionismus. Die Ermittlung der Lebensbezüge dieser jungen Autoren wurde der Ausgangspunkt meiner Marbacher Expressionismus-Studien. Mit den biographischen Recherchen im Umkreis von Georg Heym hatte mich Karl Ludwig Schneider in der Tat »auf die Fährte« gesetzt. Durch ihn kam ich in Verbindung mit Sammlern und noch lebenden Zeitgenossen, entdeckte unbekannte handschriftliche und gedruckte Quellen. So lernte ich den Berliner Frühexpressionismus kennen, die Anfänge der breiten literarischen Bewegung des Expressionismus zwischen 1910 und 1920/23.

Die unerfreulichen Jahre als Forschungsassistent bei Professor Pyritz hatten mir die Universitätslaufbahn verleidet. Ich wollte meine Forschungen ohne verkrustete hierarchische Strukturen und bevormundende Gängelei frei ausüben können. Ende 1957 kündigte ich meine Stelle und fühlte mich wie erlöst. Die Promotion lag hinter mir, die Doktorarbeit über *Die Briefe Hölderlins*, die Veröffentlichung des Kubin-Buches, die Mitarbeit an der Goethe-Bibliographie, meine Studien zur oldenburgischen Kulturgeschichte waren abgeschlossen. Neuland lag vor mir: »mein expressionistisches Jahrzehnt«. Georg Heyms Papiere hatte ich im Gepäck, als ich Mitte Februar 1958 an meiner neuen Wirkungsstätte in Marbach am Neckar eintraf.

Marbacher Anfänge

Das Schiller-Nationalmuseum in Marbach am Neckar.
Foto: Mathias Michaelis

Hoch über dem Neckar thront am Rande der kleinen Stadt
Marbach auf der Schillerhöhe, gegenüber dem bronzenen
Standbild des Dichters, das imposante Schiller-Nationalmuseum, ein schloßartiges Gebäude aus dem Ende des
19. Jahrhunderts. Aus dem »Pantheon schwäbischen Geistes«, wie Theodor Heuss es genannt hat, sollte etwas
Neues werden. Die Deutsche Schillergesellschaft, Träger
des Museums, hatte Ende 1955 beschlossen, dem schwäbischen Dichterarchiv und -museum ein Deutsches Literaturarchiv anzugliedern, das vor allem Dichternachlässe
der Moderne sammeln und bewahren sollte. Nach langen
Verhandlungen hatte man sich mit Bonn und auch mit Weimar über diese Aufgabe verständigt. Seit 1956 wurden die
ersten Autographen und neue Bücher erworben.

Mit großen Erwartungen war ich gekommen. Dr. Wilhelm Hoffmann, den Präsidenten der Deutschen Schillergesellschaft und Direktor der Württembergischen Landesbibliothek in Stuttgart, zu der auch das Hölderlin-Archiv
in Kloster Bebenhausen bei Tübingen gehörte, kannte ich
über meinen Lehrer Adolf Beck. Ihm hatte ich über Jahre
die Abrechnungen meiner Mitarbeit an der Hölderlin-
Briefausgabe zugeleitet. Dr. Hoffmann war ein urbaner
und höflicher Mann, Sohn des letzten württembergischen
Hofpredigers, mit weißem Haar und freundlichen blauen
Augen: eine imponierende Persönlichkeit. Ihm hatte ich
mein Kubin-Buch geschickt, und empfohlen auch durch
meinen Doktorvater, waren wir uns im September 1957
bei einem Gespräch im Beisein des Museumsdirektors
Dr. Bernhard Zeller rasch über meine Anstellung einig geworden.

Als ich am 15. Februar 1958 meinen Dienst antrat, war der Kreis der Mitarbeiter im Hause noch sehr klein. Die Arbeitsräume verteilten sich auf das Souterrain und die Zimmer unter dem Dach. Die Beletage war der Schausammlung vorbehalten. Ich bezog ein Büro im Untergeschoß, das mit den Arbeitsräumen der beiden Bibliothekarinnen verbunden war. An den Wänden standen ungeordnet die Neuerwerbungen: Erstausgaben, Pressendrucke, Werke der modernen deutschen Literatur. Ich hatte den Auftrag erhalten, mich um die Bibliothek zu kümmern. Es war nicht schwer, sich einen Überblick zu verschaffen: In den Schränken der Schausammlung standen, alphabetisch geordnet, die Bücher der schwäbischen Autoren, in der Regalanlage des ehemaligen Vortragsraumes unter dem Hauptsaal die übrigen. Bücher gehörten auch zu dem gerade erworbenen Cotta-Archiv, und in seiner geretteten Bibliothek arbeitete der aus der Emigration zurückgekehrte Jean Paul-Forscher Eduard Berend.

In den nächsten Jahren habe ich die Museumsbibliothek zu einer eigenständigen und umfassend erschlossenen Spezialbibliothek zur neueren deutschen Literatur ausbauen können, die, als ich sie 1968 dem von mir vorgeschlagenen Nachfolger Ludwig Greve übergab, um ein Vielfaches, auf 120000 Bände, angewachsen war. Sie war eine Bibliothek zur deutschen Literaturgeschichte vom Naturalismus bis zur Gegenwart geworden.

Meine erste Arbeit war die Neuaufstellung, d. h. die Vereinigung der schwäbischen Autoren mit den Nichtschwaben, also Dante und Shakespeare, Goethe und Heine usw. Letztere waren in dem alten Kapselkatalog, den ich bald ersetzte, sinnigerweise mit NS = Nichtschwaben bezeichnet! Die Bücher wurden nach einem sehr einfachen System nach 22 Sachgruppen geordnet, auf Außensignaturen konnte verzichtet werden. Die neu angeschafften Bücher wurden »entkleidet«: Die Sammlung von Schutzumschlägen der Neuerscheinungen seit 1958 stellt heute einen eigenen großen Bestand dar. Ich habe Pläne zur Bearbeitung der Buchbestände vorgelegt, die ich alljährlich aktualisierte. Das Neue war der Aufbau eines Katalogsystems, das die Bücher nicht nur alphabetisch und systematisch nachweist, sondern auch die einzelnen Beiträge in literarischen und auch literaturwissenschaftlichen Zeitschriften, Sammelwerken, Festschriften und Anthologien verzeichnet. Für die inhaltliche Erschließung nahm ich mir die Bibliothek des Weltwirtschaftsarchivs in Kiel zum Vorbild. So entstand auf konventioneller Basis ein einzigartiger Quellennachweis, der, als ich ging, bereits fast eine Million Kärtchen enthielt und auch noch heute mit der Fortführung der Schlüssel zur Marbacher Sammlung gedruckter Quellen zur modernen deutschen Literatur ist. Bedauerlicherweise wurde der Computer zu spät erfunden, mit dem heute das Marbacher Programm fortgesetzt wird.

Die extensive Arbeit sprengte bald die engen Räume. Der Südflügel des Dachgeschosses wurde für die Bibliotheksverwaltung ausgebaut, und hier vollzog sich dann in meiner Zeit, die ja eine Pionierzeit in Marbach war, der weitere Ausbau, inzwischen mit einem kleinen, engagierten Kreis von Mitarbeiterinnen, die ich alle für die Aufgabe begeistern konnte: Im Herbst 1961 waren Ingrid Bode und Almut Conz als Diplombibliothekarinnen zusammen mit Frau Ingeborg Meyen eingestellt worden, bald kamen Barbara Götschelt und Hildegard Tschirner hinzu. Zusammen mit dem halbwöchentlich tätigen Ludwig Greve waren wir eine verschworene Gemeinschaft. Die »Bodin« war nicht nur eine sehr flink arbeitende, sondern auch sehr schnell lesende Person. Ich regte an, sie solle die Autobiographien zur deutschen Literatur, Kunst und Musik seit 1900, die ihre Lieblingslektüre waren, mit dem Bleistift in der Hand lesen und alle Namen, die vorkamen, ankreuzen. Daraus wurde ein Quellenwerk, das in meiner ersten wissenschaftlichen Quellenreihe, den *Repertorien zur deutschen Literaturgeschichte*, bei Metzler 1966 erschien, aber leider bisher nicht in gedruckter Form fortgeführt wurde. Von einer weiteren Zusammenarbeit mit Ingrid Hannich-Bode werde ich später noch erzählen. Auch mit der »Conzin«, einer liebenswerten Schwäbin, habe ich nach Jahrzehnten ein gemeinsames Werk, die Bibliographie der Schriften von August Hermann Francke, herausgegeben. Die Marbacher Schule wirkte über viele Jahre nach.

Die bibliothekarische Arbeit in Marbach war außerordentlich erfolgreich. Sorgfältig wurden Antiquariatskataloge bearbeitet und so der Bestand an deutscher Literatur systematisch aufgebaut. Wir machten Jagd nach fehlenden Zeitschriften, in denen wir oft unbekannte Texte entdeckten. Außerdem wurden geschlossene Bibliotheken erworben. Die Zahl der Benutzer stieg rasch an, immer mehr deutsche und ausländische Germanisten reisten an, sie wurden nachmittags zu den Teestunden in der kleinen Runde eingeladen und erzählten von ihren Arbeiten. Ludwig Greve, dem ich ein eigenes Kapitel widmen werde, war ein angenehmer Plauderer, ein hervorragender Kenner der Literatur. Mehr und mehr rückte der Expressionismus ins Zentrum, für den ich auch meine Damen begeisterte. So verlebten wir im »Museum« spannende Jahre in großer räumlicher Enge, aber immer mit dem Blick in die Zukunft. »Das Archiv platzt aus allen Nähten«, war die gängige Redensart. Seit 1965 wurde der Neubau geplant, ich habe ihn aber nicht mehr erlebt, sondern war nur als Gast bei der Einweihung in den 1970er Jahren dabei, wie auch bei der späteren großen Erweiterungsmaßnahme.

Unser Umzug von Hamburg in die Kleinstadt war freilich für meine Frau ein Schock gewesen. Ich war glücklich, nach sechs Wochen eine Wohnung für meine Familie gefunden zu haben. An einem Sonntag morgen nach der Kirchzeit trugen die Hamburger Möbelpacker das Umzugsgut in das Haus, das am Ortsende an einer schmalen Gasse lag. Rundherum hatten Bewohner ihre Kissen auf die Fensterbänke gelegt und schauten zu, was wohl der Neue aus der Großstadt mitbrachte. Meine Frau kam mit unserer Ältesten in der Tragetasche einige Tage später nach. Sie hatte gerade Abschied von ihrem Beruf, den Freunden und der geliebten Stadt genommen und kam nun in ein »Nescht« mit Misthaufen vor den Türen, einer einzigen Einkaufsstraße mit zwei oder drei trostlosen Geschäften und wurde zudem von einer völlig unverständlich und breit schwäbelnden »Hausfrau« an das mütterliche Herz gezogen. »Hier bleibe ich nicht«, stieß sie in heller Verzweiflung aus.

Doch die freundliche Aufnahme bei den ebenfalls jungen Kollegenfamilien und die liebliche Frühlingslandschaft des Neckartals mit seinen Weinbergen und Obstgärten erleichterten den Anfang. Als wir im Herbst im Holderbüschle eine neue Wohnung beziehen konnten, fühlte sie sich schon fast heimisch.

Dieses Marbacher Jahrzehnt war trotz mancher Probleme und vieler Arbeit eine glückliche Zeit. Unsere kleine Familie war bald auf sechs Personen angewachsen. Die beiden ältesten, 1957 und 1960 geboren, sprachen miteinander und auf der Straße ein breites Schwäbisch, eine besondere Erfahrung für die norddeutschen »Neingeschmeckten«. Meine Frau hielt ihrem Mann, dem stets etwas Neues einfiel, den Rücken frei. Immer mehr Gäste kamen. Es waren abwechslungsreiche Lebensjahre.

Heute ist das Deutsche Literaturarchiv im Schiller-Nationalmuseum eine allgemein anerkannte, außeruniversitäre Forschungs- und Gedenkstätte zur modernen deutschen Literatur. Die Anfänge habe ich miterlebt und mitgestaltet. Im September 1968 übergab ich meinem Nachfolger Ludwig Greve einen Rechenschaftsbericht, in dem ich eine Summe meiner Arbeit gezogen habe. In der Vorbemerkung heißt es:

»Meine Marbacher Tätigkeit war anfangs nicht klar umgrenzt. Ich habe es aber im Laufe der Jahre dahin gebracht, daß der Tätigkeitsbereich sich im wesentlichen auf die Bibliothek des Deutschen Literaturarchivs konzentrierte. Aus der Museumsbibliothek, wie ich sie 1958 vorfand, habe ich im Laufe der Jahre eine Fachbibliothek zur neueren deutschen Literatur- und Literaturgeschichte gemacht ... Das Sammeln von Handschriften ist ein Sammeln von Quellen. Aber was sind Handschriften der Dichter ohne die Sammlung der Bücher der Autoren? Von diesem Gedanken ging ich aus: Das Deutsche Literaturarchiv sollte ein Quelleninstitut sein, das sowohl die Handschriften wie die Drucke deutscher Dichter und Schriftsteller sammelt. Die intensive Erschließung der Zeitschriften und Sammelwerke macht diese Tendenz deutlich. Es geht also um eine systematische Aufgabe, nämlich um eine systematische Sammlung aller gedruckten Quellen zur neueren deutschen Literaturgeschichte ... Das Echo, das unsere Arbeit fand, bestätigt die Richtigkeit des Ansatzes ... Es ging mir immer um das Andenken an die Dichter und Schriftsteller. Ich habe es als den Sinn meiner Aufgabe empfunden, dieses Erbe zu verwalten, zugänglich zu machen und zu erschließen.«

Heym-Arbeiten

Neben der täglichen Arbeit in der Bibliothek widmete ich mich der Fortführung der in Hamburg begonnenen Mitarbeit an der Ausgabe der Tagebücher und Briefe Georg Heyms. Meine Frau und ich waren damit in den beiden ersten Marbacher Jahren beschäftigt. Bei den Transkriptions- und Kommentierungsarbeiten erschloß sich mir immer mehr der Lebenskreis der Berliner Frühexpressionisten um den Neuen Club und das Neopathetische Cabaret. Der in Jerusalem lebende Nachlaßverwalter Heyms, Erwin Loewenson, war als Philosoph einer der theoretischen Köpfe gewesen. Er schrieb mir im Zusammenhang mit der Ausgabe damals einige Luftpostbriefe in seiner winzigen, angenehmen Gelehrtenhandschrift. Ich habe es sehr bedauert, daß ich ihn bei meinem Besuch in Israel 1965 nicht mehr kennengelernt habe. Seine Witwe, Alice Jacob-Loewenson, die ich in einem armseligen Hospital traf, erzählte mir, wie sehr ihn der frühe Tod Heyms ein Leben lang beschäftigt habe. Eine Genugtuung wird ihm die Veröffentlichung seines Heym-Essays in Buchform gewesen sein, die der Verleger Heinrich Ellermann 1962 ermöglichte.

Im Februar 1959 verfolgte ich in Berlin und Neuruppin eine Woche lang die Spuren Georg Heyms. Für seinen Lebenslauf und auch für die Kommentierung früher Tagebucheintragungen suchte ich Unterlagen, Daten, Zeitzeugen. Begleitet von einer jungen Berlinerin, fand ich die verschiedenen Wohnungen von Georg Heyms Eltern in der Martin Luther-, der Spichern-, der Neuen Kantstraße in Westberlin. Doch sie waren alle zerstört. In Ostberlin hatten mir zwei Kollegen der Deutschen Akademie der

Wissenschaften, Herbert Jacob und Hans-Werner Seiffert, die Wege geebnet. Ich klapperte die Gerichte ab, in denen der junge Heym Gerichtsassessor gewesen war, und wurde schließlich in einem Amtsgericht in Lichterfelde fündig. Eine alte Sekretärin erinnerte sich an den sonderbaren jungen Mann. Empört sprang sie von ihrem Bürostuhl auf: »Ja, Heym hieß er, stellen Sie sich vor, was er gemacht hat. Er hat eine Grundbuchakte«, und sie lief rot an und wiederholte, »eine Grundbuchakte zerrissen und ins Klo geworfen.« Da selbiges verstopfte, kam die Sache schnell heraus. Noch nach 40 Jahren erregte sie sich über den ungeheuren Vorgang, der Heyms juristische Ausbildung abrupt beendete. Auch als ich ihr erzählte, daß der respektlose Referendar ein berühmter Dichter gewesen sei, der einige Monate später beim Eislauf auf der Havel bei der Rettung seines eingebrochenen Freundes selbst ums Leben kam, konnte sich die Dame nicht beruhigen.

Georg Heym war ein genialer Dichter, der das kommende Unheil des Krieges in seinen Gedichten und Prosastücken auf eine unheimliche Weise voraussah und dessen früher Tod das Schicksal einer jungen Dichtergeneration auf tragische Weise vorwegnahm. Aber als Persönlichkeit war der Sohn eines Militäranwalts eine unreife und rüpelhafte Erscheinung. Da er die Unterprima des Joachimsthaler Gymnasiums in Berlin nicht geschafft hatte, schickten ihn die Eltern 1905 auf das Friedrich-Wilhelm-Gymnasium nach Neuruppin, wo er zwei Jahre später das Abitur mit Ach und Krach bestand. Neuruppin in der tiefsten DDR war deshalb an einem Februartag das Ziel meiner abenteuerlichen Reise, das ich in einem Personenzug mit klappernden, zugigen Fenstern erreichte. Trister Bahnhof, leere Straßen, Anmeldung bei der Volkspolizei, endlich der rote Backsteinbau der Fontane-Oberschule. Der Direk-

54

tor Siggel, durch meine Akademiekollegen auf den Besuch vorbereitet, empfing mich freundlich. Er hatte einen Lehrer und sechs Schüler abgestellt, um dem Westdeutschen bei der Suche nach Dokumenten eines ihm unbekannten schlechten Schülers zur Hand zu gehen. Das war auch nötig, denn das Schularchiv bestand aus einem Papierberg, der in einen leeren Raum gekippt worden war. 16 Hände wühlten sich durch die vergilbten Blätter, Zeugnisse, Klassenarbeiten, Dokumente, Schulhefte. Aber nach stundenlanger Arbeit fanden wir alles, was ich suchte: das Abgangszeugnis aus Berlin, die Neuruppiner Zeugnisse, den Brief an die Prüfungskommission zur Zulassung zum Abitur samt Lebenslauf, alle Unterlagen zum Abitur, Vorzensur, Beurteilung, Protokolle. Wir fanden Heyms deutschen Aufsatz über das Thema *Inwiefern ist Lessing ein Befreier des deutschen Volkes auf dem Gebiet der Dichtkunst?*, dazu seine weiteren griechischen, lateinischen und mathematischen Prüfungsarbeiten. Auch das Klassenbuch fiel mir in die Hände, in dem der von Heym gehaßte Direktor Begemann alle Streiche des übermütigen Schülers akribisch notiert hatte.

Alle handschriftlichen Unterlagen, Klassenbuch, Fotos und gedruckten Jahresberichte wurden mir großzügig leihweise anvertraut. Jedes Stück wurde verzeichnet, das Ganze in ein großes Paket gepackt und verschnürt. Mit einem Begleitschreiben des sehr entgegenkommenden Direktors ausgestattet, brachte ich das Bündel ungeöffnet über die Grenze, die damals die DDR noch von Ostberlin trennte.

Auf der Suche nach Porträts von Georg Heym forschte ich nach dem damals noch lebenden, liebenswerten Scherenschneider Ernst Moritz Engert, der in Hadamar wohnte und den ich leider nie getroffen habe. Bei seinen Verwandten in Berlin entdeckte ich dann die inzwischen bekannte Pastellskizze, die Engert von Georg Heym gemalt hat. Die Radierung von Ernst Ludwig Kirchner, die Heym darstellt, ist dem hilfsbereiten Kenner und Sammler moderner Literatur, Hans Bolliger, zu verdanken, der damals bei Gutekunst & Klipstein in Bern arbeitete. Über dieses Auktionshaus erwarb Marbach wichtige Expressionistica für die Bibliothek.

Für den Dokumentenband, den Schneider als vierten Band seiner Heym-Ausgabe 1968 zusammenstellte, wurden diese Funde ausgewertet, zusammen mit den Erinnerungen an den Dichter, den Nachrufen, Gedenkartikeln, den Biographien von Freunden, den Rezensionen. Der Band läßt keinen Wunsch offen. An der Redaktion hatte ich selbst keinen Anteil mehr. Schneider und ich mußten einsehen, daß die Zusammenarbeit über die weite Entfernung hin viel zu zeitaufwendig war. So gingen unsere Heym-Arbeiten 1960 – meine Frau hatte alle Transkriptionen der Tagebücher fertiggestellt – zu Ende. Der Impuls freilich war geblieben, auch die Freundschaft mit Karl Ludwig Schneider.

Es war damals, 1958/59, noch ein sehr kleiner Kreis, der sich gegenseitig Informationen über neue Funde zum Expressionismus zuschickte. Der Sammler Wilhelm Badenhop in Wuppertal und sein »Schüler« Paul Pörtner gehörten dazu, auch der in New York lebende Kurt Pinthus. Sie haben über die Heym-Arbeit hinaus eine Rolle in meinem Leben gespielt.

Wilhelm Badenhop – der Expressionismus-sammler

Als ich 1957/58 den Lebenskreis von Georg Heym zu recherchieren begann, ergab sich bald auch ein brieflicher Kontakt zu einem Büchersammler in Wuppertal, der, wie sich herausstellte, seit mehreren Jahren mit noch lebenden Autoren des Expressionismus oder ihren Witwen und Nachkommen überall in der Welt in Korrespondenz stand, Nachforschungen anstellte und Materialien sammelte. Ich wurde bald einer der Nutznießer dieses unscheinbaren Mannes, der Wilhelm Badenhop hieß. Der Norddeutsche, aus Lüneburg gebürtig, damals Mitte Fünfzig, lebte vom Zahnersatzhandel, ein Geschäft, das er ohne Engagement betrieb. Er war mit einer jungen, interessierten Frau verheiratet, führte aber wohl noch immer das Leben eines eigenbrötlerischen Junggesellen. Er sammelte vor allem die Bücher der expressionistischen Dichter auf Vollständigkeit und schrieb Texte, die in den damals weitgehend vergessenen expressionistischen Zeitschriften erschienen waren, mit der Schreibmaschine ab und legte sie in die Bücher. Er hatte zunächst seine Sammlung mit 2222 Büchern abgeschlossen, doch als er sah, daß die Beschränkung nicht zu halten war – er kramte auf Flohmärkten und suchte in Antiquariaten –, erweiterte er seine Bibliothek auf 3333 Bücher.

Badenhop war ein hilfsbereiter, selbstloser Korrespondent, von dem ich viele unbekannte Titel und Daten erfahren habe, denn bald ging es nicht nur allein um Georg Heym, sondern um den Expressionismus überhaupt. Er schrieb nüchterne, lakonische Briefe mit der Schreibmaschine, denn seine krakelige Handschrift war, wie er selbst bekannte, kaum zu entziffern. Da ich Wilhelm Badenhop viele Anregungen verdanke, will ich eine Briefprobe wiedergeben:

Wuppertal, 3. Juli 1959

Lieber Herr Dr. Raabe:

Endlich muß ich mich aber für Ihren ausführlichen Brief vom 21. 5., der so viele Neuigkeiten enthielt, herzlich bedanken. Aber durch den Tod meiner Mutter war ich derart in Anspruch genommen durch Laufereien bei Behörden und Besuche von Verwandten, daß ich mich erst einmal wieder etwas erholen mußte, um allmählich wieder an das Alltagsleben mich zu gewöhnen. Ich freue mich von Ihnen zu hören, daß Sie Ihre Mandeloperation gut überstanden haben.

Was Sie alles in Angelegenheit Heym ans Licht gefördert haben, ist mehr als bewunderungswürdig. Vor Jahren hatte mir ein hiesiger Herr gesagt, daß von Heym ein Bild existiert; er konnte sich aber nicht mehr erinnern, wer ihm das gesagt hatte. Manche Leute haben für eine solche Angelegenheit ja kein Gedächtnis. Das zu verstehen, fällt mir schwer, denn wenn ich so etwas höre, behalte ich es für mein ganzes Leben. Die Ihnen als Drucksache zugesandte Photokopie des Aufsatzes über Georg Heym von Martin Rockenbach haben Sie doch sicher erhalten? Als Pendant dazu füge ich heute noch einen Abschnitt aus einem anderen Aufsatz über Heym bei von demselben Verfasser. Das Negativ des Heym-Aufsatzes und eine Kopie meiner beigefügten Abschrift habe ich Herrn Dr. Schneider gesandt, falls er sie nicht schon kennen sollte. Das Negativ des Aufsatzes über Else Lasker-Schüler und die Abschrift der Rezension von Ihering über die Wupper habe ich an Herrn Dieter Bänsch gesandt, damit er sie kennen lernt.

Sie erhalten die beiden Sachen von ihm direkt zugesandt. Er schreibt ja seine Dissertation über E. L. Sch. Ich hatte Ihnen doch mitgeteilt, daß ich antiquarisch ein Exemplar der Dissertation von Höltgen bekommen habe, die nach meiner Ansicht etwas besser ist als die normalen derartigen Produkte. Die Bibliographie hat er aus den »Dichtungen und Dokumenten« mit allen Fehlern abgeschrieben. Diese Fehler werden wohl noch Jahrzehnte weiter abgedruckt werden. Völlig unnötig erwähnt er einmal, daß das Gedicht »Weltende« 1906 entstanden sei, obwohl es doch schon als letztes Gedicht in dem 1905 erschienenen Bande »Der siebente Tag« enthalten ist. Wahrscheinlich hat er diesen unbekannten Gedichtband niemals in Händen gehabt. Er wurde ja kürzlich bei Hauswedell angeboten zum Schätzpreis von DM 40,– ...

Mit herzlichen Grüßen

Ihr Badenhop

Was aus solchen Zeilen nicht hervorging, war sein Verständnis für die Dichtungen, mit denen sich Wilhelm Badenhop beschäftigte. Er hatte über die Werke »seiner« Autoren eine sichere Meinung. Er schätzte keineswegs alles, was er kaufte. Manche Bücher lehnte er zu Recht ab, und sein Urteil über die expressionistischen Autoren war keineswegs nur Zustimmung. Besonders ärgerte ihn, daß die Preise für die Expressionismus-Bücher seit unserer Marbacher Ausstellung emporschnellten.

»Die wenigen angekommenen Antiquariatskataloge habe ich schon flüchtig durchgesehen, es wird ja kaum noch Interessantes angeboten und wenn schon – wie im Katalog des Stuttgarter Antiquariats K. G. – zu Preisen, die keineswegs der Güte des jeweiligen Buches entsprechen. Aber was nur irgendwie mit dem Expressionismus zusammenhängt oder damit künstlich in Verbindung gebracht wird, das wird zu unerschwinglichen Preisen angeboten. Es wird auch gar kein Unterschied zwischen ›Qualität‹ und ›Schund‹ gemacht, das letztere existiert ja beim Expressionismus auch genügend. Dabei fällt mir die Dramen-Anthologie ein, die Otten herausgegeben hat und die ich mir von der hiesigen Stadtbibliothek geliehen hatte. Diese seltsame Sammlung wird niemand von der ›Qualität‹ der expressionistischen Dramen überzeugen, denn er hat z. T. wirklich das gebracht, was die ganze expressionistische Dramatik früher in Verruf gebracht hat und seine bibliographischen Angaben am Schluß des Bandes zeugen auch keineswegs von großer Sorgfalt. So ist für ihn Else Lasker-Schüler immer noch 1876 geboren, allmählich weiß doch jeder ihr wahres Geburtsdatum.« So schrieb er am 9. August 1960, von einer Reise zurückkehrend.

Als ich 1959 die Bibliothek von Wilhelm Badenhop in Wuppertal zum erstenmal sah, war ich einigermaßen bestürzt. Hatte er nicht alle die Bücher gesammelt, die zu erwerben wir in Marbach gerade angefangen hatten? Außerdem: Hatte er nicht alle Kenntnisse und Kontakte, die wir uns gerade mühsam erarbeiteten? Wir kamen sehr bald in unserem Gespräch über diese Fragen zu dem Schluß, daß es sinnvoll sei, Wilhelm Badenhop samt seiner Bibliothek nach Marbach zu holen und ihn als Bibliothekar anzustellen.

Die Anregungen fielen bei dem Vorstand der Deutschen Schillergesellschaft auf fruchtbaren Boden. Doch die Angelegenheit verzögerte sich, im Mai 1960 wurde die Expressionismus-Ausstellung eröffnet, Badenhop war mit Wilhelm Klemm, dem einstigen expressionistischen Lyriker, als Gast gekommen. Noch war keine Entscheidung getroffen worden. Doch ein halbes Jahr später, Anfang Januar 1961, waren die Pläne für die Übersiedlung der Badenhops perfekt. Der Sammler verpackte sorgfältig seine Bücher, ihm stand ein neuer Lebensabschnitt bevor, er konnte endlich seinen ungeliebten Beruf an den Nagel hängen und künftig sein Hobby zum Beruf machen. Welchem Büchersammler werden solche generösen Perspektiven eröffnet? Badenhop war unendlich glücklich und dankbar, auch wenn er seine Freude nicht ausdrücken konnte. Doch als er am frühen Morgen des 11. Januar 1961 die letzte Kiste geschlossen hatte, fühlte er sich plötzlich unwohl, legte sich nieder und – starb an einem Herzschlag.

Die Nachricht von diesem plötzlichen Tod hat uns damals sehr getroffen. Marbach hatte einen Freund und Kenner verloren. Am Grabe sprach der Lyriker Ernst Meister, mit dem Badenhop befreundet war, und schilderte den Verstorbenen mit Worten, wie sie nur einem Dichter zu Gebote stehen. Die bewegende Rede ist in dem Band *Prosa 1931–1979* abgedruckt, den die Deutsche Akademie für Sprache und Dichtung zum Gedenken an Ernst Meister 1989 veröffentlicht hat.

»Dieser Wintermorgen. Keine Narzissen. Es ist ein rauhes Wetter, das uns zu dem Begreifen verhelfen will: seiender sei die eiserne Elle des Todesgeschicks als alles selige Meinen, das uns allgemach Zukunft vorspiegelt. Jedoch, wie sollten wir ohne es auskommen?

Dieser frühe Tag. Was er vor uns tut, hätten wir uns bei Anbruch der Woche nicht träumen lassen. Wir haben vergangenen Sonntag noch in der Friesenstraße einander gegenüber gesessen – wir froren so gar nicht in seinem Zimmer, wo die Bücherregale bereits geleert waren; er war aufgeräumt wie lange nicht und auf das Liebenswürdigste gesprächig, wie er es abends immer noch war, als er meine

61

Frau und mich wie so manches Mal zum Bahnhof gelei-
tete, im von uns bewunderten dunklen englischen Mantel,
dessen Haltbarkeit über 30 Jahre er stolz rühmte. Meine
Frau mußte auf der Straße das unvergängliche Seidenfut-
ter befühlen. Und sein dunkler eleganter Hut, dem wir seinen zehnjährigen Dienst auf Badenhops Haupt zu seinem
großen Vergnügen nicht glaubten! Zum Elberfelder Bahnhof, zur selben Sperre brachte er uns, an welcher vor Jahren unsere Bekanntschaft begonnen hatte. Es ist im Juli 56
gewesen, daß er schrieb: ... ›Damit Sie mich auch finden:
ich werde einen hellgrauen Anzug und Hut anziehen, bin
53 Jahre, weder dick noch schlank, weder klein noch groß,
also ein Normalmitteleuropäer.‹

Am Sonntagnachmittag also hörten wir uns auch eine
Benn-Platte an. Vorher hatte er mir Gedichte Gottfried
Benns aufgeschlagen, die er besonders schätzte, z. B. *Sieh
die Sterne, die Fänge; Fürst Kraft*; am längsten beschäftigten
wir uns mit *Qui sait*: ›Aber der Mensch wird trauern – / solange Gott, falls es das gibt, / immer neue Schauern / von
Gehirnen schiebt / von den Hellesponten / zum Hobo-
kenquai, / immer neue Fronten – / wozu, qui sait?‹ Wir
hörten Benns Stimme, es war die des Dichters der frühen
dreißiger Jahre, sein Körper längst im Grab, während das
Gedicht fortfuhr, zu sein.

Wie wenige im Lande hatte Wilhelm Badenhop einen
Sachverstand für das lyrische Petrefakt, und wenn er ein
Sammler von Büchern war, so lag ihm Lyrik doch wohl
ganz besonders am Herzen.

Und was wäre deren Sache, was hieße Verstand davon
haben? Ich möchte mich dieser Frage jetzt mit keiner Antwort nähern. Die Nähe des Toten gilt, die reine Nähe des
lebendigen Wilhelm Badenhop, und ich meine, es käme
ungefähr die Antwort aus ihr auf uns zu.

Das Denken des vielbefragten, weithin bekannten Liebhabers und Gelehrten der Poesie war ein männliches. Indessen, würden wir es auch nur einen Augenblick in Zweifel ziehen, daß den zwar männlich Wissenden das Sterbenmüssen so ohne weiteres bereit findet, und nachgerade zu dem Zeitpunkt, wo er die Zelte abzureißen sich anschickte, um sie an einer neuen Stelle des Lebens aufzuschlagen, dazu in der Vorfreude auf eine neue Epoche mit dem ihm gemäßen beruflichen Platz? Wie es auch sei, es ist wohl jedem arg, solange ihm nicht ein Entschlafen zuteil wird. Davon aber, vom Entschlafen, habe ich, insofern getröstet, gelesen.«

Eine Nachbemerkung noch zur Geschichte des unbekannten, längst vergessenen Wilhelm Badenhop. Seine Bibliothek kam nach Marbach und stand in meinem Nachbarzimmer unterm Dach des Schillermuseums. Sie war für mich eine reiche Quelle bei der Beschäftigung mit dem Expressionismus. Später zog seine Witwe, Katharina Badenhop, inzwischen von der Buchhändlerin zur Lehrerin umgeschult, den Büchern ihres verstorbenen Mannes nach. Wir mochten sie sehr, sie war eine engagierte, einfallsreiche Lehrerin, die ihren Beruf sehr ernst nahm. Sie war auch eine liebevolle Patentante für unseren jüngsten Sohn. Später versuchte sie auch zu schreiben, wurde von Krankheiten heimgesucht. Mit ihrem allzu frühen Tod haben wir und viele andere eine Freundin verloren.

Paul Pörtner – der Herausgeber

Zu denen, die von Wilhelm Badenhops Wissen und literarischen Kenntnissen, auch von seiner Bibliothek profitierten, gehörte damals Paul Pörtner, ein junger Mann, der
mich im Schillerjahr 1959 in Marbach besuchte. Er war,
wie ich später feststellte, sogar zwei Jahre älter als ich, ein
etwas untersetzter, außerordentlich lebhafter und witzi-
ger Typ, durch eine Kriegsverletzung im Gehen ein wenig
behindert. Er sprühte vor phantastischen Ideen, die er mir
zwischen den Bücherregalen im Magazin auseinander-
setzte.

Pörtner war in Wuppertal aufgewachsen, und so erklärte sich auch die langjährige Beziehung zu Wilhelm
Badenhop. Er war von seiner ersten Frau, der Schauspielerin Xenia Pörtner, gerade geschieden und hatte zum
zweitenmal geheiratet. Von der Schönheit seiner Frau, einer reichen Schweizerin, hatte mir Badenhop in seiner
trockenen Art schon geschrieben. Seit einem Jahr lebte
Pörtner als freier Schriftsteller in Zürich, arbeitete als Re-
gisseur für Theater und Rundfunk, schrieb Hörspiele und
Kritiken, übersetzte zusammen mit seiner Frau Marlies
französische Literatur, so etwa Alfred Jarrys *König Ubu*, zu
dem Joan Miró phantasievolle Illustrationen schuf. Ich erinnere mich, wie er uns bei einem seiner Besuche den Anfang der Übersetzung vorlas und das erste Wort »*merdre*«
genüßlich mit »Schreiße« wiedergab, was uns in dem damaligen, noch recht prüden Zeitgeschmack mächtig im-
ponierte.

Pörtner interessierte sich für alle surrealistischen und
vor allem expressionistischen Strömungen der Moderne
und schrieb später selbst experimentelle und konkrete

Texte, die ihn in den 1960er und 1970er Jahren bekannt machten. Er schenkte mir damals sein erstes Stück *Mensch Meier oder Das Glücksrad*, über das sich Badenhop mokierte, wie man solchen Unsinn schreiben könne! Pörtner starb allzu früh 1984.

Als Pörtner mich zum erstenmal besuchte, hatte er gerade die *Gesammelten Dichtungen* von Jakob van Hoddis unter dem Haupttitel *Weltende* im Verlag der Arche in Zürich herausgegeben. Peter Schifferli, der Gründer und Verleger, hatte sie in die Reihe der hübschen Quartbände der *Sammlung Horizont* aufgenommen. Pörtner erzählte mir die abenteuerliche Geschichte der Veröffentlichung. Der kleine Band war schon gesetzt und umbrochen, als sich im Sommer 1958 Erwin Loewenson aus Jerusalem meldete und berichtete, daß ihm, der auch mit van Hoddis befreundet gewesen war, der literarische Nachlaß gerade zugänglich geworden sei, und der nun darauf bestand, daß die unveröffentlichten Gedichte einbezogen wurden. Pörtner fügte sich den Wünschen. Und so erschien noch Ende des Jahres diese erste Jakob van Hoddis-Ausgabe. Ich habe nach langen Jahrzehnten die damalige Korrespondenz zwischen Peter Schifferli, Erwin Loewenson und Paul Pörtner gelesen und 2001 in meiner kleinen Ausgabe *Weltende* der zu Lebzeiten veröffentlichten Gedichte des Jakob van Hoddis mitgeteilt. Pörtner war damals neben Schneider einer der frühesten Expressionismus-Editoren nach dem Kriege. Was ihn bewegte, fand ich in einem Brief an Peter Schifferli vom 22. Dezember 1957, in dem es heißt:

»Nachdem es mich zuerst interessierte – ich begann damit im Kriege – etwa mit mir gleichaltrige Jünglingsdichter, die im ersten Weltkrieg gefallen sind, kennenzulernen und zu sammeln – ihr in Zeitschriften, Broschüren und Manuskripten verstreutes, fast unauffindbar gewordenes

Werk zu bewahren – habe ich dann auch eine Reihe anderer Dichter entdeckt, die nicht in den bekannten Anthologien und Würdigungen vertreten sind, die aber für meine Begriffe nur durch die Ungunst der Zeitumstände und des Ortes vergessen wurden, obwohl ihr Werk der Poesie neue Bahnen eröffnete.

Die Zeit der Revisionen, Ausgrabungen, Neuentdeckungen scheint inzwischen angebrochen zu sein. Das zeigen die vielen Anthologien und Reihen, die sich um Verschollene und Vergessene bemühen. Bedauernswert ist der Mangel an Gründlichkeit, Sorgfalt und Werktreue. So sind die meisten Bibliographien und Aufschlüsse ungenau, unvollständig, falsch oder irreführend. Ich habe deshalb – nicht, um als Verleger hervorzutreten, das wird nie meine Sache sein –, sondern um dem Werk der Dichter des Anfangs zu dienen, die Herausgabe einer Reihe mit dokumentierendem Charakter geplant. (Für 14 Bändchen in der Reihe liegt das Material bereits vor.) ...«

Pörtners Hauptwerk, mit dem er sich damals beschäftigte, war die Herausgabe eines dreibändigen Quellenwerks über die *Literatur-Revolution 1910–1925*, einer Sammlung der »Dokumente, Manifeste, Programme«. Für ihre Veröffentlichung hatte er die Klasse der Literatur der Mainzer Akademie der Wissenschaften und Literatur gewonnen. In jahrelanger Arbeit hatte er die verstreuten Texte *Zur Ästhetik und Poetik* im ersten und *Zur Begriffsbestimmung der Ismen* im zweiten Band zusammengestellt, die 1960 und 1961 parallel zu unserer Marbacher Ausstellung veröffentlicht wurden. Wir hatten einander bei der Suche nach Rechtsträgern und Textvorlagen geholfen und standen in jenen Jahren in engem brieflichen Kontakt.

Leider ist unsere freundschaftliche Beziehung wegen der Veröffentlichung des dritten Bandes, der sich *Pam-*

66

phlete, Utopien, Zeit-Echo nannte, zerbrochen. Da der Akademie in dem Umbruchexemplar des Bandes, das 821 Seiten umfaßte, eine Reihe von Unstimmigkeiten aufgefallen war, besuchte mich ein Mainzer Mitarbeiter im März 1965 in Marbach, und ich mußte bestätigen, daß der Herausgeber sehr genial mit manchen Texten umgegangen war. Das alarmierte die Akademie, und man bat mich, auf einer Klassensitzung als Gast zu dem Band im einzelnen Stellung zu nehmen. Da ich im Begriff war, nach Israel zu fliegen, konnte ich der Einladung nicht folgen. So fand im April eine Krisensitzung in einem Waldhotel in der Nähe des Flughafens Frankfurt statt mit dem Vizepräsidenten, dem Schriftsteller Hans Erich Nossack, und dem Berliner Germanisten Wilhelm Emrich. Nach meinem mündlichen Bericht bat man mich um ein schriftliches Gutachten, in dem ich nicht nur die philologischen Mängel, sondern auch die unverständliche, willkürliche Textauswahl kritisierte, die dem Kehraus eines Zettelkastens glich. Offensichtlich hatte Pörtner alles Material, das er gesammelt hatte, unterbringen wollen, und so war ein recht chaotisches Ergebnis entstanden. Ich habe sehr bedauert, daß sich Pörtner nicht auf eine Überarbeitung einlassen wollte, zu der ich meine Hilfe angeboten hatte. So entschloß sich die Akademie, den Band nicht zu veröffentlichen. Sein Werk blieb ein Torso.

Die Geschichte hatte ein Nachspiel. Nach dem Gespräch am Frankfurter Flughafen wandte ich mich in einem längeren Schreiben an die Akademie mit dem Vorschlag, eine Forschungsstelle zur Erschließung der Quellen des literarischen Expressionismus in Marbach einzurichten. Die Idee, die meinen privaten Arbeiten eine institutionelle Basis hätte geben können, fand Zustimmung. Die Möglichkeit, Reisen zu unternehmen, Überlebende zu besuchen, ihre Erinnerungen aufzuzeichnen, Briefe, Dokumente, Zeugnisse und Fotos dieser unterge-gangenen Generation so weit wie möglich zu retten, um eine breitere Forschungsgrundlage zu haben, war zum Greifen nahe. Doch dazu wäre es nötig gewesen, mich zum Mitglied der Akademie zu berufen, was aber an den Re-gularien scheiterte. »Nach der Satzung müßten Sie entwe-der Dichter oder Ordinarius sein«, schrieb mir Wilhelm Emrich. So wurde aus der Sache nichts.

Kurt Pinthus – die »Menschheitsdämmerung«

Der erste der noch lebenden Autoren und Wegbereiter des literarischen Expressionismus, der uns im Herbst 1958 in Marbach besuchte, war der Schriftsteller Kurt Pin-thus. Die Geburtsstadt Schillers sollte später die letzte Sta-tion eines bewegten Lebens werden. Pinthus war der er-ste außerhalb des Berliner Freundeskreises, der 1911 das Genie Georg Heyms würdigte, seine Bücher rezensierte, am 20. Januar 1912 den Nachruf auf den tragischen Tod des Dichters im *Berliner Tageblatt* veröffentlichte und mit Heyms Freund Erwin Loewenson 1922 die erste Gesamt-ausgabe der Dichtungen des Frühvollendeten herausgab. Damals, zum 10. Todestag, schrieb Pinthus einen Gedenk-artikel, in dem es heißt:

»Ich habe die Manuskripte vieler, vieler Dichter ge-lesen, und der Nachlaß von manchen toten Kameraden ist durch meine Hände gegangen. Aber ich gestehe, daß mich nichts Gelesenes so erschüttert hat wie das nach-gelassene Werk des Dichters Georg Heym, verbunden mit seinen bereits gedruckten Büchern. Erschüttert nicht etwa aus Trauer, weil diese große Begabung in unserer armen Zeit so früh dahinschwand, sondern weil kein Dichter, selbst Hebbel nicht, so wüst die zerstörenden Dämonien in sich rasen fühlte ... Heym weiß sicher und unabwendbar, daß ihn das Schicksal zerschlagen will, sieht genau in Träumen bis zu Einzelheiten seinen Tod; er formt viele Jahre zu früh mit grausiger Klarheit die Ereignisse und Gestalten des Krieges, die verwüsteten Städte, die verwesenden Soldaten, den überall dräuenden Aufruhr ... Der Vorlebende erschaut in apokalyptischen Gesichten voll Gegenwärtigkeit und Faßbarkeit Zusammensturz und Qual der Menschheit und der Natur, wie nicht während und nicht nach dem Weltkrieg Miterlebende es vermochten.«

Bei der Vorbereitung der kritischen Ausgabe der Werke und Tagebücher, Briefe und Dokumente Georg Heyms hatte Karl Ludwig Schneider mit dem im New Yorker Exil lebenden Kurt Pinthus Verbindung aufgenommen. Dadurch kam auch ich mit ihm in Kontakt. Als er ein Jahr später, im September 1959, auf der Rückreise aus der Schweiz, wo er seit einigen Jahren Ferien machte, Marbach besuchte, hatte er gerade nach 40 Jahren das Werk, das ihn unvergessen gemacht hatte, die Anthologie *Menschheitsdämmerung. Eine Symphonie jüngster Dichtung*, als Taschenbuch im Rowohlt Verlag neu herausgegeben.

Original und Neuausgabe waren eine Tat. Auf dem Siedepunkt der expressionistischen Literaturrevolte – im Herbst 1919 – hatte Pinthus Gedichte der ihm wichtigsten Lyriker des Expressionismus in der Abfolge von vier Themen – *Sturz und Schrei; Erweckung des Herzens; Aufruf und Empörung; Liebe den Menschen* – zusammengestellt und so eine Bilanz der expressionistischen Dichtung gezogen. In seinem Vorwort schrieb er:

»Dies Buch nennt sich nicht nur eine ›Sammlung‹. Es ist Sammlung! Sammlung der Erschütterungen und Leidenschaften, Sammlung von Sehnsucht, Glück und Qual einer Epoche – unserer Epoche. Es ist gesammelte Projektion menschlicher Bewegung aus der Zeit in die Zeit. Es soll nicht Skelette von Dichtern zeigen, sondern die schäumende, chaotische, berstende Totalität unserer Zeit.« Aber schon damals, 1919, warnte er vor den Exzessen einer aus den Fugen geratenen Sprache: »Als einer, der mitten unter ihnen stand, vielen durch Freundschaft und allen durch Liebe zu ihren Werken verbunden, trete ich vor und rufe: Laßt es genug sein, die Ihr Euch selbst nicht genügtet, denen der alte Mensch nicht mehr genügte; laßt es genug sein, weil Euch diese zerklüftete, ausbrechende, zerwühlende Dichtung nicht genügen darf! Laßt es nicht genug sein! Sondern helft, alle, voraneilend dem Menschheitswillen, einfacheres, klareres, reineres Sein zu schaffen. Denn jener Augenblick wird, muß kommen, da aus Beethovens Symphonie, die uns den Rhythmus unserer Jugend gab, im wildesten Chaos der tobenden Musik plötzlich die vox humana emporsteigt: Freunde, nicht diese Töne! Lasset uns andere anstimmen und freudenvollere.«

Kurt Pinthus, ein Mann, der ununterbrochen erzählen konnte, fand in mir, dem 40 Jahre Jüngeren, einen idealen, wißbegierigen Gesprächspartner. Da ich mich intensiv mit den Autoren des Expressionismus zu beschäftigen begonnen hatte und in Gedanken die geplante Expressionismus-Ausstellung im Schiller-Nationalmuseum vorbereitete, war die sich aus der Begegnung mit Kurt Pinthus entwickelnde Freundschaft eine bereichernde Erfahrung meiner Marbacher Jahre. Mit Stolz erfüllt es mich noch heute, daß Pinthus mir damals eine sehr schmeichelhafte

Widmung in mein Exemplar der Neuausgabe der *Mensch-heitsdämmerung* schrieb: »Dem selbst von mir bewunderten Kenner und Liebhaber der in diesem Buch gesammelten Dichtung / Herrn Dr. Paul Raabe, in herzlicher Kame-radschaft / Kurt Pinthus. Marbach, September 59.«

Pinthus hatte die Jahre des Expressionismus als Lektor des Rowohlt Verlages bzw. des Kurt Wolff Verlages in Leip-zig seit 1911 miterlebt. Er hatte gerade mit einer litera-turgeschichtlichen Arbeit bei Albert Köster promoviert, lernte Walter Hasenclever und Franz Werfel und nach und nach die zahlreichen neuen Dichter persönlich kennen, schrieb Buchbesprechungen und Theaterkritiken und wurde in den 1920er Jahren, an deren Legende von den *roaring twenties* er kräftig mitgestrickt hat, einer der be-deutendsten Literatur-, Theater- und Filmkritiker in Ber-lin. Er rühmte sich, keine Premiere und kein kulturelles Ereignis versäumt zu haben. Er schrieb bis in sein hohes Alter einen frischen, farbigen Stil und konnte wohl schon immer hinreißend erzählen. Er war sicherlich ein ange-nehmer Gesellschafter, aber auch ein gefürchteter Kritiker in den Berliner Kreisen, ein umschmeichelter Junggeselle, der wegen eines Hundes auf den Schienen, wie er langat-mig ausmalen konnte, nicht zum Heiraten gekommen war. Die künftigen Schwiegereltern, eine vornehme Berliner Familie, hatten den begehrten Bräutigam zum Dinner ein-geladen. Aber dieser kam mit beträchtlicher Verspätung und erzählte der verärgerten Familie, da sei ein Hund auf den Schienen der U-Bahn vorweggelaufen, den kein Hu-pen und kein Rufen von den Gleisen hätte vertreiben kön-nen. Der Hund lief und lief, und die U-Bahn, von einem tierliebenden Fahrer gesteuert, kam nicht voran. Die Fa-milie glaubte dem Bräutigam selbstverständlich kein Wort der Geschichte, die dieser ihr auftischte. Als Pinthus sie dann aber als Sketch anderntags im *Berliner Börsen-Courier* veröffentlichte, war es mit der Verlobung vorbei.

Solche Geschichten konnte er abendfüllend zum besten geben. Erhielt er ein Stichwort, dann begann es zu sprudeln, und da er in uns jungen Leuten ein dankbares Publikum hatte, fielen ihm immer neue Pointen aus seinem Leben ein. Der köstliche schwäbische Wein, den wir gemeinsam im kleinen Kreis im Goldenen Löwen genossen, trug nicht wenig dazu bei, die Abende zu literarischen Orgien zu machen. In den ersten Jahren wohnte er als Gast meist in Stuttgart. Hatten wir zu später Stunde ein Taxi bestellt, so war er immer noch mitten in einer Geschichte, die er beim Hinausgehen weitererzählte, und noch im Taxi – er hatte das Fenster heruntergekurbelt – redete und gestikulierte er weiter, bis das Auto schließlich um die Ecke verschwand.

Pinthus kam viele Jahre als »wohlmeinender Besucher«, wie er es nannte, nach Marbach, zuerst allein und dann, als seine Schwester Else als Bibliothekarin pensioniert worden war, mit ihr zusammen. Fräulein Pinthus, wie sie sich nannte, war eine zarte, ängstliche Person, die dem robusten Bruder seit Jahren in New York den Haushalt führte. Deutschland hatte er als jüdischer Schriftsteller und Journalist 1937 verlassen, seine reiche Expressionismus-Bibliothek, die mehr als 6000 Bände zählte, hatte er mitnehmen können. Sie stand in einem zugigen Verschlag der Bibliothek der Columbia University. Als ich sie 1961 mit Pinthus, der in der Nachbarschaft wohnte, sah, war ich über den schlechten Zustand entsetzt, denn die nach dem Ersten Weltkrieg auf holzhaltigem Papier gedruckten Broschüren und Zeitschriftenhefte zerbröselten. Aber es sollte noch Jahre dauern, ehe die Bücher aus ihrem Käfig befreit wurden.

Pinthus, ein kleiner Herr mit dunkler Brille, hinter denen pfiffige Augen blitzten, war ein ungemein engagierter und fleißiger Mann, er hat das Schreiben nie aufgegeben, auch nicht in den Jahren der Emigration, in denen er sich als Lektor für Theatergeschichte in Amerika durchs Leben schlug. Er war nicht nur an Literatur interessiert, sondern er verfolgte auch die politischen Ereignisse kritisch. Immer hatte er ein kleines Radio bei sich. Die Kuba-Krise 1962 und den Tod John F. Kennedys erlebte er in Marbach mit. Ich erinnere mich noch, wie auch ihn, der amerikanischer Staatsbürger geworden war, die Nachrichten erschütterten.

Durch den enormen Erfolg der Neuausgabe der *Menschheitsdämmerung*, die es in wenigen Jahren auf eine Auflage von 65 000 Exemplaren brachte, war Pinthus nach einem halben Jahrhundert wieder mit dem Rowohlt Verlag in Verbindung gekommen. Er hatte Ernst Rowohlt, der im Dezember 1960 starb, mehrfach besucht, und die alte Freundschaft übertrug sich auf den Sohn, Heinrich Maria Ledig-Rowohlt, der mit dem Verlag von der Biberstraße in Hamburg nach Reinbek übergesiedelt war. So war der einstige Lektor Autor seines Verlages geworden. Er übernahm es, die Geschichte Ernst Rowohlts und seines Verlages als Einleitung zu dem *Rowohlt Almanach 1908–1962* zu schreiben. Er schloß einen Vertrag über einen Dokumentenband zum Expressionismus ab. Viele Jahre beschäftigte er sich, auch mit Marbacher Hilfe, mit dem Sammeln von Manifesten und Programmen. Aber er ertrank in dem reichen Material, das er zwischen New York und Marbach über den Ozean hin- und herschickte.

Seinem ältesten Freund, Walter Hasenclever, setzte er 1963 ein Denkmal, indem er einen umfangreichen Auswahlband mit Gedichten, Dramen und Prosastücken zusammenstellte, den er mit einer langen Einleitung und einem kritischen biographischen Anhang versah.

Kurt Pinthus lebte immer mehr in der Vergangenheit, die ihm nicht zuletzt durch Marbach wieder gegenwärtig geworden war. Aber da er eigentlich heimatlos war, in Amerika die Winter und in Europa die Sommer verbrachte, wurde es für den alten Mann, der sich gern, wenn sich die Gelegenheit bot, ablenken ließ, zunehmend schwieriger, seine Arbeit zu organisieren. Wir hatten uns entschlossen, bei Rowohlt gemeinsam einen Dokumentenband über die Frühgeschichte der Stummfilmzeit zwischen 1908 und 1924 herauszugeben. Pinthus sammelte in Amerika, ich in Marbach die meist unbekannten Texte, Skripten, Kritiken, Kinogeschichten. Pinthus pflegte seitenlange Luftpostbriefe aus New York zu schicken. Ich hatte Mühe, mit der Korrespondenz des schreibseligen Pinthus Schritt zu halten. Für den Herbst 1965 wurde unser Band als Paperback bei Rowohlt angekündigt. Wir hatten für die sehr zahlreichen interessanten Texte endlich einen attraktiven Haupttitel gefunden: *Flegeljahre des Films.* Ich hatte die Textgestaltung und auch den bibliographischen Anhang zu bestreiten übernommen, Pinthus wollte die Einleitung schreiben. Doch diese kam und kam nicht. Die Zeit verging, der Verlag verlor das Interesse, der Band, von dem noch die Fahnen zu finden sein müssen, ist nie erschienen.

Es war verständlich, daß Pinthus Hemmungen hatte, in ein Land zurückzukehren, das seinen Verwandten und Freunden so viel Leid angetan hatte und das mit dem Brandmal der Vernichtung der Juden für alle Zeit stigmatisiert ist. Doch da er sah, daß ihm das Deutsche Literaturarchiv ideale Arbeitsbedingungen bot, überwand er die Vorbehalte und siedelte, betreut von seiner Schwester, einundachtzigjährig mit Archiv und Bibliothek im Sommer 1967 nach Marbach über. Daß ich ein Jahr später meine neue Aufgabe als Direktor der Herzog August Bibliothek in Wolfenbüttel übernahm, war für ihn sehr schmerzlich, denn er hatte weiterhin auf unsere Zusammenarbeit gesetzt. Auch mir fiel der Abschied von dem väterlichen Freund schwer.

Pinthus starb am 11. Juli 1975 in Marbach. Das Deutsche Literaturarchiv hatte zu seinem 85. Geburtstag 1971 einen noblen Band mit literarischen Porträts und Kritiken herausgegeben, den mein späterer Nachfolger Reinhard Tgahrt aus dem Pinthus-Archiv zusammengestellt hat. Die Texte verweisen auf ein reiches Kritikerleben. Pinthus hinterließ Marbach nicht nur seine Bibliothek, sondern auch die Zeitungsausschnitte mit seinen zahlreichen Aufsätzen und Kritiken und eine umfangreiche Korrespondenz. Ich glaube, zur Erinnerung an die Expressionisten und die 1920er Jahre ist hier noch ein wahrer Schatz zu heben.

Der alte Ludwig Meidner

Nach dem Besuch der Frankfurter Buchmesse fuhr ich mit dem Vorortzug an einem Herbsttag 1958 zum erstenmal nach Hofheim am Taunus und von dort weiter in das benachbarte Marxheim. Ich hatte dem Maler, Zeichner und Schriftsteller Ludwig Meidner mein Kommen brieflich angekündigt und ging nun die Dorfstraße des tristen Ortes entlang und fand schließlich das ärmliche Hinterhaus, eine ehemalige Klempnerwerkstatt, in der sich der Künstler vor einigen Jahren ein geräumiges Atelier mit einer kleinen Behausung eingerichtet hatte. Es war früher Nachmittag, als ich an die Tür klopfte. Ein blasser, hochaufgeschossener junger Mann, sein Schüler Jörg Kitta von Kittel, öffnete und bedeutete mir, daß der Meister noch schlafe, denn Meidner pflegte nachts zu malen und zu schreiben und sich am frühen Morgen nach getaner Arbeit schlafen zu legen. Doch bald erschien er, ein alter, sehr kleiner, etwas untersetzter Mann mit einem runden Glatzkopf, aus dem zwei große, kugelige Augen Freude über meinen Besuch auszustrahlen schienen.

Meidner setzte sich an den Tisch, auf dem eine malerische Unordnung herrschte. Zwischen Dosen und Büchsen, Büchern und Zeitungsblättern, Brot und Heringen nahm er das Frühstück ein, das Jörg ihm vorgesetzt hatte. Es war ein großer, etwas dunkler Raum, Atelier und Wohnzimmer zugleich. Ich setzte mich zu ihm und erzählte, weshalb ich gekommen sei, daß ich Material über Georg Heym suche, mich im Schillermuseum mit dem Gedanken trüge, eine Expressionismus-Ausstellung zu machen, und nun hoffte, bei ihm Zeichnungen und Dokumente aus seiner Frühzeit zu finden. Meidner hatte vor dem Ersten Weltkrieg apokalyptische Landschaften und Städtebilder in einer Art Ekstase gemalt und mit Jakob Steinhardt und Richard Janthur die Künstlergruppe der Pathetiker in Berlin gegründet. Er war in Berlin 1912 mit Jakob van Hoddis, Johannes R. Becher und dem 1914 gefallenen Ernst Wilhelm Lotz befreundet gewesen, hatte expressionistische Bücher veröffentlicht und überhaupt einen großen Anteil auch am literarischen Leben dieser Zeit gehabt.

Meidners Augen leuchteten, als ich ihn an längst Vergangenes erinnerte. Er zeigte mir einige frühe Briefe und kramte die Porträts von seinen Weggefährten hervor, die er seinerzeit gezeichnet oder radiert hatte – heute längst vertraute Bildnisse, die damals noch so gut wie unbekannt waren. Ich hatte zu Unrecht befürchtet, daß der Künstler nichts mehr von seiner expressionistischen Vergangenheit wissen wollte, denn er hatte sich seit den 1920er Jahren in die Stille zurückgezogen und führte als frommer orthodoxer Jude ein gottesfürchtiges Leben, heiligte den Shabat und malte – ein ausgeglühter Vulkan – harmlose Landschaftsbilder. Als er mich am Abend bei elektrischem Licht, auf einem Holzstuhl vor seiner Staffelei sitzend, ein Käppchen auf dem kahlen Kopf, mit seinen strahlenden und bohrenden Augen porträtierte, mit sicherer Hand den Kohlestift über das Papier gleiten ließ, da spürte ich, daß das frühere Feuer noch in ihm loderte. Gewiß, seine Ölbilder und Zeichnungen hatten nicht mehr die einstige Expressivität, doch der Kunst des Porträtierens war der Fünfundsiebzigjährige mächtig geblieben.

Als ich Ludwig Meidner ein Jahr später, im Herbst 1959, wieder besuchte und ihm auch wieder »sitzen« mußte, schenkte er mir zum Abschied sein kleines Büchlein *Hymnen und Lästerungen,* das Hans Maria Wingler inzwischen aus Meidners expressionistischen Malerbüchern *Im Nacken das Sternemeer* und *Septemberschrei* zusammengestellt hatte. Ich liebte diese ekstatische, rasende Prosa, die der Maler aufs Papier warf. Ich war damals in meinem »expressionistischen Jahrzehnt« so alt wie der Autor, als er seine Ekstasen schrieb:

»...Heller Tag, auch hier schlugst du mich, im Atelier zu Berlin, hoch über Dächern, verkrampft, vergrübelt und ohne Rast. Da stand ich jeden Mittag mit verzagenden Händen auf. Ich, L. M., zerhauener Erdenkloß, verfemt, apokalyptisch, Schädel im Winterwind zerweht. Über dem Bette wetterten Verse des Jesaja, mit meiner besten Hand geschrieben. Und reuevoll, inwendig voller Tränen, kniet' ich nieder und bat Gott um einen milden Tag ... O mein fieberndes Gesicht in dieser Mittagsgrelle. O mein Rükkenmark, das in Gewittern brauset. Meine Bilder rufen mir laut von den Wänden zu und bestärken meinen Hochmut und meinen Gram. Meine Bilder sind nicht vornehm gestickt und reich blühend und graziös, einfach und leicht. Sie sind eher die braune Nachterde der Wüste, zerklüftet, hilfeflehend und ganz das Abbild des chaotischen Herzens...«

Ludwig Meidner hatte zu seinen expressionistischen Bildern und Texten seit langem ein gespaltenes Verhältnis. Einerseits duldete er, daß sie wieder gedruckt oder ausgestellt wurden, andererseits distanzierte er sich von ihnen. Zu unserer Expressionismus-Ausstellung 1960 überließ er uns eine Reihe von Bildnissen, Zeichnungen, die Anselm Ruest, Ernst Wilhelm Lotz, John Höxter, Jakob van Hoddis, und Radierungen, die Max Herrmann-Neisse, Alfred Wolfenstein, Johannes R. Becher darstellten. In seiner schwungvollen, deutlichen Handschrift auf immer ein wenig nach unten gezogenen Zeilen fügte er in einem Brief vom 21. März 1960 hinzu:

... Übrigens bedaure ich sehr, alle diese frühen Arbeiten ausstellen zu müssen; sie sind, mit wenigen Ausnahmen, künstlerisch unzulänglich; dazu gehört auch die Paul Zech-Zeichnung, die schon im Besitz Ihres Museums ist. Wenn zu Ihrer Ausstellungs-Eröffnung Anfang Mai nur Dichter und Schriftsteller eingeladen werden, so ist das günstig für mich, da diese Herren meistens nichts von Graphik verstehen und nicht inne werden, wie schwach und formlos meine Zeichnungen sind. Sollten auch Maler u. Graphiker eingeladen werden, dann bin ich der Blamierte.

Ich bitte Sie noch herzlich, lieber Freund, die richtigen

Namen den Blättern in Ihrem Katalog zu geben; ich bin schon so vertrottelt, daß ich vergaß, die Namen dazuzuschreiben.

Sehr herzlich grüßt Sie,

Ihr Ludwik Meidner.

Unsere Freundschaft litt unter diesen Vorstellungen nicht. Ich besuchte ihn jedes Jahr in seinem bescheidenen Refugium im Taunus, seine Postkarten und Briefe unterschrieb er manchmal mit »Pif Paf Poltrie« oder »Kümmelkäs« oder »Giwdul Meidner«, als Absender: »Oberstleutnant a. D. Tankred von Giebichenstein Schloß Kyritz an der Knatter«.

Einmal besuchte er uns in Marbach. Ein wenig verloren stand der kleine alte Mann mit Hut und Mantel in dem hohen Saal des Schillermuseums. Er fühlte sich nicht wohl, war wortkarg und ohne Lebenskraft. Sicherlich interessierten ihn die Bilder und Dokumente aus der klassischen Zeit der deutschen Literatur, auch die expressionistischen Bücher, die wir ihm zeigten. Doch er sagte wenig. Am Abend hatte ich ihn zu uns nach Hause eingeladen. Aber auch hier verlor sich seine gedrückte Stimmung nicht. Er machte einen abwesenden Eindruck.

Freunde und Verehrer hatten dem fast achtzigjährigen Künstler 1963 eine Wohnung in Darmstadt eingerichtet. Doch das alte Sprichwort »Einen alten Baum verpflanzt man nicht« bewahrheitete sich. In einem Brief vom 19. Mai 1964 schrieb er: »Ich selber verließ unvorsichtig u. mutwillig voriges Jahr mein liebes Dorf, wo ich 8 glückliche Jahre verlebt habe. Und ließ mich überreden nach Darmstadt zu ziehen, in eine Wohnung mitten in den Lärm der Großstadt hinein. Man ist sehr nett zu mir u. feiert mich – – – dennoch gefällts mir nicht. Nach Florenz ziehe ich nächstes Jahr, so ich noch am Leben bin, für neun Monate. Ich habe den Villa-Romana-Preis für 1965 bekommen.«

Doch diese Aussicht erfüllte sich nicht mehr, Meidner bekam einen Schlaganfall und wurde immer hinfälliger. Sein letzter Brief klang verzweifelt:»Darmstadt Freitag. Lieber Dr. Raabe: Verschonen Sie mich bloß mit Correkturen. Ich bin krank u. hab keine Interessen mehr an Publikationen. Zurück eine Fahne mit 2 Fehlern. Es grüßt L. Meidner.«

Am 14. Mai 1966 starb Ludwig Meidner und wurde auf dem Jüdischen Friedhof in Darmstadt begraben. Die Mathildenhöhe veranstaltete 1991 eine umfassende Ausstellung seiner Werke und veröffentlichte dazu einen umfangreichen zweibändigen Katalog. Die Stadt seiner letzten Lebensstation setzte dem großen expressionistischen Künstler, der aus Liebe zu Deutschland, alle Vorbehalte überwindend, 1951 aus dem Londoner Exil in seine Heimat zurückgekehrt war, so ein bleibendes Denkmal.

»Ich bin Thea Sternheim aus Paris«

Das Schillerjahr 1959 zur Erinnerung an den 200. Geburtstag des im Schwäbischen damals außerordentlich populären Friedrich Schiller beging die Deutsche Schillergesellschaft mit Theateraufführungen und Vortragszyklen in Stuttgart, einem Festakt mit einer Schiller-Rede von Carl Zuckmayer und einer Jubiläumsausstellung in Marbach. In meinem Archiv bewahre ich noch die Konzepte der Ausstellung, die in allen Räumen des Museums die Lebens- und Wirkungsgeschichte des Dichters in Bildnissen,

Büchern, Büsten, Souvenirs und Dokumenten aus den reichen Beständen des Hauses darstellte. Mehrere Säle hatte ich gestaltet, auch den letzten, der der Schillerverehrung im 20. Jahrhundert vorbehalten war. Die braunen Machthaber feierten 1934 ihren Schiller mit einer Veranstaltung auf der Schillerhöhe: Die Fotos dokumentierten den Aufmarsch der SA.

An einem Herbsttag hatte ich wieder einmal eine Schulklasse durch die Ausstellung geführt und war im Begriff, sie in diesem letzten Raum zu entlassen. Vom Mittelsaal an hatte mich eine ältere Dame mit einem markanten Gesicht, dunklem gelocktem Haar, einer starken Nase, mit einem lila Tuch den schwarzen Umhang malerisch drapiert, aus großer Distanz fixiert und beobachtet. Sie wanderte von Raum zu Raum mit, sichtlich bewegt von den Bildnissen und Dokumenten aus Schillers Lebenskreis. Als sich die Zuhörer im letzten Raum entfernten, trat die Dame auf mich zu und sagte mit einer festen, tiefen Stimme, die die rheinische Herkunft noch verriet: »Ich dachte, hier sei alles vermottet« – sie gab dem Wort einen ausdrucksvollen Klang –, »ich glaubte, im Schillermuseum würden nur alte Männer mit langen Bärten arbeiten. Ach wie froh bin ich, daß das nicht so ist. Ich bin Thea Sternheim aus Paris.«

Auch ich war freudig überrascht. Sie war mit dem Schriftsteller Carl Sternheim 20 Jahre verheiratet gewesen, der einer der bedeutendsten Dramatiker in der Zeit des Expressionismus und danach gewesen war. Thea Sternheim hatte sich zwar von ihm getrennt, doch fühlte sie sich nach wie vor dem Werk ihres Mannes verpflichtet. Wir kamen in ein intensives Gespräch. Sie war ganz erfüllt von der Schiller-Ausstellung, denn sie war eine glühende Verehrerin Schillers. Ich hatte ihr über die Ausstellung einen

Brief geschrieben, und das war für sie der Anlaß gewesen, den ihr befreundeten französischen Minister André Malraux zu bitten, ihr, der Staatenlosen, einen Paß zu beschaffen. So hatte sie die weite Fahrt unternommen und kam inkognito, unangemeldet, nach Marbach.

Wie Thea Sternheim diesen Tag, der mir unvergessen geblieben ist, erlebt hat, wie sie gekommen war, um zu erkunden, ob Marbach wohl der rechte Ort sei, den von ihr bewahrten schriftlichen Nachlaß von Carl Sternheim zu überlassen, hat sie in ihrem Tagebuch ausführlich geschildert, das kürzlich in fünf voluminösen Bänden veröffentlicht wurde. Es ist das einzigartige Lebenszeugnis einer Frau, die klug, souverän, immer an das Gute im Menschen glaubend, ihre Erlebnisse, Gefühle, Begegnungen und Beobachtungen Tag für Tag ihrem Tagebuch anvertraut hat.

Marbach, Hotel zum Bären, 4. September 1959

Nach einem Gang durch das ländliche Städtchen, in dem man hin und wieder vor den Häusern aus Fachwerk noch Dunghaufen sichtet (die sauberen Strassen schon im Abstand zu der schweizerischen Reinlichkeit, aber wie traulich ist alles, mit welcher Sorgfalt wird auch hier das Vergangene gehegt) zu dem auf einer Anhöhe des Neckarufers gelegenen Schiller-Nationalmuseum.

Plötzliche Angst, dass dies ungemein stattliche Gebäude geschmackvoller Solidität vielleicht nicht der geeignete Platz sein könnte, Sternheims Nachlass unterzubringen, hält mich ab, mich zu melden. Immerhin erfahre ich, dass Dr. Raabe, also der Herr, mit dem ich hauptsächlich korrespondierte, zur Zeit eine Schar Studenten durch die Ausstellung führe.

Ich löse mein Billet, auf dem ich zu meiner Verwunderung den 10 000sten Eintritt feststelle, kaufe den Katalog.

Schon in den ersten Sälen wird mir klar, welche interessante Ausstellung mir zu sehen beschert ist. Und dann, wie bewegt mich die Wiedererinnerung an das, was so tief meine Kindheit erfüllt hat! Wie viel war von dem was mich besonders beglückte, gerade mit Schiller verknüpft. Die ersten theatralischen Eindrücke. Welche Faszination geht von dem Hiemer'schen Pastell Friedrich Hölderlins aus. (1792.)

Darüber nähere ich mich mehr und mehr der Studentenschar; ich vermag, ohne daß jener es merkt, den grossen schlanken, fast romantisch aussehenden Dr. Raabe zu betrachten. Wie er mit seiner offenbaren Begeisterung die teilweise stumpf aussehenden Zuhörer zu interessieren versucht.

Kaum ein Objekt, das ich nicht zu plazieren vermöchte. Mit Genugtuung stelle ich fest, dass ich meinen Schiller aus dem Efef kenne. Welche Freude die Handschrift, die ersten Ausgaben der Räuber, von Kabale und Liebe zu sehen!

Nachdem die Studenten beurlaubt sind spreche ich Dr. Raabe an. Der Kontakt mit dem jungen Mann ist im Handumdrehn hergestellt; aber auch der Auftritt des ebenfalls jugendlichen Direktors, Dr. Bernhard Zeller, eines aus Israel zurückgekehrten Berliners Herr Greve vollzieht sich so zwanglos, als wäre diese Begegnung, von geheimnisvollen Mächten längst vorbereitet, plötzlich zur Reife gelangt.

Von den jungen Leuten eingeladen unser Mittagessen zu Viert auf der Terasse des dem Museum angeschlossenen grosszügigen Restaurants. Irgendwie auch ein Lied an die Freude – die Freude mit Menschen guten Willens zusammen zu sein, Deutsch sprechen zu können.

Schliesslich kommt mir das alles auch wie ein Gruss an

Sternheim vor der die ganze Verantwortung einschliesst, die ich stets für seine Arbeit empfand.

Nein, keiner von uns will eine Siesta machen aber den uns gewährten Tag voll und ganz ausnützen. Herr Greve zeigt mir sein Buch über einen von ihm besonders geschätzten holländischen Maler. Man zeigt mir die Arbeitsräume, das Archiv im Untergeschoß. Eine junge Frau im Büro Dr. Zellers fragt, ob ich Herrmann Neisse gekannt hätte. Sie sei dabei über ihn ihre Doktorarbeit zu machen. Offenbar ist die ganze Equipe besonders für die expressionistische Epoche interessiert, ja, Dr. Zeller hat die Absicht im kommenden Jahr eine Ausstellung über den Expressionismus zu machen.

Darüber wird's Abend.

Nach dem schnell eingenommenen Abendessen im Bären holt Paul Raabe mich diesmal mit seiner sympathischen Frau zu einem ›Nachttrunk‹ ab, den wir in dem Geburtshaus von Schillers Mutter einnehmen. Die Sitzung dauert bis Mitternacht und hätte noch länger gedauert, hätte ich sie schliesslich nicht abgebrochen. Wie dieser duftende flüssigem Gold gleichende Wein die Gedanken beflügelt. Zum erstenmale begreife ich weshalb der im Weinland geborene Schiller seine schönsten Gedichte als Rundgesang brachte.

›Seid umschlungen Millionen‹

›Freude schöner Götterfunken‹ . . .

wie ich den Pulsschlag seines Herzens an diesem Abend in seiner Mutter Haus im Beisein mit den jungen Raabes empfinde.

Übrigens stellt sich Raabe als geborener Oldenburger und als Freund Gert Schiffs heraus – so klein ist die Welt.

Es war wirklich ein Tag, der kein Ende fand. Wir hatten sehr schnell Vertrauen zueinander gefaßt. Thea Sternheim war eine ungemein anziehende, intelligente und liebenswürdige Persönlichkeit. Wir waren so in unsere Gespräche vertieft, daß wir uns gar nicht trennen mochten.

Kaum war unser Gast nach Frankreich zurückgekehrt, kam schon das erste, gut verschnürte Päckchen, mit ihrer klaren kindlichen Handschrift an mich adressiert, an. Es enthielt ein Dramenmanuskript von Carl Sternheim, zur Entstehung des Werkes hatte sie einige Erläuterungen beigefügt. Und dann folgte, Woche für Woche – den ganzen Winter hindurch – weitere Päckchen als Geschenk an das Deutsche Literaturarchiv. Sie hatte alle Werke Sternheims in ihrer Entstehung miterlebt und miterlitten. Als das Zusammenleben mit ihm, dem exzentrischen Mann, immer unerträglicher wurde, trennte sie sich von ihm, bewahrte aber die Manuskripte in dem sicheren Wissen, daß sie sie eines Tages einem Institut in Deutschland überlassen würde.

Stoisy – wie wir sie nannten, als wir sie in den nächsten Jahren näher kennenlernten – schrieb auch selbst Bücher und war mit vielen »meiner« Expressionisten persönlich befreundet oder gut bekannt gewesen: Ernst Stadler, Gottfried Benn, Carl Einstein, René Schickele und vielen anderen. Da sie vorzüglich fotografierte, hat sie ihren Freund Franz Pfemfert, den jungen Felixmüller und andere Zeitgenossen im Bild festgehalten. In Paris war sie mit den Schriftstellern der Zeit bekannt und hat unter anderen André Gide, Jean Cocteau, Jean-Pierre Jouve fotografiert. Wenn ich von Thea Sternheim etwas wissen wollte, so schickte sie mir Abschriften aus ihrem Tagebuch, in dem sie alle Begegnungen akribisch festgehalten hatte.

Lebhaften Anteil nahm sie an unserer sich allmählich

vergrößernden Familie. Sie konnte in ihrem prononcierten Akzent ganz wunderbar erzählen. Sie brachte den Kindern immer etwas Originelles mit, wenn sie uns in Marbach besuchte. Am 14. November 1965 schrieb sie: »Lieber Raabe, am 29ten Oktober gab es fünf Raben, acht Tage später – miracolo! – wurden es sechs! ... Übrigens war ich bei meinem Besuch überzeugt, dass es diesmal ein Junge sein würde. Inzwischen denke ich mit herzlicher Verbundenheit an Mutter und Sohn, aber auch an die schon vorhandenen Räblein und den Vater. Beifolgend die versprochenen Wolfensteinbriefe. Natürlich schenke ich dieselben Ihnen und nicht dem Archiv. Ich habe die auf Wolfenstein bezüglichen Stellen aus meinem Tagebuch abgeschrieben, einige in den Briefen erwähnte Fakten verständlicher zu machen.«

Von Paris war Thea Sternheim 1963 nach Basel gezogen, wo ich ein paarmal zu Gast war. Ihre Wohnung glich einem Museum, die Fotos, die sie von mir machte, liebe ich sehr in der Erinnerung an diese ungewöhnliche Frau. Allzu selten habe ich sie persönlich besuchen können. So korrespondierten wir bis zu meinem Fortgang von Marbach.

In den nächsten Jahren bestellte sie ihr Haus. Nachdem sie die Papiere Sternheims Marbach geschenkt hatte, schloß sie mit dem Luchterhand Verlag in Neuwied einen Vertrag über eine Gesamtausgabe der Werke Sternheims. Eine Briefausgabe folgte, die Wolfgang Wendler herausgab. Als sie im Frühjahr 1971, wenige Monate vor ihrem Tode, den Marbachern den größten Schatz ihres Lebens, ihre Tagebücher, übergab, hatte sich ihr Lebenskreis geschlossen. Sie hatte in ihrer unnachahmlichen Art der Nachwelt ein reiches Erbe hinterlassen.

Marbacher
Wiederentdeckung
des literarischen
Expressionismus

Blick in die Expressionismus-Ausstellung im
Schiller-Nationalmuseum Marbach am Neckar. 1960.
Foto: Herbert Schwöbel

Es lag in der Luft

Die Rehabilitierung des Expressionismus, der von den Nazis als »entartete Kunst« diffamiert worden war, ging nach dem Zweiten Weltkrieg von den Museen und Kunstgalerien aus. Sie stellten in vielen Retrospektiven die Maler der Brücke und des Blauen Reiters, die vielen einzelnen unter den Künstlern wie Max Beckmann und Paul Klee, Oskar Kokoschka und Lyonel Feininger, Ernst Barlach und Wilhelm Lehmbruck aus. Sie fingen an, ihre Werke erneut zu sammeln, nachdem viele durch die Beschlagnahme 1937/38 verlorengegangen waren. Es erschienen die ersten Künstlermonographien und historischen Überblicke. Der künstlerische Expressionismus wurde populär.

Ganz anders war die Situation in der Literatur. Als wir uns in Marbach Ende der 1950er Jahre intensiv mit dem literarischen Expressionismus, vor allem auch im Hinblick auf eine große Ausstellung, beschäftigten, standen wir vor der Aufgabe, Verschüttetes und Vergessenes ans Licht zu holen. Die Anfänge dieser literarisch-künstlerischen Bewegung lagen damals 50 Jahre zurück. Ich habe von den Forschungen Karl Ludwig Schneiders zum Frühexpressionismus erzählt, auch wie Paul Pörtner, unterstützt von Wilhelm Badenhop, den Spuren der *Literatur-Revolution 1910–1925* nachging. Manche wissenschaftlichen Untersuchungen und Monographien waren inzwischen erschienen, doch sie gingen meist von Bekanntem aus und setzten sich auf einer relativ schmalen Quellenbasis mit dem Phänomen auseinander.

Doch aufs Ganze gesehen, war der literarische Expressionismus kein akademisches Thema. Für die wenigen Interessierten war Albert Soergels *Im Banne des Expressionis-*

89

mus, nach dem Ende der Bewegung 1925 erschienen, immer noch die materialreichste Darstellung, an der man sich orientierte. Die Diffamierung einer ganzen Künstler- und Dichtergeneration wirkte lange nach. Die meisten beteiligten Autoren waren tot, früh umgekommen, aus Deutschland verjagt worden oder in der Emigration gestorben. Nur noch wenige lebten im Exil, waren zurückgekehrt wie Kurt Hiller und Willy Haas oder hatten in Deutschland überlebt wie Kasimir Edschmid und Hermann Kasack, einige wenige waren Nazis geworden wie Hanns Johst.

Die Wiederentdeckung des literarischen Expressionismus ging entscheidend von den Überlebenden dieser Generation aus, die sich an ihre Jugend erinnerten. Alfred Richard Meyers *maer von der musa expressionistica* war 1948 ein Vorspiel gewesen und ging im Strudel der Währungsreform unter. Die Ausgaben der Gedichte von Georg Heym und Georg Trakl, von Carl Seelig im Arche Verlag herausgegeben, blieben zunächst ohne große Wirkung im Gegensatz zu der von Gottfried Benn eingeleiteten Anthologie des Limes Verlages, *Lyrik des expressionistischen Jahrzehnts* von 1955. Benn, der mit seinen frühen Gedichten und Prosastücken dem Expressionismus angehörte, hatte schon 1933, in der Phase, als er sich vorübergehend auf die neuen Machthaber einließ, den Expressionismus verteidigt und bekannte sich leidenschaftlich zur expressionistischen Dichtung:

»Ich habe mich in den letzten Jahren oft gefragt, welches das schwerere Verhängnis ist, ein Frühvollendeter oder ein Überlebender, ein Altgewordener zu sein. Ein Überlebender, der zusätzlich die Aufgabe übernehmen mußte, die Irrungen einer Generation und seine eigenen Irrungen weiterzutragen, bemüht, sie zu einer Art Klärung, zu einer Art Abgesang zu bringen, sie bis in die Stunde der Dämmerung zu führen, in der der Vogel der Minerva seinen Flug beginnt. Meine Erfahrung hinsichtlich des Überlebens heißt: Bis zum letzten Augenblick nichts anerkennen können als die Gebote seines inneren Seins, oder, um mit einem Satz von Joseph Conrad zu enden: ›Dem Traum folgen und nochmals dem Traum folgen und so ewig – usque ad finem.‹«

Mit dem großen Namen seines Autors als Aushängeschild hatten Max Niedermayer, der Verleger des Limes Verlages, und seine Mitarbeiterin Marguerite Schlüter die chronologische Gedichtsammlung zusammengestellt. Sie wurde in ihrer Wirkung nur durch Kurt Pinthus' Neuausgabe seiner *Menschheitsdämmerung* ein paar Jahre später übertroffen.

Der dritte, der sich neben Benn und Pinthus um die Wiederentdeckung des literarischen Expressionismus verdient gemacht hat, war der erblindete Schriftsteller Karl Otten, der 1957 eine Anthologie expressionistischer Prosa *Ahnung und Aufbruch* und zwei Jahre später einen Sammelband mit expressionistischen Theaterstücken unter dem Titel *Schrei und Bekenntnis* herausgegeben hat.

Zum erstenmal bin ich Karl Otten vermutlich 1960 begegnet. In Begleitung seiner Frau Ellen, die sich rührend um ihren Mann kümmerte, saßen wir im Restaurant der Marbacher Stadthalle. Plötzlich erhob sich der erblindete Dichter und rezitierte mit donnernder Stimme Gedichte von Georg Heym und Alfred Lichtenstein. Er schien mit diesem durchaus beeindruckenden Auftritt seinen Anteil an der expressionistischen Szene unterstreichen zu wollen. Otten selbst hatte 1913 ein Prosastück *Die Reise durch Albanien* veröffentlicht, an Franz Pfemferts *Aktion* mitgearbeitet, ein Bändchen in der Schriftenreihe *Der rote Hahn* herausgebracht und war auch in den 1920er Jahren ein erfolgreicher Autor. In der Emigration in London kam es zu der Katastrophe seines Lebens, er verlor 1944 sein Augenlicht. Nach dem Kriege lebte er in Locarno, bemüht, den literarischen Expressionismus wieder bekannt zu machen. Darin waren wir uns durchaus einig, er, der Beteiligte, und ich, der Nachgeborene. Doch die Tatsache, daß ein sehr viel Jüngerer, der die Ereignisse seiner Jugend nicht miterlebt hatte, an der Wiederbelebung dieser Dichtergeneration mitwirkte, gefiel Otten nicht. Er empfand es wohl als eine Art Wilderei in seinem Gehege, als er mir ins Wort fiel: »Warum wollen Sie über den Expressionismus schreiben? Sie sind doch Beamter. Das sollten Sie mir überlassen.« Abgesehen davon, daß ich nur ein normal bezahlter Angestellter war, befremdete mich dieser Anspruch.

Daß auch Hermann Kasack und Kasimir Edschmid damals wohl ähnlich dachten, habe ich manch einer Andeutung entnehmen können. Daß Kurt Pinthus dagegen eine ganz andere Einstellung dazu hatte, habe ich immer als wohltuend empfunden. Manche Überlebenden sahen sich, jeder für sich, als Platzhirsch. Daß sie die ersten waren, die an der Wiederentdeckung des literarischen Expressionismus beteiligt waren, steht außer Zweifel. Doch im Laufe der nächsten Jahre mußten sie immer mehr und vielleicht auch dankbar den Pioniergeist der nachfolgenden Generation anerkennen, der 1960 in der Marbacher Ausstellung *Expressionismus. Literatur und Kunst 1910–1923* zum erstenmal und öffentlich dokumentiert wurde.

Vorangegangen war die Wiederentdeckung von Dada und dem Dadaismus, den man als Sezession des Expressionismus verstehen kann. Auch hier waren es die Überlebenden wie Hans Arp und Richard Huelsenbeck, Raoul Hausmann und Hans Richter, auch Walter Mehring, die vor 1960 in ihren materialreichen Autobiographien und Dokumentensammlungen Dada wieder bekannt machten. Sie wurden dabei von jungen Autoren wie Ernst Jandl, Franz Mon, Helmut Heißenbüttel, die sich der konkreten Poesie verschrieben, als ihre Väter begrüßt. Auch ein Universalgenie wie Kurt Schwitters wurde damals wiederentdeckt.

Expressionismus in Marbach

Das Schillerjahr 1959 war für Marbach ein großer Erfolg. Die Schiller-Ausstellung, in die alle Säle einbezogen worden waren, lockte viele interessierte Besucher an, weit über Württemberg hinaus. Mit manchen Älteren kamen wir ins Gespräch. Daß das Museum seit einigen Jahren zu einem Deutschen Literaturarchiv erweitert worden war, fand allgemein Beifall. Es leuchtete ein, vor dem Hintergrund der Schillerverehrung der modernen deutschen Literatur in Marbach eine Heimstatt zu geben, zumal im geteilten Deutschland Weimar als Stadt der Klassik immer weiter dem westlichen Bewußtsein entrückte.

Wir hatten inzwischen intensiv die literarischen Werke des Expressionismus gesammelt. Wichtige Autographen wurden erworben, die Nachlässe von Max Herrmann-Neisse und Paul Zech kamen ins Haus. Es bot sich an, den Impuls des Schillerjahrs für die Umsetzung der Idee einer großen Ausstellung über den Expressionismus zu nutzen. Gegen Jahresende verdichteten sich die Vorstellungen. Doch da alle Mitarbeiter in die Veranstaltungen des Festjahres eingebunden gewesen waren, wurde die Zeit knapp.

Anfang 1960 hatte ich das Konzept der Expressionismus-Ausstellung mit der sich immer mehr verfeinernden Gliederung fertiggestellt, das ich vor allem mit Ludwig Greve, der mir in der Bibliothek zugeordnet war, und der Bibliothekarin Ingrid Grüninger diskutierte. An den Gesprächen beteiligte sich auch der Direktor, Dr. Zeller, der vermutlich den Rat des in Stuttgart lebenden Hermann Kasack einholte. Dieser war Präsident der Deutschen Akademie für Sprache und Dichtung in Darmstadt. Als junger Dichter hatte er im Spätexpressionismus vor allem Gedichte veröffentlicht. Die Würde seines Amtes ließ er uns, Greve und mich, später, als wir ihn wegen Leihgaben besuchten, deutlich spüren. Mich enttäuschte sein oberlehrerhafter Ton um so mehr, als sein großer Roman *Die Stadt hinter dem Strom* mit der Kubinschen Hintergründigkeit mich vor Jahren sehr gefesselt hatte.

In den beiden ersten Monaten des Jahres 1960 waren wir drei mit der Umsetzung des Konzepts auf die Räumlichkeiten des Museums beschäftigt. Uns standen die fünf Räume des Ostflügels zur Verfügung, und auf dem Papier verteilten wir konkret die Handschriften, Bücher, Fotos und Dokumente auf die 21, meist dreiteiligen Holzvitrinen des Museums. Das Hauptproblem war jedoch nicht die Bestückung der Vitrinen, für die wir aus den eigenen Beständen und von Wilhelm Badenhop genügend Material hatten. Wenn Einzelstücke fehlten, wurden sie von Überlebenden erbeten. Dagegen machten uns die großen Wandflächen beträchtliche Sorgen. Doch wir hatten Glück: Zwei Sammler stellten uns Werke expressionistischer Malerei und Graphik zur Verfügung. Dem Kunsthändler und Sammler Dr. Helmut Arntz in Haag in Oberbayern, einem jovialen Herrn, machte es sichtlich Freude, mit uns bei unserem Besuch die Stapel expressionistischer

Graphik durchzublättern. Er lieh uns die eindrucksvollen Holzschnitte der Brücke-Maler. Der Stuttgarter Sammler Dr. Max Fischer überließ uns leihweise Aquarelle von Paul Klee, Lyonel Feininger, Wassily Kandinsky. Hinzu kamen Plastiken von Ernst Barlach, Wilhelm Lehmbruck und Gustav Wolff. So erhielt die Ausstellung ihr Gesicht in der Verbindung literarischer und künstlerischer Werke.

Der Clou der Ausstellung aber sollten die Fahnen mit Gedichten expressionistischer Autoren werden. Ludwig Greve war seit seiner Zeit auf der Achalm mit dem Holzschneider HAP Grieshaber befreundet, der wiederum einen damals neunzehnjährigen Schüler, Josua Reichert, hatte. Er erhielt von uns den Auftrag, große Gedichtfahnen herzustellen, die, in mehreren Farben gedruckt, den Ausstellungsräumen in ihrer ungewöhnlichen Größe und Gestaltung eine überraschende Wirkung geben sollten. Die Fahnen, noch heute im Deutschen Literaturarchiv als Kunstwerke gehängt, waren die ersten Arbeiten des inzwischen längst renommierten Schriftkünstlers, deren Herstellung wir mit Spannung verfolgten. In seiner engen Werkstatt in Stuttgart druckte er mit seinen Turnschuhen die einzelnen Holzbuchstaben auf das Papier. Heute hängen Gedichtfahnen von Josua Reichert in vielen öffentlichen Bibliotheken. Auch ich habe später für die Herzog August Bibliothek Mappenwerke erworben und in Anwesenheit des Künstlers ausgestellt.

Die Expressionismus-Ausstellung hatten wir inzwischen endgültig konzipiert, die Holzvitrinen vermessen und die Wände für die Exponate aufgeteilt. Die Zeit drängte, es war mittlerweile Anfang März. Am 8. Mai, dem Sonntag vor Schillers Todestag, sollte die Eröffnung stattfinden. Die Arbeit unter Zeitdruck war anstrengend. Das Stehen in den leeren Ausstellungsräumen hatte für mich persönlich unangenehme Folgen. Wegen einer schmerzhaften Kniegelenksentzündung verordnete mir unser Hausarzt, ein beherzter Mann, strenge Bettruhe, nachdem er kurzerhand das Knie punktiert hatte.

Ich hatte gerade seit einer guten Woche – es war inzwischen Mitte März geworden – mit dem Diktat des Katalogs begonnen. Nun wurde mein häusliches Krankenlager zum Ausstellungsbüro umfunktioniert. Ludwig Greve und Ingrid Grüninger schafften die Exponate und Stöße von Zeitschriften heran, in denen wir Texte zu den Autoren markiert hatten. Mit einem Kissen im Rücken, das steife Knie fest verpackt, saß ich auf einer Liege. An Schlafen war kaum zu denken, tagelang wurde sortiert, überlegt, verworfen, geprüft, diktiert, korrigiert. Die Arbeit ging zügig voran. Das Druckmanuskript des Katalogs – die Reinschrift befindet sich noch heute in meinem Archiv – wurde immer dicker. Im wahrsten Sinne des Wortes habe ich damals Tag und Nacht gearbeitet. Die Anstrengung lohnte sich. Am Dienstag, 5. April, abends 22 Uhr war das Katalogmanuskript beendet.

Dr. Strodtbeck, unser Arzt, erlaubte mir aufzustehen, und so fuhr ich Tag für Tag mit dem Vorortzug von Marbach nach Stuttgart und humpelte am Stock in die Turmhaus-Druckerei der *Stuttgarter Zeitung*. Zu dritt lasen wir in einem nahe gelegenen Café die Korrekturabzüge, und zum Schluß stand ich neben dem Setzer im Maschinensaal, um noch die letzten Korrekturen zu überprüfen. Das handliche Katalogbuch von 350 Seiten, mit dem verkleinerten Ausstellungsplakat, einem Holzschnitt von HAP Grieshaber, auf dem Umschlag, wurde tatsächlich pünktlich fertig. Dr. Zeller hatte das Vorwort geschrieben, Abbildungen waren eingefügt und unbekannte Porträts auf 16 Seiten Kunstdruckpapier beigegeben worden. Sogar das umfangreiche Namensregister war im letzten Augenblick noch gelungen.

Für den Aufbau der Ausstellung blieb uns nur noch die erste Maiwoche. Doch es wurde alles fertig, und der Katalog lag vor. Am 8. Mai war die feierliche Eröffnung der Ausstellung in der Stadthalle vor 500 Gästen. Marbach hatte eine solche Vernissage noch nicht erlebt. Nach dem Grußwort des Präsidenten der Deutschen Schillergesellschaft sprach Dr. Zeller und schloß seine Begrüßung und seinen Dank mit einem Zitat von Karl Otten. Dieser hatte einen seiner Sammelbände gewidmet »dem Andenken der deutschen Dichter, die in aller Welt dort liegen, wo sie starben, und darauf warten heimzukehren im Worte unserer Sprache zu dem Volke, dessen Namen sie rein erhielten auch in dürftiger Zeit«. Die Festrede hielt Hermann Kasack über *Die deutsche Literatur im Zeichen des Expressionismus,* den er etwas hochgegriffen mit dem Wendepunkt der Gotik zur Renaissance verglich.

Es waren viele Gäste gekommen, die sich noch an die Zeit des Expressionismus erinnerten: bekannte und unbekannte Mitstreiter und Zeitgenossen. Wir führten die Witwen zu den Vitrinen, in denen die Bilder, Handschriften oder Dokumente ihrer Verstorbenen lagen. Es waren ergreifende Begegnungen und unvergeßliche Szenen. Die wenigen noch lebenden Autoren oder ihre Angehörigen erlebten ihre Jugend wieder: Wilhelm Klemm, Kasimir Edschmid und Karl Otten, Alexandra Pfemfert und Maria Schaefer, Nell Walden und Edith Hasenclever, Paula Sack und manche uns Unbekannte. So hatte Marbach den literarischen Expressionismus wiederentdeckt.

Eine Ausstellung erregt Aufsehen

Die Expressionismus-Ausstellung war meine erste große Ausstellung. Mit jugendlichem Elan hatten Ludwig Greve, Ingrid Grüninger und ich uns an die Arbeit gemacht und immer mehr vergessene Autoren, ihre Bücher, Handschriften, Dokumente gefunden, die Zeitschriften und Manifeste der Zeit ausfindig gemacht. Wir wollten nicht die wenigen Großen, sondern die zahlreichen Autoren und die Mitläufer zeigen, die Frische und Vielfalt der expressionistischen Bewegung vor Augen führen, und so wurde die avantgardistische Literatur der hoffnungsvollen Vorkriegsjahre, der düsteren Kriegszeit und der hektischen kurzen Nachkriegsphase zum erstenmal in dieser großen Fülle dokumentiert.

Die Ausstellung war in den fünf hohen Sälen chronologisch angelegt, und die Exponate waren fünf sich überlappenden Themenkomplexen zugerechnet: *Lyrik 1910–1914; Im Kriege 1914–1918; Prosa und Lyrik 1912–1922; Zwischen Krieg und Frieden 1916–1923; Drama 1917–1922.* Dieser Aufbau entsprach unserem damaligen Kenntnisstand. Manches war allzu genial geordnet, aber es fiel angesichts dessen, was zu sehen war, nicht ins Gewicht. Allzu groß war die Überraschung, mit einer solchen Fülle unbekannten Materials und vergessener Dichter konfrontiert zu werden. Mehr als 100 expressionistische Autoren wurden mit ihren Hauptwerken, wenn möglich mit Proben ihrer Handschrift, mit Fotos und Dokumenten präsentiert. Viele von ihnen waren verschollen gewesen und dem Gedächtnis entschwunden.

Einen breiten Raum nahmen die Schriftenreihen und Zeitschriften des Expressionismus ein: Die knalligen Titelblätter, die einst ihre Wirkung nicht verfehlt hatten, trugen zur Lebendigkeit der Ausstellung bei. Literarische Orte und expressionistische Verleger wurden vorgestellt, bekannte und unbekannte Anthologien und frühe Selbstdarstellungen gezeigt.

Die Ausstellung erschöpfte sich nicht in der »Flachware«, deren Präsentation hätte langweilig werden können, wenn nicht die Beispiele expressionistischer Malerei und Graphik den Besuchern einen so lebendigen Eindruck von dem ekstatischen Geist der Zeit auf eine unmittelbare Weise vermittelt hätten. Die Holzschnitte von Ernst Ludwig Kirchner und Karl Schmidt-Rottluff, von Erich Heckel und Emil Nolde, die graphischen Porträts von Oskar Kokoschka und Ludwig Meidner, die Aquarelle von August Macke und Paul Klee, die Blätter von Max Beckmann und George Grosz und anderen waren Blickfang und Signal zugleich. Die Lithographien von Edvard Munch veranschaulichten den Aufbruch, die Plastiken von Wilhelm Lehmbruck und Ernst Barlach die künstlerische Vollendung. Schließlich die großen, phantasievollen Fahnen von Josua Reichert mit Gedichten von Georg Heym und Else Lasker-Schüler, Georg Trakl und Ernst Stadler: Sie schlugen die Brücke von der Vergangenheit zur Gegenwart. Schon in dem ehrwürdigen Vestibül grüßte eine vier Meter lange Fahne mit den ersten Zeilen eines Gedichts von Gottfried Benn die Besucher.

Das Echo, das die Ausstellung fand, war enorm und überraschend. Hymnische Besprechungen erschienen in den großen überregionalen Tageszeitungen. Die *Stuttgarter Zeitung* widmete ihr eine ganze Seite, die *Frankfurter Allgemeine Zeitung* illustrierte den umfangreichen Artikel von Clara Menck mit mehreren Abbildungen. Paul Pörtner schrieb in der *Neuen Zürcher Zeitung*, Kurt Pinthus in der

ZEIT. Daß sein Text sehr gekürzt worden war, ärgerte ihn kolossal, und er brachte ihn noch einmal in den *Schweizer Monatsheften* unter.

Im Laufe des Sommers kamen die Besucher in Scharen: Schulklassen aus Stuttgart, Reutlingen, Erlangen und so fort; Studentengruppen aus Tübingen und Köln, Heidelberg und Mannheim habe ich durch die Ausstellung geführt. Sie kamen mit den damals bekannten Professoren Ernst Zinn und Klaus Ziegler, Richard Brinkmann und Friedrich Beißner, Paul Böckmann und Friedrich Sengle. Mit einigen von ihnen trat ich in den kommenden Jahren in nähere Verbindung. Viele Dutzende Führungen hatten Greve und ich zu leisten.

Unangemeldet kam Oskar Kokoschka. Ich führte ihn. Der hochgewachsene Mann stand plötzlich wie versteinert vor seinem frühen Ausstellungsplakat von 1908: Es zeigt den Künstler mit der Hand auf dem Herzen. Ergriffen erzählte er mir die Geschichte, wie ihm auf dem galizischen Schlachtfeld der über ihn gebeugte russische Soldat das Bajonett gerade auf die Stelle gesetzt habe, die er, Jahre zuvor, mit der Hand geschützt hatte, und wie er damals dem sicheren Tode entronnen sei. Ich habe die unglaubliche Geschichte in Kokoschkas Schriften nachgelesen: Es ist ein erschütternder Text von ungeheurer Dynamik.

Es kamen einige der wenigen noch lebenden Autoren des Expressionismus wie Kurt Hiller, andere, die in der Ausstellung übersehen wurden, wie Alfred Günther, Rudolf Adrian Dietrich und Jacob Picard, und von denen ich noch erzählen werde. Die meisten Überlebenden waren emigriert: Manche traf ich erst später in Amerika und Israel. Die Witwen habe ich schon erwähnt, und ich sollte noch die Namen von Ilse Benn, Anna Schickele und Erna

Klemm hinzufügen. Im Herbst kam Thea Sternheim wieder nach Marbach: glückliches und dankbares Wiedersehen. Sie war in Begleitung des Limes-Verlegers Max Niedermayer. Überhaupt die Verleger: Sie wurden durch die Marbacher Wiederentdeckung des literarischen Expressionismus in ihrem Bemühen bestärkt, sich für die vergessenen Autoren einzusetzen.

Daß in manchen Köpfen noch immer das Unwort von der »Entarteten Kunst« spukte, habe ich in Marbach selbst erlebt. Eines Morgens, als ich im Begriff war, meinen Kontrollgang zu machen, blieb ich im ersten Ausstellungsraum entsetzt stehen. Hier und in allen anderen Sälen waren die expressionistischen Bilder und Graphiken, an Nylonfäden befestigt, mit der Bildfläche zur Wand gekehrt. Es war ein gespenstischer Anblick: kein Scherz, sondern ein Protest, der uns damals sehr beschäftigt hat. Wir machten in der Adenauerzeit überhaupt interessante Erfahrungen mit den Ausstellungsbesuchern. Die durchweg positive Zustimmung der Älteren, die den Expressionismus oder die 1920er Jahre noch erlebt hatten, lag in dem Wiedersehen mit längst Vergessenem begründet. Es war eine Wiederkehr der eigenen Vergangenheit, die sie in dem Zusammenhang, wie er in der Ausstellung sichtbar wurde, nie gekannt hatten. Sie bemängelten nur die räumliche Beschränkung und hätten gern noch mehr gesehen.

Die mittlere Generation stand, von Ausnahmen abgesehen, der Ausstellung mehr oder weniger verständnislos gegenüber. Dagegen war die Jugend, waren die Schüler und Studenten, begeistert über die sichtbare neue Erfahrung, daß der Expressionismus auch eine literarische Dimension gehabt hat. Sie zogen Vergleiche zur eigenen Zeit, die einen solchen geistigen Aufbruch nicht kannte und den sie vermißten. Die Kenner hatten bei allem schmei-

chelhaften Lob beachtliche Einwände: Sie fanden die Gliederung, was wir selbst wußten, nicht schlüssig, das Jahr
1923 als Enddatum zu spät angesetzt. Dies verstand ich
nicht zuletzt als eine Aufforderung, mich nach dieser ersten Bilanz noch mehr mit dem literarischen Expressionismus auseinanderzusetzen.

Ludwig Greve

Mehrfach habe ich den Namen Ludwig Greve erwähnt.
Erst bei der Vorbereitung der Ausstellung, Anfang 1960,
lernte ich ihn näher kennen, wenngleich er von Anfang an
zu meinem kleinen Mitarbeiterkreis gehörte. Er war drei
Jahre älter als ich und kam an drei Tagen von Stuttgart, wo
er mit seiner Frau wohnte, mit dem Zug nach Marbach, saß
in einem der dunklen Zimmer im Souterrain des Schillermuseums, vor sich einen Packen Tageszeitungen, die er
geduldig durchsah und aus denen er die Artikel zur Literatur ausschnitt. Der freundliche, zurückhaltende Mann
mit dem offenen Gesicht, der starken Nase, dem nach hinten gekämmten Haar war für die Zeitungsausschnitt-
sammlung zuständig. Dr. Wilhelm Hoffmann, ein ständiger Bahnreisender und geschickter Menschenfischer,
hatte ihn 1957 in einem Reisebüro in Stuttgart kennengelernt, wo Greve Fahrkarten verkaufte, und schickte auch
ihn nach Marbach.

Die Expressionismus-Ausstellung führte uns zusammen, die spannende Arbeit war ein gemeinsames Abenteuer, und so wurden wir Freunde aus Zuneigung und in
vertrauensvoller Verbundenheit. Greve war ein belesener
Partner. Er liebte Hugo von Hofmannsthal und Rudolf

Borchardt, Wilhelm Lehmann und Oskar Loerke. Für den Verehrer von Karl Kraus war es ein bewegendes Erlebnis, Leihgaben von Ludwig von Ficker, dem einstigen Freund von Kraus, aus Innsbruck abzuholen. In Georg Trakl hatte Greve ein Vorbild gefunden, er konnte Geschichten von ihm wundervoll erzählen. Überhaupt war er ein amüsanter, unterhaltsamer Erzähler, der druckreif formulierte und Anekdoten zum besten geben konnte. Er hatte ein sicheres Urteil über die Texte der Autoren, den meisten stand er distanziert gegenüber, aus seiner Abneigung machte er dann keinen Hehl. Die Zusammenarbeit habe ich in schöner Erinnerung: Sein Hauptanteil an der Ausstellung war seine kritische Haltung. Sein Urteil bedeutete mir viel. Ihm verdankten wir auch das Ausstellungsplakat seines väterlichen Freundes HAP Grieshaber und die Verbindung zu Josua Reichert. Wir lernten nach und nach Greves Freunde kennen: das Ehepaar Margot und Max Fürst, den Kunsthändler Otto Lutz, den Verleger Rudolf Mayer, der später nach Dresden ging, die Buchhändler Wendelin Niedlich und Fritz Eggert, den Fotografen Herbert Schwöbel.

Über seine Vergangenheit sprach Greve selten. Wir wußten von der Flucht auf dem Auswandererschiff St. Louis 1939, das sein Ziel Amerika nicht erreichte und umkehren mußte, der Flucht über Frankreich nach Italien, der Deportation des Vaters und der Schwester nach Auschwitz, seiner Rettung durch die Mönche in Lucca, der Auswanderung mit der Mutter nach Palästina, der Rückkehr 1950 nach Westdeutschland, der Zeit auf der Achalm, der Künstlerkolonie auf der Schwäbischen Alb. Erst aus seinem Nachlaß gab Greves Nachfolger, Reinhard Tgahrt, die unvollendeten Erinnerungen *Wo gehörte ich hin?* heraus, ein erschütterndes Dokument über die Liebe eines jüdischen

Jungen zu Berlin, dem am 10. November 1938 »die Kindheit abhanden gekommen war«.

Ludwig Greve schrieb Gedichte. In wenigen schmalen Bänden sind seine schwermütigen, rätselhaften und zaubervollen Verse, die düstere Vergangenheit und glückliche Gegenwart ineinander verflochten, erschienen. Sie sind in sich verschlossen wie Knospen und blühen wie Tulpen und Pfingstrosen, die Greve so liebte. Einige seiner Gedichte hat Josua Reichert gedruckt. Manche der frühen Verse haben wir im Entstehen miterlebt, wie die folgenden:

Junigewitter

Im schwimmenden Grau
ist Sonne die heiße Schwäre,
darin der Tag pocht;
und ihre Geschöpfe, Baum und Vieh,
ertragen die Last der Abwesenden,
ohne zu atmen.

Nicht Trauer, Unendlichkeit
verhängt über Juni das Grau.
Noch einmal Wolken

und keine sammelt das Dunkel,
sondern das Auge, das ihnen folgt,
zerrinnt mit ihnen.
– Ein Windstoß. In Hoffnung? Wieder.
Schritte von Unsichtbaren
teilen das hohe Korn in Wellen.
Näher. Die Flut rückt näher
und ihr Gefolge ist Himmel: schwarz.
Nur die Ähren blitzen.

Die Luft erhebt ihre Stimmen
zu Seufzern, darin der Baum tanzt: Ahorn! Ahorn!

Regen stürzt
und springt in Säulen
und treibt sie tief in den Boden:
dahinter ist Donner, und Wind,
die Schleuder, zielt nach dem Himmel,
der auf sein lebendes Werk sich stützt.

Die Wasser vermischen
den grauen Stein mit der Luft
und lösen die starrende Welt auf,
erlösen ihre Gefangenen.
Ja, der leibhaftige Sturm
jagt die Platane, und sie
erschauert in seinem Atem,
wirft ihre Arme hoch –.
Regen feiert die Hochzeit.

Mit dem Schreiben hatte sich Greve auf die Suche nach
seiner verlorenen Identität begeben. Indem er sich an die
Sprache seiner Kindheit klammerte, gelang ihm die Rettung trotz Theodor W. Adornos Verdikt, mit dem er sich
wie Paul Celan auseinandergesetzt hatte, man könne nach
Auschwitz keine Gedichte mehr schreiben. Und Rettung
war es letzten Endes, daß Wilhelm Hoffmann ihn aufgele-
sen hatte und er in Marbach von Büchern und vor allem
von Menschen umgeben war, die ihn wieder zurückführ-
ten aus dem Labyrinth seiner Ängste, ihn verehrten, bewunderten. Greve war einer von uns, und das mag diesem
wunderbaren Menschen mit dem warmen verwundeten
Herzen, in das er sich selten blicken ließ, geholfen haben.

In großer Dankbarkeit denke ich an ihn zurück. Manchmal habe ich mich später gefragt, ob es gut für ihn war, ihn als meinen Nachfolger zu empfehlen. Er bekam mehr Pflichten, und seine Dichterwerkstatt mußte oft geschlossen bleiben. Doch ich glaube, die Aufgabe hat ihn auch befriedigt, allein wenn ich an seine letzte eindrucksvolle Ausstellung denke, die Gottfried Benn gewidmet war. Der jähe Tod, 1991, wenige Jahre, nachdem er sich hatte zurückziehen können, war die tragische Vollendung seines bewegten Lebens. Es ist verdienstvoll, daß die Deutsche Schillergesellschaft sein Andenken ehrt und in Reinhard Tgahrt einen so taktvollen, verständigen und kundigen Bewahrer und Herausgeber gefunden hat, so daß dieses Dichterleben nicht vergessen wird.

Eine verworfene Einleitung

Als der Expressionismus-Katalog abgeschlossen war, hatten Greve und ich uns vorgenommen, jeder für sich über Ostern eine Einleitung zu schreiben. Als wir am Ostermontag unsere Texte verglichen, konnte sich Greve nicht mit dem meinigen befreunden, und ich fand den seinen auf einer Viertelseite allzu kurz. Aber er hatte einen faszinierenden poetischen Text geschrieben, und wir wurden uns einig: Wir setzen ihn auf die letzte Umschlagseite. Aus meiner verworfenen Einleitung will ich einige Absätze zitieren:

»Macht und Ohnmacht des Geistes, Sehnsucht und Zuversicht des Menschen, Irrtum und Leidenschaft einer Generation umschließt diese Periode von kaum mehr als zwölf Jahren, die von der Jugend getragen, von einigen Älteren geführt und gefördert wurde. Letzter Ausläufer des 19. Jahrhunderts, ahnungsvolles Vorwegnehmen des Kommenden – so steht der Expressionismus zwischen den Zeiten. Überragt von einigen großen Dichtern, deren Verse wie Goldkörner unter die Menge fielen, widersetzte sich hier eine Phalanx, eine Elite der Jugend ihrer Zeit, von der sie Spott und Hohn hinnehmen mußte. Der Expressionismus ist die letzte, mächtig ausgreifende Bewegung in der deutschen Literatur, ein letztes Sichaufbäumen einer Generation von Künstlern und Schriftstellern gegen das Schicksal unserer Geschichte, deren satanische Macht sich an ihnen schrecklicher und erschütternder denn je vollzog. Im Dritten Reich wurden ihre Bücher verbrannt, man verbot ihnen, zu schreiben und zu malen, zwang sie zur Flucht, schleppte sie in die Gaskammern. Die Überlebenden aber sind wie Schiffbrüchige, die, irgendwo an Land gespült, ihre Heimat nicht wiederfinden können.

Das Plakat der Ausstellung, ein Holzschnitt von Professor HAP Grieshaber (reproduziert auf dem Umschlag dieses Katalogs), spiegelt den Schrecken, den der Expressionismus ausdrückte und zugleich erlitt. Der Dichter als Täter und Opfer wird in dem Menschen gesehen, der die drohende Gefahr mit der vor das entsetzte Auge gehaltenen Hand abwehrt und gleichzeitig erbarmungslos mit einer Schere die Zeit zerschneidet.

Das ist Expressionismus im Jahre 1960, der sich auch bei Betrachtung der großen Gedichtdrucke aufdrängt, die die Wände der Ausstellungsräume bedecken. 50 Jahre trennen uns von den Anfängen des Expressionismus: 1910 trugen Georg Heym und Jakob van Hoddis ihre ersten erregenden Gedichte im Neopathetischen Cabaret vor, im gleichen Jahr begannen der *Sturm*, der *Pan*, der *Brenner* zu erscheinen, das monumentale Buch Theodor Däublers *Das*

Nordlicht steht am Anfang der expressionistischen Bücher. Ein halbes Jahrhundert also: Erinnerung schafft Gegenwart, daher mußte die Ausstellung geschichtlich sein.

Wir verehren die Künstler im Expressionismus, wir bewundern den Idealismus und den Mut zum Unbedingten der ganzen Generation. Aber wir übersehen nicht Vorläufiges und Unzulängliches. Wir wissen, daß uns ein halbes Jahrhundert unüberbrückbar von jener Zeit scheidet und trennt. Für uns ist der Expressionismus Geschichte, allerdings erregende Geschichte geworden, daher wäre ein Versuch, ihn als Bewegung neu zu beleben, absurd. Das Bleibende des Expressionismus würde geschmälert, wollte man geschichtliche Größe gegen zeitbedingte Mode eintauschen.

So bestand die Aufgabe in dem Versuch, die Literatur des Expressionismus *sine ira et studio* allein in den Dokumenten dieser Epoche zu veranschaulichen, durch Beispiele der zeitgenössischen modernen Kunst zu ergänzen und im Katalog durch Urteile aus der Zeit oder aus Erinnerungen an jenes Jahrzehnt lebendig werden zu lassen. Auf drei Wegen wird so eine Begegnung mit dem Geist des Expressionismus ermöglicht. Selbstverständlich bleibt dieser Geist der Zeit, in die Vitrinen einer Ausstellung gesperrt und zusammengedrängt auf einige Museumsräume, weit hinter dem gelebten Leben, der Bewegung, dem Kampf zurück, der dem Expressionismus Charakter und Kraft gab. Dennoch gestattet eine Ausstellung besser als eine wissenschaftliche Abhandlung, einen Überblick über den Reichtum dieser Zeit zu geben, über ihre Publikationsfreudigkeit, ihre Lust zum Wort, zum Effekt, zum Pathos.«

Hermann Kasacks Kontroverse
mit Ludwig Greve

Ludwig Greves Text auf der hinteren Umschlagseite unseres Expressionismus-Katalogs war als Liebeserklärung an die »Generation unserer Väter« gedacht. Daß er unter den noch lebenden expressionistischen Autoren Widerstand und Mißverständnisse auslöste, überraschte uns. Allerdings: Wer läßt sich gerne sagen, daß er keine »Welt bekommen« habe? Die Sätze, die bei den Besuchern, zumal den Jüngeren, eine positive Wirkung nicht verfehlten, lauteten:

»Die Generation unserer Väter im Geist ist uns keineswegs so fremd wie ihnen etwa die Naturalisten, vor denen sie freilich, um die Familienähnlichkeit zu bemänteln, auch allerlei befremdende Allüren zu Schau trugen. Die als Empörer auftraten, wir sehen Geschlagene; von allem, was sie beschworen, vom Kollektiv und der Geschichte aufs Haupt geschlagen. Das macht, daß wir uns ihrer Verwandtschaft kaum rühmen, aber auch nicht schämen können. Nur wenige von den verlorenen Söhnen der Gründerjahre haben Welt bekommen, und nicht nur die Großen unter ihnen, welchen die Tragik Lebensmitgift war, starben einen tragischen Tod. Ja, ihre Hoffnungen, von keiner Erfüllung verdorben, behielten den Elan ihrer Jugend; und es ist an der Zeit, sie als die verlorenen Väter zu begrüßen, die wiederzuerkennen ihren Erben höchstens deshalb schwerfallen könnte, weil sie sich solch phantastische Hoffnungen, solch hoffende Phantasie nicht mehr erlauben.«

Derjenige, der sich am meisten beleidigt sah, war Hermann Kasack, der nach seiner Eröffnungsrede zu unserer Ausstellung seinem Ärger sofort in einem offenen Brief Luft machte. Er wurde in der *Stuttgarter Zeitung* vom 2. Juli 1960 zusammen mit der Antwort Ludwig Greves abgedruckt. Der Generationenkonflikt, typisch für die Verhaltensweise expressionistischer Autoren, wiederholte sich. Die Jugend von damals waren die Alten von heute, und Kasack wurde ihr Sprecher.

Sehr geehrter Herr Greve,

Ihre wertvolle Mitarbeit an der Expressionisten-Ausstellung wurde mit Recht hervorgehoben – aber Ihr Text auf der Umschlagseite des Katalogs scheint mir Sinn und Absicht der Ausstellung, wenn nicht in Frage zu stellen, so doch mindestens als *quantité négligeable* entschuldigen zu wollen. Verzeihen Sie, wenn ich das in aller Offenheit ausspreche.

Sie erklären, soweit ich mich in der etwas geschraubten Diktion zurechtfinde, daß die Expressionisten, als geistige Väter Ihrer Generation, ihre Verwandtschaft (»Familienähnlichkeit«) mit den Naturalisten als ihren Vätern durch »allerlei befremdende Allüren« verbrämt hätten. Ich wäre dankbar, mich wissen zu lassen, mit welcher Reihe von Beispielen Sie diese Verallgemeinerung belegen können.

Sie sehen in den Expressionisten ausschließlich »Empörer«, die mit ihrer Dichtung und Malerei (»mit allem, was sie beschworen«) von der Geschichte gerichtet worden sind – »vom Kollektiv und der Geschichte aufs Haupt geschlagen«. Ich wüßte gern, welches »Kollektiv« Sie als Instanz für diese von Ihnen bejahte Handlung meinen. Auch bitte ich Sie um die entsprechenden Beweise für die historische Reaktion, um diese Verallgemeinerung zu rechtfertigen.

Meinen Sie damit Klee, Marc, Kokoschka, Kirchner,

Nolde, Feininger, Heckel und ein Dutzend andere? Meinen Sie Mombert, Stadler, Heym, Trakl, Döblin, Sternheim, Kaiser, Loerke usw.? Sie ziehen den Schluß, daß die junge Generation, als deren »Wir«-Sprecher Sie stets auftreten, sich der Verwandtschaft mit diesen aufs Haupt Geschlagenen zwar nicht gerade rühmen, aber auch nicht schämen könne (gemeint ist wohl: zu schämen brauche). Das ist verklausuliert ausgedrückt nichts anderes als: ihr geht uns nicht mehr viel an.

Nach Ihrer Ansicht haben nur »wenige« Expressionisten, die Ihnen »verlorene Söhne der Gründerzeit« scheinen (inwiefern eigentlich? Was soll sich der normale Ausstellungsbesucher darunter vorstellen?) – also: nur »wenige« von ihnen »haben Welt bekommen« – die meisten haben anscheinend ein Linsengericht bekommen oder einen Schnupfen. Wie bekommt man Welt?

»Nicht nur die Großen unter ihnen«, fahren Sie fort, »starben einen tragischen Tod.« Wie kann es noch »Große« geben, wenn nach ihrer früheren Behauptung bereits alle historisch erledigt seien?

Zum Schluß begrüßen Sie (mit einem unlogisch verknüpfenden »Ja«) »die verlorenen Väter« mit der Einschränkung, daß Ihre Generation »sich solch phantastische Hoffnungen, solch hoffende Phantasie nicht mehr erlauben« könne. Mit dieser Simplifizierung tun Sie die Sache ab.

Nichts gegen Ihre oder die Auffassung jener, in deren Namen Sie sprechen. Ich habe allen Respekt davor, aus dem Nacherleben nur das vollziehen zu können, was vorstellbar ist.

Dieser höchst fragwürdige Text, der in seinem verschwommenen Stil obendrein den mißverstandenen Expressionismus von 1960 zeigt, steht in vollem Widerspruch

zu dem Inhalt des ausgezeichneten Katalogs und zur Ausstellung selbst.

Wie konnten Sie ein derartig eingrenzendes und in der
Wirkung (zumal auf den meist flüchtigen Leser) abschät-
ziges Bild jener Zeit für den Katalogumschlag verwenden
und sogar im Eingangsraum der Ausstellung groß plaka-
tieren lassen? Es ist absurd, den Besucher auf diese Weise
zu verwirren, der sich fragen kann, was diese Ausstellung
nach dieser alles in Zweifel ziehenden Proklamation eigentlich rechtfertige.

Es tut mir leid, daß ich zu Ihrem herausfordernden Text
so scharf Stellung nehmen mußte. Ich wäre Ihnen verbunden, wenn Sie sich zu den aufgeworfenen Fragen äußer-
ten.

Mit freundlichen Grüßen Ihr ergebener
(gez.) Hermann Kasack

Greve hatte geantwortet:

Sehr verehrter Herr Professor Kasack,

Haben Sie Dank für Ihren Brief, dessen Inhalt mich
überraschte und mich von neuem bereuen ließ, daß ich
nicht mehr dazu kam, Ihnen vor dem Druck, wie ich es
gemeinsam mit Dr. Raabe vorhatte, die paar Sätze zu zeigen, die nicht nur ich, sondern alle, die sie lasen, als eine
Huldigung verstanden. Bitte glauben Sie mir, daß es mich
sehr betraf, gerade von Ihnen mißverstanden worden zu
sein, und gestatten Sie mir, den Text, dessen Publikation
übrigens nicht ich veranlaßt habe, zu verteidigen.

Die intensive Beschäftigung mit den einzelnen Autoren,
wie sie die Vorbereitung der Ausstellung forderte, ließ
mich jene Zeit, die letzte stürmische unserer Literatur, sowohl bewundert wie kritisch ansehen; und das eine ist mir

immer die Kondition des anderen gewesen. Es scheint eigentlich natürlich, daß man sich gegen die väterliche Generation empört oder sich von ihr abwendet, wie es die Expressionisten taten (anders als meine Generation, die sich zu ihnen hingezogen fühlt, weil die Nazis, gewissermaßen Stiefväter, dazwischentraten) und sich dabei »auch«, um sich von einem fremd gewordenen oder unwillkommenen Erbe zu befreien, »allerlei befremdender Allüren« bedient. *Pour brûler les étapes* möchte ich gestehen, daß ich dieses Bild meiner eigenen Jugend entlehnte; daß es damals nicht anders war, bewies mir, um ein Beispiel zu nennen, die Lektüre der Manuskripte Carl Sternheims: er schreibt erst formal durchaus gebräuchliche Sätze und streicht dann summarisch die Artikel und Adjektive aus.

»Die als Empörer auftraten, wir sehen Geschlagene; von allem, was sie beschworen« (und die Sehnsucht nach der Gemeinschaft und nach einer Wirkung über die Grenzen der Kunst hinaus war oft die einzige Verbindung höchst gegensätzlicher Autoren), »vom Kollektiv und der Geschichte« –: nicht gerichtet, wie Sie meinen, sondern »aufs Haupt geschlagen«. Ich weiß nicht, warum Sie mir unterstellen wollen, daß ich diesen Prozeß bejahe; ich bin, wenn auch kein Expressionist, sondern doch auch ein Geschlagener. Das Kollektiv, von dem die Rede ist, schien mir ein ehrlicherer Ausdruck für Volk. »Das macht, daß wir uns ihrer Verwandtschaft kaum rühmen«, – weil wir selbst nicht allzu viel Gutes vorzuweisen haben – »aber auch nicht schämen können«: wie man in unserem Land gern zu unbequemen Traditionen sich verhält. Hier, wie auch im Schlußsatz, wird die Dürftigkeit der Lebenden, im Wohlstand Lebenden, angesprochen; und nur in diesem ironischen Sinn fühlte ich mich berechtigt, den *pluralis maiestatis* zu gebrauchen, indem ich mich nämlich einschloß.

Ich hoffe, sehr verehrter Herr Professor Kasack, Sie von der Ehrerbietung meiner Sätze, die ich, um die falsche Sicherheit der Zeitgenossen ein wenig aufzulockern, manchmal paradox formulierte, überzeugt zu haben (wobei ich nicht versäumen will, an das schöne Paradox von Walter Benjamin zu erinnern: »FÜR MÄNNER. Überzeugung ist unfruchtbar«.) Leider haben Sie recht, die Leser sind oft flüchtig, doch ich glaube mich mit Ihnen einig, wenn ich sage, daß man sie nicht durch flüchtiges Schreiben einholen wird.

Ich bitte Sie, mich weiter zu betrachten als
Ihren sehr ergebenen
H. L. Greve

Heute bedauere ich, daß wir damals die wenigen noch in Europa lebenden Autoren des Expressionismus nicht zu einer Diskussion eingeladen haben: Hermann Kasack und Kasimir Edschmid, Kurt Hiller und Wilhelm Klemm, Alfred Günther und Kurt Heynicke, Lothar Schreyer und Claire Goll. Ein solches Gespräch hätte der Kontroverse eine neue Dimension geben können.

Noch ein Wort zum Katalog

Ausstellungen sind zeitlich begrenzte Demonstrationen, sie erregen Aufmerksamkeit und finden, wenn sie gut sind, ein starkes Echo in der Presse, im Rundfunk, heute im Medienzeitalter noch mehr als damals, als wir den Expressionismus in Marbach ausstellten. Das Bleibende sind die Kataloge, heute vielfach an Umfang und Gewicht kaum zu tragende Monumente. Damals, 1960, war der Kulturbetrieb noch bescheidener, vielleicht unprofessioneller, jedenfalls nicht so routiniert wie heute.

Die Marbacher Expressionismus-Ausstellung ist zu einer Art Legende geworden: der Ort, die Räume, die hölzernen Vitrinen, die Gedichtfahnen, die Exponate. Der Katalog wurde damals in acht Wochen zusammengestellt, redigiert und publiziert. Wir wollten über viele noch unbekannte und vergessene Autoren und ihre Werke informieren, und so fügten wir den meisten der 700 Exponatbeschreibungen Kritiken, Urteile, Erinnerungen bei. Dadurch entstand ein Lesebuch, das allseits begrüßt wurde. Durch den Zusatz biographischer und bibliographischer Notizen wurde der Band sogar zu einem nützlichen Handbuch, das weite Verbreitung fand. Allein 1960 wurden 16 000 Exemplare in mehreren Auflagen gedruckt. Das 23. Tausend des Nachdrucks kann noch heute im Museumsladen in Marbach erworben werden, wenngleich sich doch manche Irrtümer eingeschlichen hatten, die uns damals mitgeteilt wurden.

Der Katalog kam in die Hände der Leihgeber und auch aller Freunde, die dem Museum verbunden waren, so erhielten wir viele zustimmende Briefe. Da schrieb Alexandra Pfemfert aus Berlin:

18. Mai 1960

Lieber Doktor Raabe,

das ist ja ein großartiges Werk, was das Schiller-Nationalmuseum fertiggebracht hat. Für uns, noch lebende Reste der Zeit, die Sie in einem Katalog eingerahmt haben, ist es eine Begegnung mit lieben und geliebten Menschen unserer Jugend.

Vielen, vielen Dank

A. Pfemfert.

Ihre Schwester, die einst mit Carl Einstein, dann mit dem expressionistischen Schriftsteller Heinrich Schaefer verheiratet war, fügte hinzu:

Lieber und sehr geehrter Herr Dr. Raabe,
   der Katalog Expressionismus ist ja eine erstaunliche Leistung, seit Tagen lesen und blättern wir darin herum – mit Freude und Ergriffenheit. Wir sind sehr glücklich, dieses Werk zu besitzen, und danken Ihnen und Herrn Dr. Zeller herzlichst
   mit vielen Grüßen
   Ihre M. Schaefer.

Ebenso beglückt schrieb Thea Sternheim am 26. Mai 1960. Ihr fielen gleich viele Assoziationen an jene Jahre im Ersten Weltkrieg ein, die sie an der Seite Carl Sternheims verbracht hatte:

Lieber Herr Doktor,
   Sie können sich nicht vorstellen, wie mich der wunderschöne, mit so viel Fleiß, Klugheit, Liebe und Takt gemachte Katalog bewegt! Welch grandioser Einfall Döblins Fotografie im Kriegsdress von 1914 zu bringen! Nicht nur, daß so ein Beleg das spätere Naziverbrechen an unserem Vaterland in aufregendster Weise anprangert, veranlaßt er – wenigstens mich – zu Ideenassoziationen, die bis auf den Ecclesiasten zurückgreifen, der schließlich auch solche Uniform als eitel befunden hätte. Irgendwie aber benötigt man solche Assoziationen die Tragik des biographischen Teils Ihres Buches zu akzeptieren: kamen die unglücklichen Zeitgenossen nicht gleich im Krieg um, wie viele haben durch Freitod ihrem Leben ein Ende gemacht! Aber sterben für etwas, das man verneint, das ist doch

schon nicht mehr Tücke des Geschicks, aber Verklärung und im Idealfall Martyrium.

Auch die Verknüpfung von Dada mit dem Expressionismus scheint mir wichtig und freut mich besonders im Hinblick auf den viel zu vergessenen Hugo Ball. Und schließlich welche Übersichtlichkeit durch die Aufteilung in literarische Gruppen: Sturm, Brenner, Aktion usw. Da die Weißen Blätter in der Schweiz erschienen, kam der während des Kriegs am Roten Kreuz tätige Romain Rolland bald mit einigen der für diese Zeitschrift arbeitenden Schriftsteller in Beziehung. Französischerseits gab Guilbeaux in Genf die Zeitung »la Feuille« heraus, in der Frans Masereel täglich seine kämpferisch pazifistischen Zeichnungen brachte, die später Edschmid in Deutschland bekannt machte.

Mir bedeutet Ihr schönes Buch den zweiten Akt des im vorigen September erlebten ersten bei dem Sie, Direktor Zeller und Herr Greve die Darsteller waren. Gebe der gute Geist von Marbach daß sich aus den zwei Akten noch ein dritter, ebenso gelungener ergibt! ...

Auch Kurt Hiller hatten wir den Katalog geschickt. Mit ihm stand ich seit einiger Zeit in brieflichem Kontakt. Er bot eine Lesung an, wir luden ihn ein, wovon noch zu berichten sein wird. Am 20. Mai 1960 schrieb er:

Lieber Herr Doktor Raabe,

für den freundlichen Brief vom zehnten und für den aufregend interessanten Katalog sehr schönen Dank! Schon bevor ich den Katalog hatte, war ich entschlossen, mir Marbach und Ihre Ausstellung zwischen Ende August und Mitte September im Zuge meiner »Urlaubs«reise anzusehn. Finden eigentlich Autorenlesungen in der Ausstellung statt? Wenn – ich wäre nicht abgeneigt. Die Ausstellung ist eine Tat; das ersehe ich schon allein aus dem Katalogos. Ich aß ihn wie einen halben Hahn vom Grill. Schmeckte prächtig.

Trotz einiger Schönheitsfehlerchen. ZB war Blaß (S. 69) nicht Mitbegründer des Neuen Clubs; erst rund ein Jahr nach dessen Gründung tauchte er auf und tat mit. Mir, mir wird zuviel Ehre angetan, wenn ich »Begründer des Aktivismus« genannt werde (S. 24); der Aktivismus hatte fünf Väter: Kerr, Landauer, Heinrich Mann, Rubiner und mich. Waren die ersten drei es mehr durch mitschwingende Tendenzen ihrer Werke, so waren die beiden jüngsten es freilich eher kat'exochén: Rubiner der Rhapsode des Aktivismus, ich sein logizistischer Prädikant, sein »Ideologe«. Übrigens war der Aktivismus keineswegs »eine geistig aus dem Expressionismus kommende politische Welthaltung«; er ist völlig unabhängig vom Expressionismus entstanden. Beide Ismen sind zwar, historisch besehen, zum Zopf verflochten, doch Expressionismus war und bleibt eine Ausdrucksweise und gehört in die Kunstgeschichte, Aktivismus eine Gesinnung (und gehört in die Geschichte des Denkens). Mancher Aktivist schrieb auf expressionistische Art (vor allem Rubiner), aber die große Mehrheit der Aktivisten pflegte einen impressionistischen Stil oder einen klassizistischen. Ich rede hier von den Prosaleuten. Weil einige Lyriker, zweifellos, zugleich Aktivisten der Idee und Expressionisten der Form waren (etwa Hasenclever, etwa Lotz), darf man doch beide Ismen nicht gleichsetzen, noch den einen aus dem andern ableiten. Leider haben einige litterarhistorische Schulfüchse, seit Ende der 1930er Jahre schon (Dissertation eines gewissen Paulsen), dieses grobe Mißverständnis populär gemacht. Viele Expressionisten sind in Wahrheit dezidierte Kontra-Aktivisten gewesen (Hauptfall: Benn), während es Aktivisten gab und gibt, die formaliter oder artistisch dem Expressionismus schlechthin entgegengesetzt sind... besonders, wenn man Sottisen wie den »Dadaismus« in den Expressionismus hineinrechnet. – Das wollte gesagt sein.

Wer ist »H. L. Greve«? Mit diesem Text auf der Rückseite des Deckels bin ich in hervorragendem Maße uneinverstanden; ich wäre sogar fähig, höchst Zorniges darüber zu äußern. Aber ich will es, zumindest heute, nicht tun. Denn Ihnen gegenüber bleibt mein vorwiegendes Gefühl die *Dankbarkeit*. Alles von mir Kritisierte wiegt wie eine Flaumfeder, verglichen mit den Gründen für das Lob, das Ihr Unternehmen verdient. Diese Ausstellung ist einzigartig und großartig. Und daß Sie sie gegen das Knurren eines in Ihrer Gegend bestimmt nicht minder als in anderen Gegenden mächtigen Spießertums durchsetzen konnten, sie *so* durchsetzen konnten, imponiert mir erheblich.

Nehmen Sie daher meinen herzlichen Dank und meine kameradschaftlichen Grüße.

Ihr verbindlichst ergebener
Kurt Hiller.

Die Expressionismus-Ausstellung, der Katalog und überhaupt die Bemühungen des Deutschen Literaturarchivs führten dazu, daß eine vertriebene Generation von Autoren in Marbach eine Heimat fand. Das war damals der schönste Lohn unseres Einsatzes.

Begegnungen

Der Verleger Kurt Wolff. Um 1930.
Fotograf unbekannt

Alexandra Pfemfert und Nell Walden

Im Februar 1959 hatte ich bei meinem Aufenthalt in Berlin auf Georg Heyms Spuren die Witwe von Franz Pfemfert in der Laubenheimer Straße in Wilmersdorf zum erstenmal besucht: eine alte Dame, die, wie man ihr ansah, eine Revolutionärin an der Seite ihres Mannes gewesen war. Das Kämpferische war der Fünfundsiebzigjährigen nicht verlorengegangen. Nach Franz Pfemferts Tod war sie 1954 aus der Emigration in Mexico City nach Berlin zurückgekehrt, wo sie nun mit ihrer Schwester Maria Schaefer zusammenwohnte. Anja, wie Alexandra Pfemfert genannt wurde, war mit ihren Schwestern 1905 aus Rußland, wo sie aufgewachsen war, nach Berlin gekommen und hatte den Schriftsteller und Redakteur Franz Pfemfert geheiratet. An seiner Seite hatte sie das Glück und Leid ihres Mannes geteilt, die große Zeit der 1911 gegründeten *Aktion*, der *Zeitschrift für freiheitliche Politik und Literatur*, die Jahre der politischen Auseinandersetzung mit seinen sozialistischen Freunden, die Flucht aus Deutschland, die bittere Zeit der Emigration in Mexiko, wo sich die Pfemferts mit einem Fotoatelier, das er schon in Berlin betrieben hatte, über Wasser hielten.

Anja Pfemfert erzählte, daß ihre gesamte Habe, darunter auch die Memoiren ihres Mannes, bei einem Schiffsunglück auf dem Atlantik verlorengegangen seien. Ich habe das nie so recht glauben können. Jedenfalls ist es bedauerlich, daß diese Papiere samt denen, die 1933 in Berlin beschlagnahmt wurden, nicht erhalten sind, denn die *Aktion* war neben dem *Sturm* die wichtigste Zeitschrift des Expressionismus. Im Februar 1961 veranstaltete der Westdeutsche Rundfunk eine Gedenksendung über die *Aktion*.

Der kurze Beitrag, den Alexandra Pfemfert über die Namensgebung der Zeitschrift verfaßt hat, zeichnet sich durch ein präzises Erinnerungsvermögen aus. Ich habe das bei vielen, die den Expressionismus miterlebt haben, immer bewundert.

»Es war in den ersten Februartagen des Jahres 1911, nachts um zwei Uhr, als mich mein Mann mit den Worten weckte: ›Ich hab's, ich hab's‹. Ich wußte gleich, um was es sich handelte, um den Namen der neuen Zeitschrift. An diesem Abend war stundenlang an unserem Tisch im Café des Westens der Name für die neue Zeitschrift gesucht worden. Mit uns am Tisch saßen die Freunde: Carl Einstein, Jakob van Hoddis, Anselm Ruest, Ludwig Rubiner, der Maler Max Oppenheimer, genannt Mopp und andere.

Bis zu diesem Tage war Franz Pfemfert Redakteur einer Wochenschrift *Der Demokrat*. Der Herausgeber und Besitzer dieser Zeitschrift war Dr. Georg Zepler, damals ein führender Mann in der Freidenkerbewegung. Etwa in der zweiten Hälfte des Januar 1910 hatte Dr. Zepler Franz Pfemfert folgendes Angebot gemacht: Pfemfert sollte die Redaktion des *Demokraten* übernehmen, er, Dr. Zepler, werde nur die Redaktion der letzten zwei Seiten der Zeitschrift behalten, die der Freidenkerbewegung gewidmet waren. Jeder von ihnen sollte in seinem Teil selbständig sein. Pfemfert nahm diesen Vorschlag sofort an. – Am *Demokraten* arbeiteten unter Pfemferts Redaktion bereits Georg Heym, Jakob van Hoddis, Carl Einstein, Ludwig Rubiner, Mynona, Kurt Hiller und andere, die später den Kreis der neuen Zeitschrift *Die Aktion* bildeten.

Das ging so bis Ende Januar 1911, als eines Morgens die Druckerei des *Demokraten* Franz Pfemfert telefonisch mitteilte, daß Dr. Zepler einen bereits gesetzten Artikel von

Kurt Hiller inhibiert habe. Pfemfert rief sofort Zepler an und protestierte gegen die Einmischung in seine redaktionellen Befugnisse. Als Zepler ihm sagte, er als Herausgeber könnte diesen Artikel nicht verantworten, erklärte ihm Pfemfert, daß er ja die Verantwortung für diesen Teil trage. Und da Zepler auf diesen Einwand nicht einging, löste Franz gleich sein Verhältnis zum *Demokraten*. Sämtliche Mitarbeiter erklärten sich mit ihm solidarisch.

Noch am gleichen Tage stöberte Franz seinen Freund Tom, den Drucker Tominski, auf, der gerade eine kleine Druckerei gekauft hatte, berichtete ihm das Vorgefallene und fragte, ob seine Druckerei innerhalb von acht Tagen die Nummer einer neuen Wochenschrift in der Stärke des *Demokraten* herausbringen könne. Tom versprach es, wenn er auch vielleicht die umbrochenen Seiten in einer anderen Druckerei drucken lassen müßte.

Nun mußte ein Name für die Zeitschrift gefunden werden. Mopp, Max Oppenheimer, der bei der Suche nach einem Namen mitbeteiligt war, erklärte sich bereit, den Kopf der Zeitschrift in kürzester Zeit zu entwerfen.

Als Franz mir um zwei Uhr nachts sagte: ›Die Aktion‹ war ich begeistert. Acht Tage darauf erschien die erste Nummer der *Aktion*. – Zu Beginn unserer Freundschaft war ich mir nicht im klaren, wofür sich Franz mehr interessierte – für Politik oder für Lyrik. Zuerst glaubte ich, für die Lyrik.«

Alexandra Pfemferts letzte Lebensjahre kreisten um die Erinnerungen an die Geschichte der *Aktion*. So war sie sehr bewegt, als sie nach der Ausstellungseröffnung in Marbach an den Vitrinen stand, in denen wir die *Aktion*, die Schriftenreihen und Dokumente der Mitarbeiter ausgelegt hatten. Besonders dankbar war sie, daß wir die *Aktion* später in Berlin in den Räumen der Akademie der Künste noch

breiter ausstellen konnten. Mehrfach besuchte sie die Ausstellung.

Die Mitteilung dann, daß der Cotta Verlag meine Idee,
einen Reprint der *Aktion* zu veranstalten, realisieren
würde, nahm Alexandra Pfemfert mit Genugtuung auf.
Die Zusammenarbeit mit ihr war sehr produktiv. Jedenfalls war es für sie eine große Freude, daß sie den Reprint
der ersten vier Jahrgänge der Zeitschrift 1911–1914 noch
erleben konnte. Es hat die alte Dame unendlich beglückt,
daß nach einem halben Jahrhundert »ihrem Franz« ein
bleibendes Denkmal gesetzt wurde. Sie hat das Erscheinen nicht lange überlebt. Am 17. Januar 1963 starb sie in
Berlin.

Daß Alexandra Pfemfert bei der Ausstellungseröffnung
im Mai 1960 in Marbach ihrer einstigen Konkurrentin
Nell Walden begegnete, war nicht zu vermeiden. Ich
glaube, daß sie einander aus dem Wege gegangen sind.
Man kann sich keinen größeren Gegensatz vorstellen als
den zwischen der dunkelhaarigen, schlichten, schon sehr
hinfälligen Witwe Pfemferts und der blonden, aufgetakel-
ten zweiten Frau von Herwarth Walden. Der Situation
fehlte es nicht an Komik.

Zwölf Jahre, von 1912 bis 1924, war Nell Walden mit dem
Herausgeber der Zeitschrift *Der Sturm* verheiratet gewesen. Die blonde Schwedin hatte der genialen Dichterin Else
Lasker-Schüler ihren Ehemann Herwarth Walden ausge-
spannt und erlebte so die entscheidenden Jahre des Expressionismus in Berlin mit. Nach der Scheidung hat sie
den Namen Walden behalten, wenngleich es ihre Vorgän-
gerin war, die dem jungen Musiker und Literaten Georg
Levin den poetischen Namen Herwarth Walden zugelegt
hatte. Aber dieses Bewahrenwollen von Verlorenem wurde

noch grotesker. Als ich sie zum erstenmal in der Schweiz besuchte, stellte mich Nell Walden ihrem dritten Mann vor: Hannes Urech-Walden. Der um viele Jahre jüngere ehemalige Skilehrer hatte seinem Schweizer Namen den Zunamen seines Vorvorgängers angehängt.

Das Ehepaar bewohnte ein großzügiges Landhaus in Schinznach-Bad mit einem herrlichen Blick in das Aaretal. Ich war am späten Vormittag angekommen. Nell Walden empfing mich in einem farbenfrohen Kleid, wir saßen auf der Veranda und erzählten, sie war liebenswürdig und gastfrei, doch jede Stunde verschwand sie für einige Minuten und kam in einem anderen Kleid – ob es schöner war als das vorherige, weiß ich nicht mehr – zurück und fuhr mit ihren Erzählungen fort. Dieser seltsame Kleiderwechsel wiederholte sich noch mehrfach im Laufe des Tages.

Während die gnädige Frau mit ihrem Gast parlierte, stand ihr Mann nebenan in der Küche und bereitete das Mittagsmahl vor. Er hatte genau zugehört, was seine Frau erzählte. Plötzlich schoß er, in einer Schürze, die er sich umgebunden hatte, ins Zimmer und rief: »Nell, du hast ja Kokoschka vergessen.« Abgesehen von solch sonderbaren, den Besucher ein wenig irritierenden Zwischenfällen verlief der Tag in herzlicher Harmonie. Nell Walden war dankbar, daß sie dem Gast ihre Lebensgeschichte erzählen konnte. Sie zeigte mir ihre eigenen Bilder, die frühen Hinterglasmalereien und ihre Ölgemälde. Unter dem Eindruck der *Sturm*-Künstler, die sie an der Seite Herwarth Waldens kennenlernte, hatte sie zu malen und zu sammeln begonnen: Die abstrakten lyrischen Formen waren Ausdruck einer sehr weiblichen Kunst. Sie verließ Deutschland 1933, ging zunächst in ihre Heimat nach Schweden zurück und ließ sich dann in Ascona in der Schweiz nieder. Ihre Kunstsammlung hatte sie retten können, ihr zweiter Mann Dr. Hans Heimann kam in der Nazizeit um. Die Versteigerung des größten Teils ihrer expressionistischen Kunstsammlung bei Roman Norbert Ketterer in Stuttgart 1954 erregte damals Aufsehen. Beim Abschied schenkte mir Nell Walden ihren noch 1933 erschienenen einzigen Gedichtband *Unter Sternen*, einen Handpressendruck auf Bütten. Im Stil der *Sturm*-Künstler hatte sie kurze Verse, Liebesgedichte und *Sternengesänge* geschrieben, deren Naivität mich rührte.

Nach dem Kriege sah es Nell Walden als ihre Verpflichtung an, für das Andenken an den großen Förderer der expressionistischen Kunst und Literatur einzutreten. Mit viel Aufwand gab sie schon 1954 ihr *Sturm*-Buch heraus, für das sie den einstigen Gefährten, Lothar Schreyer, zur Mitarbeit gewonnen hatte. Die farbig gedruckten Ölbilder stammen aus ihrer Sammlung, als Frontispiz wählte sie das berühmte Bildnis von Herwarth Walden, das Oskar Kokoschka gemalt hat und das ich zum erstenmal 1961 im Museum of Modern Art in New York im Original gesehen habe: ein eindrucksvolles sympathisches Porträt des musischen Kunstfreundes, der sich in den 1920er Jahren dem Kommunismus zuwandte, 1932 in die Sowjetunion emigrierte und dort, wie viele Leidensgenossen, umkam. Seine Tochter Sina Walden, in der Sowjetunion geboren, hat das Schicksal ihres Vaters in Moskau erforscht. Es ist ihr aber bislang nicht gelungen, in Berlin eine Gedenkstätte für Herwarth Walden zu realisieren.

Man muß es Nell Walden, die 1975 im hohen Alter von 88 Jahren in Bern starb, als Verdienst anrechnen, daß sie sich intensiv für das Erbe des *Sturm* einsetzte. Ihrem ersten Werk folgte 1963 ein zweites Buch über Herwarth Walden, in dem sie geschickt Texte ihres früheren Mannes mit ihren eigenen Erinnerungen zu verknüpfen verstand. Nach meinem ersten Besuch haben wir über Jahre Briefe miteinander gewechselt. Nell Walden war dankbar, daß sich Marbach auch dem Werk Waldens verbunden fühlte und mit Lothar Schreyer, dem einstigen Herausgeber der *Sturm-Bühne*, konkrete Absprachen über seinen teilweise geretteten Nachlaß traf. Sie selbst besaß lediglich Kopien der ergreifenden Kriegsbriefe von August Stramm an Herwarth und Nell Walden, die sie im Ersten Weltkrieg abgeschrieben hatte. Eine Veröffentlichung, mit dem Limes Verlag abgesprochen, unterblieb, da die Zustimmung von Inge Stramm, der in Indien lebenden Tochter des 1915 gefallenen Dichters, nicht eintraf. Später hat Jeremy Adler diese bedeutenden Dokumente in seine Stramm-Edition im Arche Verlag aufgenommen.

Wilhelm und Erna Klemm

Als Kurt Pinthus 1959 die Neuausgabe seiner *Menschheitsdämmerung* veröffentlichte, zog er die bittere Bilanz einer tragischen Generation. Georg Heym, Alfred Lichtenstein, Ernst Wilhelm Lotz, Ernst Stadler, August Stramm und Georg Trakl waren zwischen 1912 und 1915 umgekommen. In der Emigration starben oder nahmen sich das Leben zwischen 1940 und 1950: Albert Ehrenstein in New York, Yvan Goll in Paris, Walter Hasenclever in dem französischen Lager Les Milles, Else Lasker-Schüler in Jerusalem, René Schickele in Vence, Franz Werfel in Los Angeles, Alfred Wolfenstein in Paris, Paul Zech in Buenos Aires. Jakob van Hoddis war 1942 deportiert worden. Rudolf Leonhard, Gottfried Benn und Johannes R. Becher starben zwischen 1953 und 1958 in Ost- bzw. Westberlin. Von den 20 in der Anthologie vertretenen Lyrikern waren nur noch drei am Leben.

Von Karl Otten, der 1963 in Locarno starb, war schon die Rede. Kurt Heynicke, der in Merzhausen bei Freiburg wohnte und seine Generation am längsten überlebte, bin ich nicht begegnet. Dagegen lernte ich Wilhelm Klemm bei der Eröffnung der Expressionismus-Ausstellung im Beisein von Wilhelm Badenhop, der seit längerer Zeit mit ihm in Verbindung stand, kennen. Der inzwischen neunundsiebzigjährige, hochgewachsene Mann erlebte in diesen Jahren ein Comeback.

Er schrieb mir in seiner großen Schrift freundliche Briefe, nahm unsere Marbacher Bemühungen dankbar auf und bekannte sich zu Kasacks Bewertung: »Eigentlich hatte jeder seinen eigenen Expressionismus.« Zu seinem 80. Geburtstag gab Max Niedermayer, sein Nachbar in Wiesbaden, wohl auf Vorschlag von Kurt Pinthus im Limes Verlag Wilhelm Klemms Gedichtband *Aufforderung* neu heraus. Den roten Pappband mit der Zeichnung von ihm selbst auf dem Deckel hatte zuerst Franz Pfemfert 1917 in der *Aktionslyrik* veröffentlicht. Klemm war einer der Verschollenen und Vergessenen und sah nun das Werk seiner Jugend gewürdigt. In seinem Nachwort von 1961 zitiert Kurt Pinthus aus seiner Besprechung von 1917. Vergangenheit war wieder Gegenwart geworden:

»Wilhelm Klemm verläßt die irdische Landschaft und die aus Sinneseindrücken und Wirklichkeitserlebnissen sich ergebenden Inhalte unseres Bewußtseins; sein Geist gebiert einen neuen Kosmos, in dem Dimensionen, Naturgesetze und Kausalnexus nicht vorhanden sind. Tausend neue lyrische Mittel schaffend, vertausendfacht er die lyrische Wirkung. Der Kreis seiner Vorstellungen hat den Radius unendlich, und der Dichter bewegt sich in der fließenden Unendlichkeit dieses Kosmos mit der selbstverständlichen Sicherheit, mit welcher der Bürger Wohnstube und heimatliches Wäldchen durchschreitet... Manche einzelne Zeile seiner Gesänge ist ein Gedicht für sich. Millionen dieser schimmernden Verse scheinen im Dichter zu ruhen, und jede leise Bewegung fügt sie fast automatisch zu neuen Gebilden zusammen wie des Kaleidoskops bunte Steine.«

Dein Alter sei wie deine Jugend, lautet ein berühmter Buchtitel des Theologen Karl von Hase. Das traf auf Wilhelm Klemm zu. Mit verstohlener Bewunderung hatte mir Badenhop erzählt, daß sein Freund im hohen Alter noch einmal geheiratet und sogar ein Kind gezeugt habe, dem er stolz den Namen Donata gab.

Wilhelm Klemm war einer der wenigen Autoren, die 1922 verstummten. Mit den erotischen Versen seines Gedichtbandes *Die Satanspuppe* unter dem Pseudonym Felix Brazil hatte er sich vom Expressionismus verabschiedet. Er war ein Weggefährte von Franz Pfemfert gewesen, dessen zunehmende politische Radikalisierung er nach 1918 jedoch nicht teilte. Aber dem engagierten Förderer junger antibürgerlicher Autoren hatte Klemm viel zu verdanken, so auch eine der schönsten expressionistischen Buchveröffentlichungen, *Verse und Bilder*, deren Finanzierung er wiederum seiner vermögenden Frau Erna, geborene Kröner, zu verdanken hatte. Thea Sternheim hat mir den großformatigen Halbpergamentband, den Franz Pfemfert ihr gewidmet hatte, geschenkt. Den traumhaften, melancholischen, bilderreichen und abgründigen Gedichten hatte Klemm zauberhafte filigrane Pinselzeichnungen voller Poesie, aber auch düstere, von Alfred Kubin beeinflußte Zeichnungen beigegeben.

Wandlungen

Die Blumen wandeln sich in Tiere
Mit seltsamen Rücken und bunten Mähnen,
Die Tiere bekommen Menschenhäupter,
Traumhafte Ruhe in den reinen Zügen.

Die werden zu Masken. Aus ihren Höhlungen
Treten Sterne vor. Fallen als glitzernde Ströme
Rascher, stürzen in sagenhafte Abgründe –
Die münden alle in den Seiten eines Buchs.

Da ist niemand, der es liest, niemand, der es schrieb.
Das fiel heraus aus einer fünften Dimension.
Aus seinen sich endlos wendenden Blättern rieselt
Eine goldene Träne Gottes, groß wie ein Ocean.

Wilhelm Klemm war Arzt und hatte den Ersten Weltkrieg
überlebt. Er übernahm nach dem Tode seines Schwieger-
vaters 1922 den Verlag Alfred Kröner in Leipzig. Der Dichter wurde in den 1920er Jahren ein erfolgreicher Verleger.
So waren *Kröners Taschenausgaben* seine Erfindung. Nachdem er 1927 die Dieterich'sche Verlagsbuchhandlung in
Leipzig hinzugekauft hatte, begründete er die ebenfalls
hochgeschätzte *Sammlung Dieterich* mit Texten der Welt-
literatur. Da er den Nazis als »politisch unzuverlässig« galt,
wurde er 1937 aus der Reichsschrifttumskammer ausgeschlossen, siedelte nach Stuttgart über und mußte die Geschäfte an einen Freund abtreten: »Spione wurden mir in
den Betrieb gesetzt, mir Schwierigkeiten über Schwierigkeiten bereitet. In einer Ausstellung ›Entartete Kunst‹
wurde das Buch ›Die Säuberung des Kunsttempels‹, J. F.
Lehmann Verlag, propagiert und ausgelegt, darin stand

ich mit Zitat und vollem Namen. Hätte man mich dort entdeckt, das mir schon so nahe KZ wäre mir beschieden gewesen«, schrieb er 1958 an Kurt Pinthus.

Die Heimkehr ins Gedächtnis der Nachwelt machte den alten Wilhelm Klemm glücklich. Ein schmales Bändchen seiner Gedichte *Geflammte Ränder*, von Dieter Hoffmann herausgegeben, schickte er mir mit einer freundlichen Widmung: »Herrn Paul Raabe dem Erforscher und Kenner des Expressionismus in Dankbarkeit / Wilhelm Klemm, 24. September 1964.« Was Marbach betrifft, so erging es ihm wie anderen seiner Generation: »Je älter ich werde, um so großartiger finde ich Schiller. Jeder Vers ist ein Gedicht. Er ist der Einmalige, und sein viel zu früher Tod ein unersetzlicher Verlust. Ecce Poeta.« Was mich an den meisten der Überlebenden dieser Generation immer von neuem faszinierte, war ihre Herzlichkeit und Offenheit, Kameradschaftlichkeit und Großzügigkeit. So habe ich auch Erna Klemm in Erinnerung behalten, von der sich ihr Mann bereits 1948 getrennt hatte. Sie verschickte nach dessen Tod eine ungewöhnliche Anzeige:

Stuttgart, im Januar 1968
Gerokstraße 69

Der unvergeßliche Vater meiner vier Söhne Alfred, Arno, Gelimer und Manfred

Dr. Wilhelm Klemm

starb nach schwerer Krankheit im 87. Lebensjahr am 23. Januar 1968 in Wiesbaden.
In erinnerungsvoller Trauer
Frau Erna Klemm, geb. Kröner

Ich habe diese tapfere Frau, die im Zweiten Weltkrieg ihre beiden jüngsten Söhne verloren hatte, hin und wieder in Stuttgart besucht, und in Marbach nahm sie lebhaften Anteil an unserem Familienleben. Sie konnte über die Trennung von ihrem Mann ohne Bitterkeit, über das ungleiche Paar sogar ein wenig belustigt erzählen. Erna Klemm-Kröner war eine unabhängig denkende, tolerante Frau. Am Expressionismus hatte die Tochter des berühmten großbürgerlichen Verlegers Alfred Kröner als weitgehend unbekannte Mäzenin ihren Anteil. Franz Pfemfert widmete ihr 1917 sein *Aktionsbuch*. In ihrer Wohnung hingen Werke moderner Kunst, eine Collage, die Kurt Schwitters ihr gewidmet hatte, steht mir noch deutlich vor Augen. Ihr Sohn Arno führte den Kröner Verlag in Stuttgart erfolgreich fort. Er wünschte sich von mir eine »Kulturgeschichte des Expressionismus«, ein Plan, der wie mancher andere leider nicht zur Ausführung kam.

Kurt Hiller

Unter allen damals noch lebenden, am Expressionismus beteiligten Autoren war Kurt Hiller derjenige, der mir bei meinen Nachforschungen die wertvollsten Auskünfte gab. Gewiß, er konnte in seinen Briefen grob werden, doch das beeinträchtigte unsere Freundschaft nicht. Wir verkehrten kameradschaftlich miteinander, manchmal in großer Herzlichkeit. Sein Gedächtnis habe ich immer bewundert: Es war phänomenal. Wenn ich ihn nach einer biographischen Einzelheit fragte, die fast ein halbes Jahrhundert zurücklag, kam umgehend eine Antwort, oft auf einer Postkarte in seiner spitzen, sympathischen Handschrift,

die sich sein Leben lang nicht verändert hat. Der Briefwechsel, den ich in meiner Marbacher Zeit mit ihm führte,
ist eine Fundgrube an Informationen über die Frühgeschichte des Expressionismus. Es würde sich lohnen, ihn
mit einem Kommentar herauszugeben. Als ich Kurt Hiller
für unseren Expressionismus-Katalog um seine biographischen Daten bat, schrieb er postwendend im Anschluß
an die Aufzählung seiner Bücher:

Hamburg, 29 / III. 1960
Richtung: Logokratischer Aktivismus (Freiheitlicher So-
zialismus). Keine Sekunde jemals Mitglied einer Partei!
Biographica: Geboren 17 / VIII 1885 zu Berlin. Askani-
sches Gymnasium, Berlin. Abitur 1903. Studierte dann
Rechtswissenschaft und Philosophie. Doctor juris 1907
zu Heidelberg. Am 10 / XI 1918 zum Vorsitzenden des
Politischen Rats Geistiger Arbeiter, Berlin, gewählt. 1920
Eintritt in die Deutsche Friedensgesellschaft, 1930 wi-
derrechtlich aus ihr ausgeschlossen. 1926 Gründer der
Gruppe Revolutionärer Pazifisten und bis März 1933 ihr
Präsident (der Leitung der Gruppe gehörten u. a. an:
Helene Stöcker, Ernst Toller, Kurt Tucholsky, zeitweise
auch Walther Karsch – heute Herausgeber des »Tages-
spiegels«, Berlin). März 1933 bis April 1934 mit geringen
Unterbrechungen im Kazett; am 14 / VII 33 im »Colum-
bia-Haus«, Berlin, nahezu totgepeitscht. September 1934
Flucht nach Prag, Dezember 1938 von dort nach London,
August 1955 Rückkehr nach Deutschland (neues Domizil:
Hamburg).
Anno Wilhelm, anno Weimar gelegentlicher Mitarbei-
ter unzähliger Zeitungen und Zeitschriften, bis »hinauf«
zum Berliner Tageblatt und zur Neuen Rundschau. 1911
von Karl Kraus geehrt durch (einmalige) Mitarbeit an der

»Fackel«. Regelmäßiger collaborateur an der »Neuen Generation« (Helene Stöcker), dem »Pan« (Wilhelm Herzog, Alfred Kerr), der »Weltbühne« (Siegfried Jacobsohn, später Tucholsky, v. Ossietzky), in den Jahren vor dem ersten Weltkrieg (ab 1910) auch am »Sturm« (Herwarth Walden) und an der »Aktion« (Franz Pfemfert). Seit Mai 1955 ständiger Mitarbeiter der »Anderen Zeitung« (Hamburg), bis Oktober 1957, wo der letzte Zweifel an der Ferngelenktheit dieses Blattes durch den Ulbrichtklüngel schwand.

Seitdem als Publizist obdachlos, mit gelegentlichem Asyl in Hütten außenseiterischer Studenten; politisch im Rahmen des Neusozialistischen Bundes arbeitend, welchen er 1956 mit Freunden gründete und den er leitet.

An das Schiller-Nationalmuseum in Marbach am Neckar zu Händen des Doktor Paul Raabe ... mit Dank und sehr herzlichem Gruß

Kurt Hiller

Die Zeit, die uns in Marbach interessierte, ignorierte er: Kein Wort über den Neuen Club, den er 1909 in Berlin gegründet hatte, kein Wort über die Anfänge des Expressionismus. In unserer Ausstellung lagen in der ersten Vitrine seine frühen Bücher *Die Weisheit der Langenweile*, seine Anthologie *Der Kondor* und eine frühe Fotografie, die uns Ludwig Meidner geliehen hatte. Hiller war für uns der geistige Vater der jungen Autoren, ein kluger, zielstrebiger »Literaturpolitiker«. So begrüßte er unsere Initiative, wenngleich er ein sehr kritisches Verhältnis zum Begriff des Expressionismus hatte.

Kurt Hiller hatte den Wunsch geäußert, nach Marbach zu kommen, die Ausstellung zu besuchen und im kleinen Kreis einen Vortrag zu halten. An einem Augusttag 1960 holte ich ihn in einem Stuttgarter Hotel ab: Da stand er in der Halle, ein kleiner, etwas fülliger Herr mit dem glatten, runden Gesicht, dem kahlen Kopf, den wachen Augen. Er sprach so lebhaft, wie er Briefe schrieb, mit einer hohen Stimme. Das Schiller-Nationalmuseum beeindruckte ihn, auch er war ein glühender Verehrer Schillers, die Expressionismus-Ausstellung nahm er mit gemischten Gefühlen auf, mit vielen Autoren hatte er sich überworfen, insbesondere haßte er, der sich einen Logokraten nannte und der ein Intellektueller im besten Sinne war, den Dadaismus. Er war ein politischer Kopf, der immer quer zur Zeit stand. Dennoch zitierte er in seinem Vortrag, in dem er von seinen Begegnungen mit »Expressionisten« erzählte, zwei Gedichte von Ferdinand Hardekopf und Walter Hasenclever. Ich habe seinen Vortrag später in eines meiner Bücher aufnehmen können. Doch das Etikett »Expressionismus« hielt er für einen provokanten Caféhaus- oder Atelierwitz. Später habe ich Hiller allerdings nachweisen können, daß er selbst der erste war, der den Begriff 1911 in einem Aufsatz *Die Jüngst-Berliner* verwendet hatte:

»Leute, die sich des Worts bedienen, um Kunst daraus zu machen, haben etwas zu sagen. Der Essayist und Glossator, der Dramatiker und Erzähler sicherlich; aber durchaus auch der Lyriker. Wenigstens erscheinen uns jene Aestheten, die nur zu reagieren verstehen, die nur Wachsplatten für Eindrücke sind und exakt-nuancensam arbeitende Deskribiermaschinen, (gerad' so wie die ›reinen Theoretiker‹ in der Philosophie) als ehrlich inferior. Wir sind Expressionisten. Es kommt uns wieder auf den Gehalt, das Wollen, das Ethos an. (Daß ›Ethos‹ nichts mit Sozialpolitik zu tun hat oder gar mit Patriotismus und Enthaltsamkeitslehre – brauche ich nicht erst zu betonen, wenn nicht immer noch gelegentlich ein Grautier uns dahin mißverstünde.)

So ist in der Dichtung unser bewußtes Ziel: die Formung der Erlebnisse des intellektuellen Städters. Wir behaupten (beispielsweise), daß der Potsdamerplatz uns schlechthin mit gleich starker Innigkeit zu erfüllen vermag, wie das Dörfli im Tal den Herrn Hesse. Oder daß die Lektüre eines Buches für unser Dasein (die Gemütsseite; durchaus für die Gemütsseite des Daseins!) eine höhere Bedeutung haben kann als Meer und Liebe und Armut.«

»Wir sind Expressionisten.« Fast 50 Jahre später schrieb mir Hiller im gleichen Stil vor seinem Marbacher Vortrag: »Über den Expressionismus, so wie ich ihn erlebt habe, zu berichten, hätte ich schon Lust – aber unförmlich-improvisativ in allerkleinstem Kreise. Dies schon darum, weil ich selber nie auch nur den Bruchteil einer Sekunde lang Expressionist war und von allem Anfang an zweifelsam bis spöttisch zu denen stand, die sich (en littérature) so nannten. Ich bin immer der Meinung gewesen, daß es im Schrifttum auf den Inhalt ankommt und die Form nur Mittel ist; daß in formaler Hinsicht die Großen im Grunde samt und sonders ›Expressionisten‹ waren, gerade zB die Impressionisten eingerechnet (sagen wir Altenberg, sagen wir Kerr); und daß sich in den (ja ursprünglich von jokosen Malerrebellen gestarteten) terminologischen Witz, von einer Richtung ›Expressionismus‹ zu reden, allzu viele Stümperchen und Hysterikokitschlinge retteten, um vor dem Grollen der kritischen Stimme im eignen Innern halberwege bestehen zu können. Weder Heym noch van Hoddis noch Werfel noch Blaß noch Lotz (noch Benn) nannten sich, als sie aufzutreten begannen, und meines Wissens auch später nicht, Expressionisten; Kerr nannte ihre Art zusammenfassend (und sogar den harmarmen Klabund einbeziehend) ›fortgeschrittene Lyrik‹ und meinte damit, gleich mir in der KONDOR-Vorrede, weit weniger eine Ausdrucksweise als eine Gefühls-, Denk-, Erlebnis-, Charakter-art: den prinzipiell oppositiven Intellektualismus, das von völkischer Doofheit so genannte Asphaltlertum. Dessen Fahne schwangen wir allerdings; doch das war nicht die eines künstlerischen Stils, einer Ausdrucksart. Das *Auszu-drückende* entschied. (Ein steppendürrer, dürftiger Stotter-bock wie Loerke hatte überhaupt nichts auszudrücken, drückte es aber schwierig-mystisch aus... und gilt deshalb als Expressionist. Oder gilt er als das, weil er im Oktober 1933 die Huldigungsadresse an Hitler mit unterschrieben hat?) Da man in der Malerei einen gewissen aufgeregt-dynamischen, das Wirkliche pathetisch-genial verzerren-den, exagerativen, ›wilden‹ Stil expressionistisch nannte, war die Übertragung dieser Terminologie aufs entspre-chende Litterarische möglich: gewiß! Aber dieses Stils be-dienten sich Autoren völlig konträrer gesellschaftlicher Gesinnung: Stillständler und Rückschrittler gerad' so wie Progressisten und Revolutionäre; die Waldgänger wie die Asphaltgänger.«

So waren seine geistreichen, durch Metaphern und Wortbildungen geprägten Briefe, und so waren auch die wenigen persönlichen Begegnungen. Kurt Hiller wohnte in einem der Hochhäuser an der Grindelallee in Ham-burg. Er war ein reizender Gastgeber und unermüdlicher Plauderer, der sich an alle Einzelheiten früher Begegnun-gen erinnerte. Er erzählte, wie Franz Blei ihm einmal am Ausgang des Cafés des Westens eine Ohrfeige verpaßt hatte, und erregte sich darüber so, als sei es gestern ge-schehen. Auch ihm war die Vergangenheit Gegenwart.

Am 17. August 1965 feierte Hamburg seinen 80. Ge-burtstag mit Ausstellung, Reden und Empfang. In der *Stuttgarter Zeitung* veröffentlichte ich damals einen *Brief an einen Achtzigjährigen,* aus dem ich zitieren will, denn es ist

der gleiche Ton wie in unseren persönlichen Briefen mit
den immer gleichbleibenden Anreden »Lieber Doktor Hiller« und »Lieber Doktor Raabe«:

»Sie haben größere Verdienste, als ihre Kritiker meinen.
Für den sogenannten Expressionismus sind Sie selbst, ob
Sie wollen oder nicht, ein ungeheurer Motor gewesen, seit
1909 vereinten Sie die jungen Literaten Berlins in Ihrem
›Neuen Club‹ und später im ›Gnu‹. ›Kurt Hiller zeichnet
sich durch einen Doktorhut und eine Glatze aus‹, schrieb
damals Else Lasker-Schüler. Sie waren der Prophet des
jungen Max Brod, der Propagator von Georg Heym, Ernst
Blass und Franz Werfel und der treue Verehrer von Alfred
Kerr, von dem Sie gelernt haben und dem Sie bis in die
Diktion hinein treu geblieben sind.

Als Sie im Ersten Weltkrieg sahen, daß die Literaten die
Welt nicht mit Worten ändern könnten, stellten Sie Ihre
Feder in den Dienst der Politik, wie man das so nennt. Sie
haben für eine gerechte Welt und eine gerechte Demokra-
tie seit den zwanziger Jahren in Ihren immer noch lesenswerten Artikeln gekämpft und haben sich in vielen Reden
mit Ihren Gegnern auseinandergesetzt. Doch der ›Aufbruch ins Paradies‹ – unter diesem Titel erschien ja eines
Ihrer Bücher –, blieb aus, und für Ihre unerschrockenen
und oft unbequemen Äußerungen setzten Sie Ihr Leben
aufs Spiel. Einem Zufall ist es zu danken, daß Sie aus den
Konzentrationslagern entkamen. Sie sind ein Deutscher
geblieben, obwohl Sie jüdischer Herkunft sind. 1955 kehrten Sie aus der Emigration aus London nach Hamburg zurück, weil Sie ohne Deutschland, das Sie bejahen, nicht
leben können. Ihre Bücher aber sind kaum noch auffind-
bar, Ihre Gedichte erschienen einst in China, und Ihre
Worte haben heute nicht das Echo, das Sie erwarten. Aber
Sie sind jung geblieben – denn für einen Aktivisten, wie

Sie es sind, gibt es kein Alter, sondern nur die Probleme des Lebens...«

In meinem »expressionistischen Jahrzehnt« spielte die Korrespondenz mit Kurt Hiller eine besondere Rolle, und mit großer Dankbarkeit denke ich an ihn zurück, der damals, als ich ihm 1960 in Stuttgart zum erstenmal begegnete, so alt war, wie ich heute bin. Er begann 1968, seine Memoiren zu schreiben: *Leben gegen die Zeit.* Das Erscheinen des zweiten Bandes 1973 hat er nicht mehr erlebt, er war ein Jahr zuvor gestorben. Unsere Korrespondenz war mit meinem Fortgang von Marbach im Herbst 1968 zu Ende gegangen. »Alle guten Wünsche, lieber Lessing, für Wolfenbüttel«, schrieb er auf der letzten Postkarte, die mich in Marbach erreichte.

Zwei Niederländer

Menschheit vor Feuerschlünden aufgestellt... Georg Trakls berühmtes Gedicht war einer der letzten Einblattdrucke, die der mutige niederländische Drucker Hendrik Werkman im Widerstand in Groningen 1944 gedruckt hatte. In den letzten Kriegswochen, in denen noch Hunderttausende umkamen, wurde er von den Deutschen hingerichtet. Die Reproduktion des Trakl-Gedichts nahmen wir in unseren Expressionismus-Katalog auf, denn Ludwig Greve hatte an dem Erinnerungsband *Hommage à Werkman* mitgearbeitet, den HAP Grieshaber und seine Freunde auf der Achalm 1958 hergestellt hatten. Auch die *Frühen Gedichte* von H. L. Greve, wie er sich damals noch nannte, sind hier abgedruckt.

An das Schicksal Werkmans mußte ich denken, als uns

im Juni 1960 ein ebenfalls von den Schrecken der Verfolgung gezeichneter niederländischer Schriftsteller, Nico Rost, mit seiner deutschen Frau Edith, geborene Lissauer, in Marbach besuchte. Der kräftig gebaute Mann versenkte sich in die Betrachtung der Expressionismus-Ausstellung. Es stellte sich heraus, daß er viele von den Autoren in den 1920er Jahren gut gekannt hatte: Carl Einstein und Gottfried Benn, Alfred Döblin und Franz Jung, Paul Adler und Hermann Ungar. Er hatte Germanistik studiert und war Korrespondent niederländischer Zeitungen in Deutschland gewesen, berichtete über die Sowjetunion und den Spanischen Bürgerkrieg. Als sozialistischer Schriftsteller war er Mitglied der Kommunistischen Partei gewesen und im belgischen Widerstand 1943 verhaftet worden. Er überlebte im KZ Dachau. Beim Abschied schenkte er mir sein Buch *Goethe in Dachau*, ein ergreifendes Tagebuch, das er aus seinen geretteten Notizen zusammengestellt hatte und das 1948 mit einem Vorwort von Anna Seghers erschien. Bis 1951 hatte er in der DDR, vor allem in Wiepersdorf gelebt, wo er sich mit dem Werk von Bettina von Arnim, der einstigen Schloßherrin, beschäftigte. Von den Genossen seiner früheren Partei denunziert, wurde er verhaftet und abgeschoben. In der Neuausgabe des KZ-Buches hat Wilfried F. Schoeller *Leben und Taten des Enthusiasten Nico Rost* dargestellt.

Der Schriftsteller lebte in den Niederlanden in ärmlichen Verhältnissen. Mit Vorträgen und Rundfunkbeiträgen in der Bundesrepublik hielt er sich über Wasser. Sofern es seine Zeit zuließ, beschäftigte er sich mit seinen Erinnerungen an die 1920er Jahre in Berlin, wo er im Romanischen Café den Schriftstellern der Zeit begegnet war. Er wollte seinem Buch den Titel »An Marmortischen« geben. »Es geht aber nicht so gut vorwärts wie ich wollte; es fehlt ein Antrieb. Hier in Holland hat man kaum Interesse für die zwanziger Jahre. Unsere Schriftsteller sind viel zu viel mit sich selbst beschäftigt. Es fehlt also ein Echo. Zwar habe ich in Deutschland oftmals Vorträge über den Stoff gehalten und auch einige Male dankbare Hörer gefunden, aber es ist bei meiner Arbeit jetzt wie bei Rilke: ›der Mut ist so klein geworden und die Sehnsucht so groß‹. Trotzdem gehe ich weiter, aber – wie schon gesagt – mir fehlt manchmal der Antrieb.«

Nico Rost setzte darauf, daß ich ihn unterstützen, Verlage und Rundfunkanstalten vermitteln könnte. Er schickte mir seine umfangreichen Manuskripte über Gottfried Benn und Carl Einstein. Seinen aufschlußreichen Text *Meine Begegnungen mit Gottfried Benn* konnte ich in dem Band *Den Traum alleine tragen* veröffentlichen, den Max Niedermayer und ich 1966 herausgaben. Aber ich war damals nicht in der Lage, ihm zu helfen. Mir fehlte auch angesichts der vielen dienstlichen und privaten Verpflichtungen die Möglichkeit, mich für Nico Rost so einzusetzen, wie er und auch andere es von dem Marbacher Bibliothekar erwarteten. So zog sich unser Briefwechsel schleppend hin. Am 21. Juni 1966 beging er seinen 70. Geburtstag in Amsterdam. Freunde hatten einen Aufruf drucken lassen, Cees Nooteboom, Prof. Uyttersprott, Simon Wiesenthal, auch ich, gehörten zu den Unterzeichnern. Darin heißt es:

»Fesselnder Causeur, unerschöpflicher Quell interessanter Anekdoten über die vielen großen Schriftsteller, die er gut kannte; stark sozial-interessierter Kämpfer in Wort und Schrift für Menschenwürde und Menschenrechte hat Nico Rost, vor allem auch während seiner Gefangenschaft in deutschen Konzentrationslagern bewiesen, wer er war und wer er ist. Für ihn bedeutet jede literarische Tätigkeit:

Stellung nehmen, sich für etwas einsetzen. Sein Buch ›Goethe in Dachau‹, das in vielen europäischen Ländern übersetzt wurde, zeigt ihn uns auf das allerbeste.« Am Ende wurde zu einer Spende aufgerufen: »Es klingt vielleicht sonderbar, aber wir wissen, daß sein innigster Wunsch eine größere Wohnung ist, eine Wohnung, in der er seine sehr besondere Bibliothek von ungefähr 6/7000 Bänden unterbringen kann und seine nun zum Teil in Kisten in allen Ecken aufgestapelten und im Keller untergebrachten Bücher nun endlich, endlich geordnet, aufgestellt und katalogisiert werden können. Die pekuniären Möglichkeiten und Voraussetzungen zur Erfüllung dieses Herzenswunsches hoffen wir – das unterzeichnete Komitee – durch dieses Schreiben mit Ihrer frdl. Hilfe zu erreichen.«

Die Wünsche gingen nicht mehr in Erfüllung. Am 1. Februar 1967 starb dieser tapfere Mann, dem so viel Schreckliches angetan wurde und der doch ein rührender Verehrer deutscher Kultur geblieben war. Wie oft sind wir dieser Gesinnung der »Geschlagenen« begegnet. Für sie war Marbach ein Stück Versöhnung geworden.

Dies läßt sich auch von einem anderen Autor sagen, der in Amsterdam während der Besatzung durch die Deutschen in Verstecken überlebt hatte und niederländischer Staatsbürger geworden war: Ludwig Kunz. Er wurde am 15. Februar 1900 als Sohn eines reichen jüdischen Textilfabrikanten in Görlitz geboren und war mit seinen schlesischen Landsleuten, besonders mit Ludwig Meidner und Max Herrmann-Neisse, in den 1920er Jahren befreundet gewesen. Dieser Verehrer auch von Oskar Loerke und Wilhelm Lehmann besuchte uns im Herbst 1964 in Marbach, ein kleiner, höflicher Mann, der immer die in kleiner Auflage zwischen 1923 und 1931 in 22 Nummern erschienene, von ihm redigierte Zeitschrift *Die Lebenden* mit sich herumtrug. Sein größter Lebenswunsch war eine Neuausgabe dieser Blätter mit Texten von Alfred Wolfenstein und Jakob Haringer, Max Herrmann-Neisse und Oskar Loerke, Robert Musil und Ernst Blass, von jungen Autoren wie Gerhart Pohl und Herbert Fritsche, Manfred Sturmann und Fred von Zollikofer und vielen anderen. Ludwig Kunz war stolz darauf, daß er diese Dichter zu Originalbeiträgen in den 1920er Jahren hatte gewinnen können. Die solide gedruckten Nummern waren mit expressionistischer Graphik ausgestattet, betreut von seinem Freund Willi Wolfradt. Ich war von diesen Flugblättern sehr angetan, da in den Texten die Situation der einstigen expressionistischen Dichter in den 1920er Jahren zum Ausdruck kam.

Da ich Franz Pfemferts *Aktion* als fotomechanischen Nachdruck veröffentlicht hatte, schlug ich Ludwig Kunz für seine Blätter, die im selben Format erschienen waren, ein gleiches Verfahren vor. Er schrieb mir daraufhin am 13. Dezember 1964:

Sehr geehrter Herr Dr. Raabe,

verzeihen Sie bitte, wenn ich erst heute dazu komme, Ihnen für die so überaus freundliche Aufnahme zu danken, die ich bei Ihnen in Marbach gefunden habe. Ihr inzwischen empfangener Brief hat mich sehr erfreut und die Stunden in Marbach, die durch Ihre allezeit hilfreiche und kenntnisreiche Fürsorge für mich so erlebnisvoll und angenehm geworden waren, noch einmal lebhaft ins Gedächtnis gerufen.

Für den erfreulichen Plan einer fotomechanischen Ausgabe der »Lebenden« bevollmächtige ich Sie recht gern, alle Schritte zu ergreifen, die zur Verwirklichung dieser Absicht führen könnten. Ich wäre erfreut, wenn Sie auch bereit sein würden, die Redaktion auszuüben. Leider stehen die Korrespondenzen mit den Mitarbeitern, darunter viele Briefe von Oskar Loerke, nicht mehr zur Verfügung. Doch in verschiedenen, in der Nachkriegszeit erschienenen Büchern gibt es Hinweise und Notizen, aus denen eindeutig hervorgeht, daß diese (in spezieller Weise im Flugblattstil verfaßten) Aufsätze der Dichter, Kritiker und Maler stets Originalbeiträge waren. Bei einzelnen Gedichten oder Prosatexten, die aus Büchern abgedruckt wurden, ist die Quelle angegeben. Doch die meisten Gedichte waren Erstdrucke. Ich füge eine Liste mit Hinweisen bei.

Mit allen guten Wünschen für ein angenehmes Jahr 65 und recht freundlichen Grüßen

Ihr Ludwig Kunz.

Vergeblich versuchte ich, deutsche Verleger für den Nachdruck zu gewinnen. Doch Ludwig Kunz fand in den Niederlanden die erhoffte Hilfe. Hein Kohn, der in Hilversum ein internationales Literaturbüro leitete, verhandelte erfolgreich mit dem Limmat Verlag, Zürich, und Rütten & Loening, Berlin. So erschien *Die Lebenden* Ende 1966 in drei Verlagen: in den Niederlanden, der Schweiz und der DDR. Ludwig Kunz skizzierte seine Zeitschrift in seinem Nachwort als »Nachhut des Expressionismus«. Ich selbst schloß meinen Text mit dem Hinweis auf das Ende dieser noch heute lesenswerten Blätter und einem Dank an ihren Herausgeber:

»Mit Melancholie liest man die letzte Nummer, datiert 1931, in der fünf Autoren von ihren ungedruckten Dichtungen berichten: Max Herrmann-Neisse, Hermann Kasack, Wilhelm Lehmann, Julius Levin und Erich Mühsam. Ohne Bitterkeit sagen sie alle das gleiche: Man interessiert sich nicht für ihre Werke. Ludwig Kunz zieht die Bilanz. ›Liegt es nur an den Verlegern? Es liegt vor allem am Publikum, an der gesamten Öffentlichkeit. Die Zukunftsaussichten sind geringer denn je. Heute schon wird ein offenes Wort von Thomas Mann mit Autohupen und Radauszenen beantwortet. Schreitet die Geistfeindlichkeit so fort, dann wird morgen der heftige Kampf um die neue Zensur beginnen: zur Vernichtung und Unterdrückung der verantwortungsbewußten Dichtung unserer Zeit.‹

Was folgte, ist bekannt und das Verhängnis der Deutschen geworden. Das Tröstliche ist allein, daß heute eine junge Generation die vergeblichen Versuche, das Unheil mit den Waffen des Geistes aufzuhalten, wieder kennenlernen kann. Der für die deutsche Dichtung so tätige Ludwig Kunz, als Jude aus seiner Heimat vertrieben, hat die Verfolgung in Holland überlebt. Er wirkt heute weiter in gleicher Absicht, wie er es in seiner Jugend tat. Seine Flugblätter *Die Lebenden*, nunmehr erneut auf die Reise geschickt, sind nicht nur ein humanes Dokument der zwiespältigen zwanziger Jahre und ein Hymnus auf die damals verkannten deutschen Dichter. Sie sprechen – eigentlich in erster Linie – für den Herausgeber, ohne dessen Hingabe wir diesen Einblick in die Geschichte unserer Literatur nicht nacherleben könnten. Wir wissen ihm Dank, so wie dem in Holland lebenden Anreger der Neuausgabe, Hein Kohn, und den beteiligten Verlagen, die diese Neuausgabe veranstalten.«

Zehn Jahre später starb Ludwig Kunz in Amsterdam. Sein Nachlaß wird heute in der Oberlausitzischen Bibliothek der Wissenschaften in seiner Vaterstadt Görlitz aufbewahrt. Daß dort seiner gedacht wird, tröstet alle, die diesen bescheidenen, fast vergessenen Liebhaber und Förderer deutscher Dichtung gekannt haben.

Franz Jung

Nur einen Zipfel dieses abenteuerlichen Lebens habe ich in seiner letzten Lebenszeit ergreifen können. Für uns Marbacher war Franz Jung ein Dichter des *Aktions*-Kreises. Seine Prosabücher *Das Trottelbuch; Sophie; Saul; Der Sprung aus der Welt* hatten wir erworben. Sein expressionistischer Stil faszinierte uns. Aber dieser Franz Jung war auch von Geheimnissen umgeben: die Entführung eines Schiffes 1920 nach Sowjetrußland, die Teilnahme an den Mitteldeutschen Aufständen, der Einsatz für die Kommunistische Partei, die angebliche Agententätigkeit im Umkreis von Oberst Canaris gingen auf sein Lebenskonto. Im Gefängnis hat er manche seiner Bücher geschrieben, so seine späteren Arbeiterromane. Für Erwin Piscator verfaßte er Theaterstücke. Er war ein ruheloser Handelsjournalist und Schriftsteller, ein linksradikaler Agitator, der durch Europa geirrt, den Verfolgungen immer wieder entkommen und schließlich amerikanischer Staatsbürger geworden war. Ich hatte ihn 1960/61 in San Francisco vermutet, denn ich brauchte die Einwilligung zum Nachdruck seiner Beiträge in den ersten Bänden der *Aktion.* Dann erfuhr ich, daß er sich im Luchterhand Verlag in Neuwied, also in Deutschland, aufhalte. Von dort erhielt ich einen kurzen maschinenschriftlichen Brief vom 16. Januar 1961:

»Ich werde voraussichtlich nächste Woche in Stuttgart sein und könnte Sie von dort anrufen, um eventuell eine persönliche Begegnung zu vereinbaren. Leider kann ich Ihnen weder einen genauen Termin noch eine augenblickliche Adresse angeben. Es ist noch ganz unbestimmt, wo und wie lange ich mich in den nächsten Tagen aufhalten werde. Sollte es sich bei Ihnen nur um eine Anfrage handeln, die ich auch schriftlich erledigen kann, so würde ich empfehlen, mir nach München, in das Büro des American Express zu schreiben. Im Laufe des Monats werde ich sicherlich dorthin kommen.«

Ich traf Franz Jung tatsächlich kurz darauf auf seiner Durchreise im Turmhotel in Stuttgart. Er gab mir die gewünschte Druckerlaubnis. Doch der Expressionismus interessierte ihn nicht, ich hatte den Eindruck, daß ihm die Fragen eher lästig waren. Ich spürte, daß ihn nur das Werk seines Freundes, des mir damals völlig unbekannten Ernst Fuhrmann beschäftigte, von dem eine zweite zehnbändige Ausgabe als Privatdruck in Hamburg in Vorbereitung war. So kam auch schon bald vier Wochen später ein Brief aus Wien, wo Jung bei dem mir nicht unbekannten Oskar Maurus Fontana wohnte, dessen hintergründigen und unheimlichen Roman *Die Türme des Beg Begouja* Alfred Kubin illustriert hatte. Jung schrieb mir damals:

Sehr geehrter Herr Dr. Raabe,
   ich glaube, ich habe Ihnen damals gesagt, ich würde etwa in 2 Monaten wieder bei meiner alten Adresse in San Francisco zu erreichen sein.
   Ich habe meine Pläne inzwischen geändert. Ich bleibe wahrscheinlich bis zum Herbst in Europa und werde erst dann zurückgehen, wahrscheinlich aber auch nicht mehr nach San Francisco, sondern nach New York oder die nähere Umgebung.
   Meine Verbindungsadresse hier in Europa wird sein, falls Sie noch Fragen an mich haben: O. M. Fontana, Gußgaussstr. 6, Wien 4, der mit mir in ständigem Kontakt sein wird. Vorläufig gehe ich für 6 Wochen nach Italien, habe aber noch keine bestimmte Adresse.

Konnten Sie in der Angelegenheit Fuhrmann etwas tun?
Besteht noch im Museum das Interesse, den Nachlaß ein-
zulagern? Es scheint bei der Darmstädter Akademie jetzt
der Plan weiter diesmal gediehen zu sein, einen Sammelband Fuhrmann herauszubringen. Ich stehe mit Kasack
jedenfalls darüber in Verbindung.
Mit besten Grüßen
Franz Jung.

So war er: immer unterwegs, keine bestimmte Adresse,
keine bestimmte Zeit. Und so saß er dann eines Tages –
es wird im Spätherbst 1962 gewesen sein – in dem Sessel
meines kleinen Zimmers unter dem Dach des Schillermuseums mir gegenüber. Der alte, zusammengesunkene
Mann mit dem gelben Pullover unter der zerschlissenen
Jacke, den ausdruckslosen Augen in dem vernarbten Gesicht und den dünnen Lippen sprach sehr angestrengt,
eine Kehlkopferkrankung machte ihm schon länger sehr
zu schaffen. Seine Autobiographie, die der Verlag mir in
seinem Auftrage geschickt hatte, war im Herbst 1961 im
Luchterhand Verlag wohl durch Vermittlung Karl Ottens
erschienen: *Der Weg nach unten*, eine pessimistische Le-
bensrückschau, die er sich unwillig – so schien es – abge-
rungen hatte und die manches im Dunkel ließ, was seine
Leser gern gewußt hätten.

Doch davon war in dem mich beklemmenden Gespräch
nicht die Rede. Ihm ging es allein um Ernst Fuhrmann,
den »Biosophen«, den Dichter und Naturforscher, über
den Franz Jung im Rundfunk gesprochen hatte. Es war
ihm nach Gesprächen mit dem Akademiepräsidenten Hermann Kasack gelungen, eine Auswahl seiner »biologisch-
philosophischen Schriften« *Grundformen des Lebens* 1962
herauszugeben. Es war die letzte Aktion, die letzte Tat

Franz Jungs. Er hatte mir in dem kurzen Gespräch noch einmal dieses ihn bewegende Erbe Ernst Fuhrmanns ans Herz gelegt. Es war der Gedanke an den Tod, den sein Freund immer wieder dargestellt hatte, und es war wohl die Ahnung seines eigenen Lebensendes.

Franz Jung starb nach kurzer heftiger Krankheit ein paar Monate nach unserer Begegnung in einem Krankenhaus in Stuttgart. Am 25. Januar 1963 wurde er auf dem Friedhof in Stuttgart-Degerloch beigesetzt, ganz in der Nähe der Wohnung von Artur Müller und seiner Familie, dem letzten Freund, der ihn aufgenommen hatte. Seine letzte Lektüre waren die Werke seines schlesischen Landsmanns Joseph von Eichendorff gewesen.

Die Beerdigung an dem kalten Wintertag bei großer Kälte war makaber. Wir waren eine kleine Trauergemeinde: das Ehepaar Müller, zwei Herren aus dem Luchterhand Verlag, zwei junge Verehrer aus München, eine alte Dame und ich. Meinen Kranz hatte ich in der kleinen Friedhofskapelle am Sarge Franz Jungs niedergelegt. Ein Pfarrer hielt eine kurze Andacht, und dann folgten wir dem Sarg. Als er in die Grube gesenkt wurde, betete und sprach der katholische Priester, die Meßknaben schwenkten die Weihrauchgefäße. Allen Anwesenden war diese Zeremonie geradezu befremdlich, denn wir hatten uns Franz Jung, den einstigen Kommunisten, als einen Atheisten vorgestellt. Doch das eigentlich Unheimliche der Szene war, daß in einem gemessenen Abstand ein alter Mann, leise vor sich hin fluchend und brabbelnd, durch den klirrenden Schnee hin und her stapfte und die Beisetzung durch sein auffälliges Benehmen nachhaltig störte und uns ablenkte. Alles kam in den wenigen Augenblicken zusammen: die Erinnerung an den Revolutionär Franz Jung, an seinen unerwarteten Tod, das Befremdliche der katholischen Grablegung und jener Ruhestörer, der dem Toten sein Flüche nachsandte.

Mit der alten Dame – es war Susanne Leonhard – fuhr ich mit einem Taxi in die Stadt zurück. Im letzten Augenblick hatte sich der Freundfeind neben den Fahrer gesetzt, und es stellte sich heraus, daß er den Wunsch hatte, mit dem einstigen Freund, mit dem er um 1930 zusammengearbeitet hatte, abzurechnen. Ehe er uns seinen Namen verriet, ließ er den Taxifahrer halten und verschwand in dem Wintermorgen. Ich sollte ihm ein Dreivierteljahr später noch einmal begegnen.

Was Franz Jungs Erbe betrifft, so wurde es in den 1970er Jahren von den jungen Linken wiederentdeckt. Es erschienen Bücher über ihn, Huldigungen und zwei Gesamtausgaben, die letzte in zwölf Bänden in der Edition Nautilus, dem Verlag von Lutz Schulenburg, zwischen 1981 und 1997. Er war nun ein Mythos geworden.

Witwen, Frauen, Freundinnen

Auf der Suche nach den Spuren der untergegangenen literarischen Bewegung des Expressionismus bin ich unter den Überlebenden auch den Frauen begegnet: Witwen, ehemaligen Ehefrauen, einstigen Freundinnen. Von Thea Sternheim und Erna Klemm, Alexandra Pfemfert und Nell Walden war schon die Rede: Sie waren Mitstreiterinnen einer im wesentlichen von Männern getragenen Literaturrevolution. Die Emanzipation der Frau war am Ende des Kaiserreichs noch längst nicht erreicht. Wohl aber wurden Frauen wie zu allen Zeiten und in allen Literaturen von den Dichtern besungen, so beispielsweise im Berliner

Frühexpressionismus *Gladys*, in ihrer Unnahbarkeit die unglückliche Liebe von Ernst Blass, dem noch heute allzu unbekannten Autor des frühen Expressionismus. Er eröffnete 1912 seinen ersten Gedichtband *Die Straßen komme ich entlang geweht* mit dem Gedicht

An Gladys

O du, mein holder Abendstern...
Richard Wagner

So seltsam bin ich, der die Nacht durchgeht,
Den schwarzen Hut auf meinem Dichterhaupt.
Die Straßen komme ich entlang geweht.
Mit weichem Glücke bin ich ganz belaubt.

Es ist halb eins, das ist ja noch nicht spät...
Laternen schlummern süß und schneebestaubt.
Ach, wenn jetzt nur kein Weib an mich gerät
Mit Worten, schnöde, roh und unerlaubt!

Die Straßen komme ich entlang geweht,
Die Lichter scheinen sanft aus mir zu saugen,
Was mich vorhin noch von den Menschen trennte;

So seltsam bin ich, der die Nacht durchgeht...
Freundin, wenn ich jetzt dir begegnen könnte,
Ich bin so sanft, mit meinen blauen Augen!

Kurt Hiller, der bekanntlich homosexuell war, hat mir Gladys in einem seiner langen Briefe auf eine nicht unbedingt sympathische, aber sicherlich korrekte Weise geschildert:
»›Gladys‹ lautete der wohl 1909 oder 10 (oder schon

früher?) von mir erfundene Phantaname der Frau Martha Horwitz, geborene Felchow. Sie war im Sinne anglo-amerikanischer Edelgirlansichtspostkarten wunderwunderwunderschön. Leider litt sie an Unterleibstuberkulose. Fast sicher ist, daß Blass sich seine entsetzliche Augentuberkulose durch Ansteckung von ihr geholt hat ... sie hat ihn gewiß oftmals auf die Augen, seine berühmt schönen Augen, geküßt. Gladys war, wie jeder wußte, Lesbierin. Aus weißderteufel welchem Grunde aber verheiratet mit (dem vielleicht in Ostberlin noch lebenden) Leo Horwitz, einem verunglückten Litteraten, er hatte kurze Zeit, irgendwann zwischen 1905 und 10, zusammen mit einem gewissen Halbert oder Halpert, eine Zeitschrift ›Kritik der Kritik‹ herausgegeben, welche keineswegs ›ohne‹ war. Die Zeitschrift krachte, und von da an wars mit Horwitz litteraris ex. Er bohemisierte nun aber nicht etwa, sondern muß irgendeine bürgerliche Stellung gehabt haben, von der er, mit Gladys, bescheiden leben konnte. Gladys starb vor Jahren (noch unter Hitler oder kurz danach; geboren dürfte sie um 1880 herum gewesen sein); über Leo Horwitz hörte ich in London, er arbeite für Ulbricht. Aber verbürgen kann ich mich dafür nicht. Lebt er, dann müßte er heute rund achtzig sein, denn er war eine Kleinigkeit älter als ich.«

Die einzige von den Männern – auch von Kurt Hiller – verehrte Frau im Berliner Expressionismus war Else Lasker-Schüler, der »schwarze Schwan Israels«, »Tino von Bagdad«, der »Prinz von Theben«. In einer Literaturgeschichte des Expressionismus, die es bis heute nicht gibt, würde diese begnadete Dichterin ein farbiges Kapitel füllen. Else Lasker-Schüler war, wie alle jüdischen Autoren, 1933 aus Deutschland verjagt worden. Sie starb als Emigrantin in Jerusalem, der Stadt ihrer Väter. Ihr letztes Gedichtbuch *Mein blaues Klavier* widmete sie in ihrer unerschütterlichen Liebe »Meinen unvergessenen Freunden und Freundinnen in den Städten Deutschlands und denen, die wie ich, vertrieben und nun zerstreut in der Welt. In Treue!«.

Als ich im Sommer 1965 in dem noch geteilten Jerusalem den Spuren des Expressionismus nachging, war die Erinnerung an die 20 Jahre zuvor verstorbene Dichterin unter den aus Deutschland stammenden Juden sehr lebendig. Hugo Bergmann, Werner Kraft, Georg Strauss und vor allem Manfred Sturmann erzählten von ihren traurigen letzten Lebensjahren. Der sympathische Münchner verwaltete damals Else Lasker-Schülers schmalen Nachlaß. Er zeigte mir in seinem Büro an der King David Avenue ihre armseligen Hinterlassenschaften. In einer der kleinen Pralinenschachteln, die sie liebevoll mit bunten Lackbildern beklebt hatte, wie man sie auch noch in meiner Kindheit sammelte, lagen, wie verloren, Zeichnungen ihres unvergessenen Sohnes Paul, ein paar Zeitungsartikel über ihn, billige Reproduktionen, Fotos ihrer geliebten Eltern und ein paar Briefe, Telegramme und Zettel von Gottfried Benn aus dem Jahre 1931. Auch Benns schmales Textbuch zu Paul Hindemiths Oratorium *Das Unaufhörliche* lag zwischen den Papieren. Ich habe diese Zeichen einer langen Freundschaft damals in dem schon erwähnten Dokumentenband *Den Traum alleine tragen* im Limes Verlag erstmals veröffentlicht. Den vorletzten Brief will ich hier abdrucken im Bewußtsein der verhängnisvollen Irrungen dieser Jahre, die Gottfried Benn so sehr schadeten:

Dr. med. Gottfried Benn   17. XII. 31.
Lieber Prinz,

ich denke in diesen Tagen viel an Sie. Glauben Sie bitte
nicht, weil ich im Allgemeinen stumm geworden bin, daß
ich nicht immer Ihrer gedächte, seien Sie bitte vom Gegenteil überzeugt. Aber selbst reden ist heute schwer.

Aber wenn Sie je in kommenden Zeiten meiner bedür-
fen, so wissen Sie, daß ich Tag u. Nacht zu Ihrer Verfügung
stehe, auch meine Wohnung für Sie offen ist u. mein Essen
u. Trinken Ihnen mit gehört. Aber es wird bestimmt nicht
so schlimm kommen, wie manche denken, seien Sie nicht
unruhig.

Leben Sie wohl! Wieder liegt Schnee wie an jenem Tag
draußen in Weißensee, morgen vor 4 Jahren. Grüßen Sie
das Grab von Ihrem alten treuen Freund u. Genossen
        Benn.

Mit einigen Frauen, die mit dem Expressionismus in Verbindung zu bringen waren, habe ich in persönlichem Kontakt gestanden. Claire Goll bin ich nur flüchtig in Marbach
begegnet. Der schwarzgekleideten bleichen, rothaarigen,
zarten Person ging ihr extravaganter Ruf voran. Sie hatte
sich auf einem Kanapee im Museum ausgestreckt und
nannte sich die »Sekretärin eines Toten«. Unser Briefwechsel war schleppend und unerfreulich durch ihre ständigen
Forderungen. Sie war kapriziös, exzentrisch, kokett. Im
April 1965 schrieb sie:

»Lieber Herr Doktor, Ja, nun ist mir alles klar. Wenn
man im Holderbüschle lebt, ist man zu weit von der Realität entfernt, um verlegte Briefe wiederzufinden. Sechs
Monate sind da wie sechs Jahre und das Lesen von Manuskripten kann nicht nach dem Maßstab unserer Zeit-
rechnung stattfinden. Vielleicht hat auch Kürtchen, mein

mir besonders ans Herz gewachsener Pinthus, den Brief verlegt. Man ist ja nicht umsonst Professor ... Ja, Goll hat sich des öfteren mit dem Expressionismus auseinandergesetzt. Ich hatte sogar vor ein paar Wochen einen Artikel von ihm in der Hand. Wenn Sie mir postwendend geantwortet hätten, wäre das Material rechtzeitig in Ihre Hände gelangt. Aber jetzt habe ich keine Zeit in den Archiven zu suchen ... Ich arbeite an einem Vortrag, den ich in einer Woche in der Universität Caen (Normandie) über Ywan und Claire Goll halten muß, anläßlich eines Kongresses dem 350 Professoren beiwohnen werden. Ach, wenn Sie doch einmal selbst nach Paris kämen! Wie mein Freund Hans Rothe, dem ich leider wegen des Vortrags nicht all die Zeit geben kann, die ihm gebührt.«

Nach Paris zu reisen war mir nicht ohne weiteres möglich, was ich sehr bedauert habe. Ich hätte Anfang der 1960er Jahre den Buchhändler Fritz Picard, den Schriftsteller Emil Szittya und die Witwe und den Sohn von Mynona/Friedlaender noch besuchen sollen. Vielleicht hätte ich von der streitbaren Claire Goll, die damals Paul Celan das Leben schwermachte, ein positiveres Bild in Erinnerung behalten.

Auch nach England hätte ich reisen und dort noch lebende Emigranten besuchen sollen. So bin ich Sylvia von Harden, die dorthin verschlagen worden war, in ihren letzten Lebensjahren – sie starb 1963 – bedauerlicherweise nicht mehr persönlich begegnet. Sie kam in unserer Expressionismus-Ausstellung nicht vor, da wir damals ihren Gedichtband *Verworrene Städte* von 1920 weder kannten noch besaßen. Doch wir waren über ihr berühmtes, laszives Porträt von Otto Dix, 1926 in Berlin entstanden, in brieflichen Kontakt gekommen. Es war das erste veristische Bildnis des Künstlers, das zu Recht Aufsehen erregte. Er hatte die Dame in einem schwarz-roten kurzen Kleid – der eine Strumpf war heruntergerutscht und gab verführerisch einen Blick auf ihr Bein frei – auf einem Stuhl an einem Marmortisch des Romanischen Cafés vor einem purpurnen Hintergrund gemalt. Das Skandalöse war ihr Monokel in dem länglichen Gesicht mit dem rot-geschminkten Mund und der brennenden Zigarette zwischen den dünnen, wenig schönen Fingern. Das Bild war nach dem Zweiten Weltkrieg von dem Musée National d'Art Moderne in Paris erworben worden. Sylvia von Harden schickte mir eine Postkarte, die die Schriftstellerin in einem biederen blauen Kostüm, aber in ähnlicher Pose mit Lorgnette und einer Zigarette zwischen den Fingern zeigte. Sogar die Strumpfgeschichte war wiederholt worden. Sie war wohl eigens nach Paris gereist, um die Farb-fotografie machen zu lassen, und schickte mir die Post-karte mit einem Gruß von sich und Otto Dix.

Sylvia von Harden hatte ein bewegtes Leben geführt. Sie war mit Ferdinand Hardekopf eng befreundet gewe-sen, von dem sie einen Sohn hatte. Dieser lebte später in Amerika. Über Hardekopf lernte sie Franz Pfemfert und seinen Kreis kennen. Ich bat Sylvia von Harden, ihre Er-innerungen an diese Jahre in aller Kürze für eine Ver-öffentlichung niederzuschreiben. Leider blieb dieser Text das einzige Stück ihrer geplanten Bücher. »Hoffentlich sterbe ich nicht, bevor ich meine zwei Bücher heraus habe, besonders meine Memoiren mit Bildmaterial. Das ist der einzige Wunsch, den ich habe. Aber leider geht es nicht immer so, wie man gerne möchte. Langes Kranksein und Leiden liebe ich gar nicht«, schrieb sie am 7. April 1961. Das eine Bändchen hätte »Meine platonischen Lieben«, das andere »Mein Leben mit Ferdinand Hardekopf« hei-ßen sollen. Sie sind leider nicht erschienen.

Mit Respekt hatte Sylvia von Harden einmal über Rosa Kölwel geschrieben, mit der ich ebenfalls Briefe wechselte: »Mit Frau Rosa Kölwel, deren Mann Gottfried ich vor seiner Ehe schon in München kannte (1916), verbrachte ich einige sehr eindrucksvolle Stunden. Frau K. kannte ich vorher nicht persönlich. Ich erzählte ihr ein wenig über die Anfänge ihres Dichtergatten, der ein sehr scheuer und – man darf zu Recht behaupten – bescheidener Dichter war. Sie ist eine tapfere Frau, geht ganz in dem Nachlaß ihres Mannes – wie Claire Goll auch – auf. Ein Glück, daß es noch in unserer verwirrten Zeit wichtige Arbeiten zu erfüllen gibt.«

Damals war ich sehr interessiert, daß die noch lebenden Zeitgenossen des Expressionismus ihre Erinnerungen an diese Zeit niederschrieben. Dazu gehörte auch Maria Benemann, der ich ebenfalls nicht mehr persönlich begegnet bin. Sie hatte in ihrer frühen Zeit einige Gedichte veröffentlicht, auch in der *Aktion* von Franz Pfemfert. Auf einer Reise nach Mexiko erlebte sie seinen Tod und die schwere Krankheit seiner Frau mit. Sie schickte mir das umfangreiche, erschütternde Manuskript mit ihren Aufzeichnungen, die sie nicht in ihr Erinnerungsbuch *Leih mir noch einmal die leichte Sandale* aufgenommen hat.

Auch Maria Benemann wurde porträtiert, was sie selbst beschrieben hat. Die Hamburger Malerin Anita Rée, die zum Freundeskreis um Rosa Schapire gehörte und die sich 1934 als Jüdin das Leben nahm, malte 1916 ihr Bildnis: »Wie sie das große Porträt von mir malen wollte, wußte sie schon: ich müsse mein schwarzes Seidenkleid tragen, auf dem Kopf den großen Florentinerhut mit – hinten – langen Bändern. Den Hintergrund werde die Steingrotte im Park unseres Hauses bilden. Welche Farbtöne entlockte sie dem grauen Stein, meinem Kleid!«

Von den Witwen der expressionistischen Dichter kann ich nicht berichten: Ihre Betreuung war in Marbach nicht meine Aufgabe. So habe ich die charmante Edith Hasenclever, die nur dem Gedächtnis ihres Mannes lebende Paula Sack, die in Badenweiler wohnende Anna Schickele nur sehr selten gesehen. Bernhard Zeller hat seine Begegnungen in seinen *Marbacher Memorabilien* beschrieben.

Manchen Frauen, die die Zeit um den Ersten Weltkrieg miterlebt hatten, verdanke ich interessante Hinweise. Da lebte in Berlin Doris Hahn, eine sehr gesprächige Dame, die ich häufiger besucht habe, da sie sich in dem literarischen Leben Berlins in der Zeit des Expressionismus und später gut auskannte. Sie liebte, wie ich, die Bücher Paul Scheerbarts. Aber der Inhalt ihres Lebens war damals das Andenken an den 1946 in Paris verstorbenen Philosophen Salomo Friedlaender, der unter dem Pseudonym Mynona – einem Anagramm von Anonym – groteske Texte geschrieben hatte: *Rosa die schöne Schutzmannsfrau; Für Hunde und andere Menschen; Mein Papa und die Jungfrau von Orléans* usf. Seine kürzeste Groteske war besonders makaber: »Schrumps, sprach der Greis und roch nach Holzkohle.«

Über Mynona/Friedlaender schrieb mir Doris Hahn engzeilig mit Schreibmaschine getippte, seitenlange Briefe. Sie wollte mich ständig zu dem polaren Denken ihres Meisters erziehen. Über ihr eigenes Leben habe ich kaum etwas erfahren, so redselig sie auch war. Damals lebte sie mit Karl Schodder zusammen, der bis nach dem Zweiten Weltkrieg den Paul Steegemann Verlag geleitet hat. Über ihre Beziehung zu Gottfried Benn machte sie frivole Bemerkungen: »Also, zeitweise habe ich mich sogar gut mit Benn amüsiert. Nie außerhalb, immer in diesem kleinen Zimmerchen mit den altmodischen, roten, kleinen Salonplüschmöbeln, während vorn im Wartezimmer ein von Strahlen umgebener Ritter hing, den gut und gern eine Mischung von Melchior Lechter und Fidus gemalt haben könnte. Das Amüsement begann sofort mit einer Genie-theorie. Er hielt sich deswegen für genial, weil seine Mut-ter ein pygnischer Typ gewesen war, sein Vater gegensätz-lich, und weil er mütterlicherseits französisch zu sein glaubte, väterlich norddeutsch. Auch ich konnte sehr gut für diese Theorie herhalten.« Oder in einem anderen Brief: »Benn hatte eine merkwürdige Art, den Frauen, d. h. mir zu schmeicheln. Er verwöhnte damals wahr-scheinlich Frauen nie, sie sollten ihn verwöhnen, kam aber für mich nicht in Frage. Ich glaubte immer seinen Kompli-menten noch sehr viel weniger als anderen. Sie waren dazu da, ihn zu amüsieren, aber das glaubte ich nicht. Dann war es nur die Frage, wer war der Stärkere von uns zweien.«

Auf der Suche nach Namen, Lebensläufen, Schicksalen hatte ich in Hamburg Clara Leybold ausfindig gemacht. Sie war die Schwester des frühexpressionistischen Dich-ters Hans Leybold, der 1914 eines der frühesten Opfer des Krieges war. Sie schickte mir einige wenige Texte und Fotos von ihrem Bruder und schrieb mir auf ihre naive Art über seine damalige Freundin Käthe Brodnitz, was mich sehr neugierig machte. Nach einer Rückfrage antwortete sie: »Nein, ich bin damals nicht in München gewesen. Ja. Käthe Brodnitz, damals wohl schon 28 Jahre, wäre sehr gern unter Dach gekommen. Hans kam später in halbjüdi-sche Kreise, bohèmehaft. Ich will damit nur hinweisen auf seinen Umgang und auf die Herausgabe der ›Revolution‹. Hoffentlich verstehen Sie mich richtig. Wenn man älter ist, sieht man das alles anders. Ich möchte aber annehmen, daß Hans als Schild gebraucht wurde für Mühsam und Konsorten. Mühsam hatte schon gesessen! Er hat ein großes Buch mit seinen Buchkritiken, Aufsätzen und Sonstigem zurückgelassen. Ich habe es aber, als ich meine Wohnung verkleinern mußte, weggetan. Ist es so, daß Johannes Becher in der Zone ein großes Tier ist?«

Es stellte sich heraus, daß Käthe Brodnitz, Tochter eines Berliner Fabrikanten, die 1912 in München promoviert hatte, damals mit Hans Leybold, Hugo Ball, Klabund und Johannes R. Becher befreundet war, die die Zeitschrift *Revolution* herausgaben. Diese Zeit war in ihrem wechselvollen Leben eine Episode gewesen. Als Jüdin floh sie 1938 aus Deutschland und wurde Universitätsdozentin in New Jersey, von dort kamen ihre Briefe. Sie schickte mir das wenige, was sie gerettet hatte, für das Deutsche Literaturarchiv: Gedichte von Klabund, Briefe von Hugo Ball und Hans Leybold und einige Fotos. Daß wir uns in Marbach für ihre frühe Zeit interessierten, erfreute sie in ihrem hohen Alter:

»Ich wollte, mein Leben wird sich wie eine abgeschlossene Erzählung abspielen ... Prof. Munckers Rat von damals an das Schillerarchiv zu kommen, das ist nun der Fall. Daß ich nach fünfzig Jahren ausgebuddelt werde zu neuem Leben und es lebendig genießen kann!« – Und in einem vorangegangenen Brief: »Es stimmt, daß ich Leybold und Klabund sehr gut kannte. Ich wohnte bei Ricarda Huch 1910–13, hatte zwei Zimmer und Ende des Monats kamen nette Studenten, um Sardinen und dgl. bei mir zu essen ... Einmal wöchentlich waren wir in Dr. Kutschers ›Kutscherkneipe‹, wohin letzterer Wedekind, Halbe und andere einlud, um aus ihren Werken zu lesen. Zum Spaß behaupteten Klabund und ich einmal, verlobt zu sein, und hatten Ringe an und ließen uns verschämt gratulieren ... Von Klabund habe ich schön geschriebene Gedichte, von Hans viele Briefe und ein Nacktbild, was da-

mals das Modernste war. Ich will mit der Zeit manches aus-
graben und Ihnen schicken.« Was Hans Leybold betrifft,
so sind sein Leben und Werk inzwischen von Eckhard Faul
in einem vorzüglichen und umfangreichen Band dargestellt und herausgegeben worden. Die Papiere von Käthe
Brodnitz waren ihm eine gute Hilfe.

Auch Ruth Gassner-Hirsch will ich nicht unerwähnt lassen. Weshalb wir uns später – ich war schon in Wolfenbüttel – zerstritten, weiß ich nicht mehr. Sie war die Witwe des
Graphikers und Schriftstellers Karl Jakob Hirsch, der in
Worpswede mit Heinrich Vogeler und Ludwig Bäumer
nach dem Ersten Weltkrieg revolutionäre Pläne geschmie-
det hatte. Er kehrte 1945 als amerikanischer Offizier nach
Deutschland zurück, lernte die blonde Ruth in München
kennen und heiratete sie. Aber schon 1952 starb er. Seine
Witwe – sie überlebte ihn über 40 Jahre – widmete sich
fortan ausschließlich seinem Andenken und sammelte
alles, was an Karl Jakob Hirsch erinnerte, und hat ihn ins
Bewußtsein der Nachwelt zurückgeholt. Seine Briefe *Heimkehr zu Gott*, 1946 erschienen, gehören zu meiner frühesten Oldenburger Lektüre, seinen hinreißenden Roman
Kaiserwetter aus den 1920er Jahren habe ich 1971 neu herausgegeben.

In gleicher Liebe und Aufopferung widmete sich Else
Levi-Mühsam ganz dem Werk ihres Vaters Paul Mühsam,
der eine andere Randfigur der expressionistischen Literatur war. Der aus Görlitz stammende, 1933 nach Palästina
ausgewanderte und dort 1960 gestorbene Rechtsanwalt
hatte einige Prosastücke zwischen 1919 und 1921 verfaßt,
in denen er seinen Weg als frommer Jude in einer säkula-
risierten Welt dargestellt hat. Die Tochter versuchte, nicht
ohne Erfolg, das Andenken an Paul Mühsam, der entfernt
mit Erich Mühsam verwandt war, in Deutschland zu bele-

ben. Sie besuchte Marbach mehrfach, trug die Manuskripte ihres Vaters bei sich und zog weiter: eine einsame
Priesterin der religiösen Betrachtungen ihres Vaters.

Blicke ich heute zurück, so waren es die Frauen, die
auch im Expressionismus das Leben der Männer teilten.
Von Lilly Becher, Claire Jung, Henriette Hardenberg und
Ilse Benn werde ich später erzählen.

Kurt Wolffs Tod

Als ich im Frühjahr 1961 in Amerika war, besuchte ich
auch die Yale University Library in New Haven nördlich
von New York. Der zweiundsiebzigjährige Curt Faber du
Faur empfing mich höflich und zeigte dem jungen Deutschen seine phantastische Sammlung zu Goethe und zum
Barock, die er als Kustos verwaltete. Er erzählte mir von
seinem Freund, dem berühmten Verleger Kurt Wolff, der
sich gerade in Europa aufhielt, und verwies mich an Mrs.
Dejon. Diese zeigte mir am Nachmittag in der German
Collection das Briefarchiv des Kurt Wolff Verlages, das
Yale nach dem Krieg erworben hatte. Ich war von dem Be-
stand überwältigt. 4100 Briefe, Telegramme, Notizen von
178 Autoren, eine einzigartige Quelle zur Geschichte des
deutschen Expressionismus: Georg Heym, Franz Kafka,
Walter Hasenclever, Franz Werfel, Fritz von Unruh, Alfred
Brust, Albert Ehrenstein usw. Welch eine Aufgabe für die
Forschung!

Kurt Wolff war damals für uns eine legendäre Gestalt.
Er galt als Grandseigneur der deutschen Literatur, groß-
bürgerlich, gebildet, vermögend, ein Bücher- und Kunst-
sammler, der aus Liebe zur Dichtung Verleger geworden

war. Durch seinen Studienfreund Walter Hasenclever war er um 1909 im germanistischen Seminar von Albert Köster an der Universität Leipzig mit dem gleichaltrigen Ernst Rowohlt in Verbindung gekommen und unterstützte den jungen Rowohlt Verlag als stiller Teilhaber. Unter seinem Namen führte er den Verlag, in dem Dichtungen von Paul Scheerbart und Georg Heym erschienen waren, ab 1913 fort und verlegte die Bücher der expressionistischen Lyriker Georg Trakl, Franz Werfel, Ernst Stadler, der Dramatiker Walter Hasenclever, Carl Sternheim, Oskar Kokoschka, Fritz von Unruh, der Erzähler und Romanautoren Max Brod, Franz Kafka, Kasimir Edschmid. Für die Schriften von Karl Kraus hatte er einen eigenen Verlag gegründet. In der bekannten Schriftenreihe *Der jüngste Tag* erschienen die damaligen »neuen Dichtungen«. Die jungen Autoren wurden Lektoren in Kurt Wolffs Verlag in Leipzig: Kurt Pinthus, Walter Hasenclever, Albert Ehrenstein. Da der Verleger nicht nur ein großer Bücherfreund, sondern auch ein gewissenhafter Kaufmann war, entstand in wenigen Jahren ein verlegerisches Unternehmen, in dem sich die literarische Avantgarde sammelte. Doch das Ende des Expressionismus, den Kurt Wolff durch seine Buchproduktion wie kein anderer gefördert hatte, führte seinen Verlag in die Krise. Bis 1930 setzte er seine Arbeit fort und verlegte vor allem kunsthistorische Werke. Dann gab er auf. Er lebte lange in Italien und Frankreich, floh mit seiner Frau Helen Wolff nach Amerika und begründete dort 1943 mit Hilfe von Curt Faber du Faur noch einmal einen Verlag, die Pantheon Books. Er wurde fortgeführt, wenngleich Kurt Wolff seit 1959 vor allem in der Schweiz lebte.

Kurt Wolff wohnte im Hotel Esplanade in Locarno, als ich nach meiner Rückkehr aus Amerika im Laufe des Jahres 1961 mit ihm in brieflichen Kontakt kam. Er beschäftigte sich, wie es schien, mit seinen Erinnerungen, denn er erbat sich aus unserer Marbacher Bibliothek leihweise Werke von Hermann Bahr und Franz Janowitz, wir schickten ihm die frühen Bücher von Lou Andreas-Salomé und fertigten ihm Kopien aus der *Fackel*, der *Aktion*, dem *Sturm* an. Im Dezember 1961 schickte er mir einen bei Drugulin in Leipzig hergestellten schmalen Privatdruck *Briefe und Verse aus Goethes Zeit*, den er 1910 zusammengestellt hatte. Das Bändchen war wie eine Antwort auf mein Büchlein mit dem Briefwechsel zwischen Goethe und Sylvie von Ziegesar, das ich bei Cotta im Herbst 1961 herausgegeben hatte. Der kleinen Sendung fügte Kurt Wolff eine Briefkarte bei:

Verehrter und lieber Herr Dr. Raabe – ich bekam zufällig das reizende kleine Buch »Goethe und Sylvie« und erfuhr dadurch, daß Sie sehr in der Goethe-Zeit zuhause sind. Das gibt mir Anlaß, Ihnen einen (sehr unbedeutenden) kleinen Privatdruck von 1910 zu schicken, der meines Erinnerns Autographen meiner kleinen damaligen Sammlung enthält – Ein anspruchsloser Spass als Ausdruck meiner Dankbarkeit.

Ergebenst grüssend Kurt Wolff.

Im Herbst 1961 hatte ich ihm geschrieben, daß ich ihn wegen meiner Nachforschungen zur Entwicklung des literarischen Expressionismus besuchen möchte. Er antwortete: »Daß Sie über den Expressionismus schreiben, freut mich sehr. Und mich mit Ihnen über das Thema zu unterhalten, wäre mir ein Vergnügen. Wann immer Sie Zeit und Gelegenheit haben, nach Locarno zu kommen, sind Sie willkommen.«

Daß ich dann im Frühjahr und Sommer 1962 meine geplante Reise mit Rücksicht auf meine Familie – meine Frau erwartete unser drittes Kind – hinausschieben mußte, ist ein nicht wiedergutzumachendes Versäumnis. Als Kurt Wolff die Frankfurter Buchmesse im Herbst 1963 besuchen und anschließend zur Veranstaltung der Gruppe 47 in Saulgau reisen wollte, vereinbarten wir einen Besuch in Marbach. Für die Nacht vom 22./23. Oktober hatte ich für ihn ein Doppelzimmer im Schiller-Hospiz in Ludwigsburg reservieren lassen. Er kam mit seiner Frau am Nachmittag an, machte einen Spaziergang durch die Stadt und kehrte zum Hotel zurück. Da passierte das Unglück: Vor dem Eingang wurde er von einem rückwärts fahrenden Lastwagen gegen die Hauswand gedrückt und starb ein paar Stunden später an den inneren Verletzungen. Ich erinnere mich noch wie heute, wie uns in Marbach diese Schreckensnachricht entsetzte. Dr. Zeller hatte sich noch um Blutkonserven bemüht. Aber alle Hilfe kam zu spät.

In seinem Hotelzimmer lag auf dem Nachttisch der Marbacher Expressionismus-Katalog, das letzte Buch, das dieser große Verleger und Bücherfreund in der Hand gehabt hatte. Ein paar Tage später fand die Beisetzung auf dem kleinen Marbacher Friedhof in Anwesenheit vieler Verleger, Autoren, Freunde und Verehrer statt. Am Grabe sprach Günter Grass, dessen amerikanische Rechte Kurt Wolff besaß. Es war ein trostloser Herbsttag. Wieder störte der Unbekannte aus Stuttgart, und neben mir besaß Hellmut Draws-Tychsen, der uns seit Monaten belästigte, die Roheit zu sagen: »Hatte doch selbst schuld, der Zappelheini.« Anschließend schrieb er ein windelweiches Gedicht, das so schlecht war, daß es die *Stuttgarter Zeitung* zu drucken ablehnte, weshalb Draws-Tychsen wegen entgangenen Honorars klagen wollte.

Im nächsten Jahr gründete der junge Klaus Wagenbach seinen Verlag in Berlin. Als erster Band in der Reihe der *Quarthefte* erschien 1965 Kurt Wolffs *Autoren – Bücher – Abenteuer. Betrachtungen und Erinnerungen eines Verlegers.* Es waren die Beiträge, die Kurt Wolff in seinen letzten Lebensjahren über das Verlegen, die Abenteuer des Verlegers und über Carl Sternheim, Franz Kafka, Karl Kraus für den Rundfunk geschrieben hatte. Irritiert über das wiedererwachte Interesse am Expressionismus, auch wohl aus Abneigung gegen Johannes R. Becher, Albert Ehrenstein, Gottfried Benn und sicherlich gegen die große Schar der Spätexpressionisten, schrieb er:

»Das Thema *Expressionismus* liegt mir sehr am Herzen, drum eine kurze, sehr persönliche Bemerkung dazu, die im Anschluß an genannte und ungenannte Autoren des Kurt Wolff Verlags legitim erscheint:

Jahrelang habe ich geglaubt, Verleger junger Dichter zu sein und älterer Autoren, die ich mit Recht oder Unrecht für gut hielt. Nie habe ich einem Schlagwort, einer Richtung gedient – aber im Lauf der Jahre hat man das mehr und mehr abstreiten wollen. Es wurde mein verfluchter, verhaßter Ruhm, Verleger des *Expressionismus* gewesen zu sein. Noch immer, ja heute mehr als je, will man mit dem Begriff Expressionismus einer Gruppe von Schriftstellern, die zwischen 1910 und 1925 publizierten, den Stempel einer Gemeinsamkeit aufdrücken, die sie nie gehabt haben. Seit 35 Jahren wehre ich mich gegen diese Abstempelung, im Gespräch mit Freunden und Feinden. Vergeblich. So möchte ich heute einmal publico aussprechen dürfen als mein CREDO:

Expressionismus wäre Bezeichnung für ein Kollektiv. Ein Kollektiv bringt kein Gedicht, nicht einen Vers hervor. Die schöpferische Leistung ist immer individuell.

Auf die *großen* schöpferischen Kräfte jener Jahre trifft das, was man als expressionistische Merkmale bezeichnet, nicht zu. Dichter und Schriftsteller von Rang, die ich stolz bin, damals verlegt zu haben, hatten mit dem sogenannten Expressionismus *nichts* zu tun, auch wenn sie heute als Expressionisten ausgestellt und in den Literaturgeschichten klassifiziert werden.«

Hätte ich die Möglichkeit gehabt, mich mit Kurt Wolff zu unterhalten, würde sich vermutlich manches Mißverständnis aufgelöst haben. Der Begriff des Expressionismus umfaßte in der Marbacher Ausstellung eine vielstimmige literarische Bewegung, an der sehr viele Autoren mitwirkten. Unter ihnen nannten sich nur sehr wenige Expressionisten. Vielmehr waren es in der Tat die einzelnen, denen der Expressionismus Größe und bleibende Wirkung verdankt. Zu diesen zählte Kurt Wolff die Autoren seines Verlages: Franz Kafka, Georg Heym, Georg Trakl, Ernst Stadler, Franz Werfel, Ernst Blass, Carl Sternheim, René Schickele, Heinrich Mann und Karl Kraus. Zu Recht hat Wolfgang Göbel seiner umfangreichen Studie über den Kurt Wolff Verlag 1913–1930 den Untertitel *Expressionismus als verlegerische Aufgabe* gegeben. In diesem Sinne wird Kurt Wolff über seinen Tod hinaus verehrt.

Eine Ausstellung
auf Reisen

GERMAN LITERARY

EXPRESSIONISM
1910-1923

A GOETHE HOUSE EXHIBITION
1014 FIFTH AVENUE

APRIL 28 - MAY 31
1961

ADMISSION FREE

*Plakat der Expressionismus-Ausstellung
in New York. 1961.*

Münchner Auftakt

30 000 Besucher hatte die Marbacher Expressionismus-Ausstellung gehabt, als sie Ende Oktober 1960 geschlossen wurde. Das war damals für das abgelegene Museum eine stolze Bilanz. Ihr Erfolg zeigte sich auch darin, daß andere Städte Interesse an der Übernahme anmeldeten: München, Berlin, Hamburg und – welch ein Triumph – New York und drei Jahre später Florenz.

Die Ausstellung in München, von der Stadtbibliothek angeregt, in den noblen Sälen der Lenbachgalerie verwirklicht, war ein guter Auftakt. Die Expressionisten in der Nachbarschaft Schwabings, der Hochburg der Boheme der Jahrhundertwende mit Otto Julius Bierbaum und Otto Erich Hartleben, mit Frank Wedekind und Heinrich Lautensack, mit den Elf Scharfrichtern und Kathi Kobus seligen Angedenkens: Wir fanden das angemessen, auch in Erinnerung an die jungen Wilden, Johannes R. Becher, Klabund, Oskar Maria Graf, an Erich Mühsam und an die Maler des Blauen Reiters. In München lebte 1914 Hugo Ball mit seiner Freundin Emmy Hennings, gab Hans Leybold die Zeitschrift *Revolution* heraus, im gleichen Jahr verfaßte Ball das erste dadaistische Gedicht.

Die Sonne

Zwischen meinen Augenlidern fährt ein Kinderwagen.
Zwischen meinen Augenlidern geht ein Mann mit
    einem Pudel.
Eine Baumgruppe wird zum Schlangenbündel und
    zischt in den Himmel.

Ein Stein hält eine Rede. Bäume in Grünbrand.
  Fliehende Inseln.
Schwanken und Muschelgeklingel und Fischkopf wie
  auf dem Meeresboden.

Meine Beine strecken sich aus bis zum Horizont. Eine
  Hofkutsche knackt
Drüber weg. Meine Stiefel ragen am Horizont empor
  wie die Türme einer
Versinkenden Stadt. Ich bin der Riese Goliath. Ich
  verdaue Ziegenkäse.
Ich bin ein Mammuthkälbchen. Grüne Grasigel
  schnüffeln an mir.
Gras spannt grüne Säbel und Brücken und Regenbögen
  über meinen Bauch.
  . . .
Morgen wird man die Sonne auf einen großrädrigen
  Wagen laden
Und in die Kunsthandlung Caspari fahren. Ein
  viehköpfiger Neger
Mit wulstigem Nacken, Blähnase und breitem Schritt
  wird fünfzig weiß-
Juckende Esel halten, die vor den Wagen gespannt sind
  beim Pyramidenbau.

Nach dem Ersten Weltkrieg beteiligten sich die Schriftsteller an der kurzlebigen bayerischen Räterepublik, Gustav Landauer und Kurt Eisner wurden ermordet, Erich
Mühsam und Ernst Toller zu Festungshaft verurteilt. Als
Hitler 1923 mit seiner Horde zur Feldherrnhalle mar-
schierte, war der Expressionismus tot.

Am 28. November 1960 wurde die Expressionismus-
Ausstellung in der Lenbachgalerie eröffnet. Vier große

Räume standen uns zur Verfügung. Zu dritt, Ludwig Greve, Ingrid Grüninger und ich, hatten wir wieder hart gearbeitet und uns bemüht, die Ausstellungsstücke in den Vitrinen und an den Wänden den lokalen Gegebenheiten anzupassen. Besucher blickten neugierig herein, darunter ein eifriger Student, der alles über Albert Ehrenstein wissen wollte: Jörg Drews, einer der jungen Germanisten, die den Marbacher Impuls aufnahmen, mit Arno Schmidt vom »heiligen Expressionismus« schwärmten und später die eigenen Studenten dafür begeisterten. Einige Stunden vor der Ausstellungseröffnung rauschte der Museumsdirektor herein, ein distinguierter Herr, mit einigen Mitarbeitern im Gefolge, begutachtete die Exponate an den Wänden, rückte ein Bild noch ein wenig zurecht und verschwand wieder, ohne uns drei aus der Provinz auch nur eines Blickes zu würdigen. Greve wedelte mit den Armen, um den miesen Eindruck, den die Szene auf ihn gemacht hatte, zu verjagen.

Um so freundlicher war die Eröffnung: Die vielen interessierten Gäste waren erstaunt über die Fülle unbekannter Exponate einer vergessenen Periode deutscher Kunst- und Literaturgeschichte. Wir sahen alte Bekannte und neue Gesichter.

Der achtundsiebzigjährige Leonhard Frank, in Begleitung seiner aparten, viel jüngeren Frau, war sehr hinfällig. Er hatte uns das Manuskript seines autobiographischen Romans *Links wo das Herz ist* geliehen. Wir hatten die Seiten aufgeschlagen, auf denen er die Geschichte seines ersten erfolgreichen Romans *Die Räuberbande* von 1914 schildert. Frank, der mit den weiteren Romanen und Erzählungen – am bekanntesten war sein in Zürich 1918 veröffentlichter Erzählband *Der Mensch ist gut* – berühmt geworden war, hatte Deutschland 1933 verlassen müssen und kehrte 1950 zurück. Er starb ein Jahr, nachdem wir ihm in der Ausstellung begegnet waren. Um so mehr interessierte sich seine Witwe Charlot Frank für Marbach. Sie war oft zu Gast, konnte wunderbare Geschichten von ihrem »Franky« erzählen, und wir alle erlagen dem Charme der dunkelhaarigen, immer fröhlichen Person.

An jenem Eröffnungsabend verabredete ich mich mit Friedrich Burschell und seiner Frau, der ehemaligen Schauspielerin Fritta Brod, für den nächsten Tag. Daß er auch etwas mit dem Expressionismus zu tun gehabt hatte, wußte ich nicht, als ich im Frühjahr 1958 den dokumentarischen und bibliographischen Anhang zu seiner Rowohlt-Monographie über Friedrich Schiller bearbeitete. [NB. Ich habe zwischen 1958 und 1961 zusammen mit meiner Frau insgesamt 73 (!) solcher Anhänge »nebenbei« bearbeitet.] Burschell, im November 1918 als Frontsoldat nach München gekommen, war in seinen beiden kurzlebigen Zeitschriften – *Revolution* hieß die eine Wochenschrift, *Neue Erde* die andere Halbmonatsschrift – für die Ideale der Menschlichkeit und des Friedens eingetreten. Vergeblich hatte auch er seine Stimme gegen die Reaktionäre erhoben. Er verließ 1933 seine Heimat wegen seiner republikanischen Gesinnung und wohnte seit 1954 wieder in München.

Auch der gleichaltrige C. F. W. Behl, ein Freund Marbachs, war bei der Münchner Ausstellungseröffnung anwesend. Eines Tages traf ich ihn vor der Stadthalle in Marbach. Als ich ihn fragte, ob ich ihm in irgendeiner Weise behilflich sein könne, wehrte er ab und erklärte mir, daß er nur gekommen sei, um sich eine Grabstätte auf dem Marbacher Friedhof auszusuchen. Ich fand das recht befremdlich, aber er hatte das mit der größten Selbstverständlichkeit geäußert. Und wirklich wurde Behl 1968 an dem gewünschten Ort beigesetzt. Der hohe Jurist war wegen seiner liberalen Gesinnung 1935 zwangspensioniert worden. Er sah mit seinem weißen Haar und der hohen Stirn wie ein kleiner Gerhart Hauptmann aus, um dessen Werk er sich große Verdienste erworben hat. Ihm zuliebe hatten wir sein einziges Gedichtheft *Der neue Tag* (1919) in die Vitrine gelegt. Auch er war ein Mitläufer des Spätexpressionismus gewesen, wie ich so manchem in jenem Jahrzehnt begegnete.

Ob Marie Kirndörfer gekommen war, weiß ich nicht mehr. Die bekannte Schwabinger Chansonette war schon 1913 im Café Stephanie mit den jungen Dichtern zusammen aufgetreten. Sie nannte sich Marietta und hat unter dem Namen Marietta di Monaco, vielleicht unter dem Eindruck unserer Expressionismus-Ausstellung, sogar 1962 ihre Erinnerungen veröffentlicht. Darin revanchierte sie sich für die Klabund-Dichtung *Marietta. Ein Liebesroman aus Schwabing.* An den lungenkranken Klabund und dessen Verse *Morgenrot! Klabund! Die Tage dämmern!* hatte sie einst ihr Herz verloren. Ein paar Jahre nach unserer Münchner Ausstellung kam eines Morgens ein Anruf: »Hier spricht Marietta. Ich wollte doch einmal . . .« Dann hatte sie aufgelegt. Offenbar hatte die alte Dame etwas auf dem Herzen gehabt. Ich gestehe, daß mir der Mut fehlte, sie in Schwabing zu besuchen.

München war für unsere Ausstellung ein guter Auftakt. Die Lenbachgalerie erwies sich mit ihren Werken von Gabriele Münter, Alexej Jawlensky und überhaupt den Malern des Blauen Reiters als angemessener Ort für eine Retrospektive, an der die Münchner Künstler und Schriftsteller großen Anteil gehabt hatten.

Ein Höhepunkt: Berlin

Das Gebäude der Akademie der Künste im Hansaviertel in Westberlin, gerade von Werner Düttmann vollendet, atmete wohltuende Modernität: großzügiges Entree, weitläufige Räume, breite Treppen, überall moderne Kunst an den Wänden. Die Atmosphäre war freundlich, die Mitarbeiterschaft der Akademie aufgeschlossen, hilfsbereit. Man hatte die Marbacher Ausstellungsmacher erwartet.

Die Anregung, die Ausstellung in Berlin zu präsentieren, war von Gerhart Pohl gekommen, einem uns bekannten Schriftsteller. Er hatte in den 1920er Jahren eine literarische Zeitschrift *Die neue Bücherschau* herausgegeben, die neben dem *Querschnitt* und der *Literarischen Welt* für uns eine vorzügliche Quelle zum Verständnis der literarischen und kulturellen Situation in der Weimarer Republik bedeutete. Zur Berliner Ausstellung hat Pohl einen Begleittext verfaßt:

»Im Spätsommer 1960 beim Besuch der Ausstellung des Deutschen Literaturarchivs ›Expressionismus. Literatur und Kunst 1910–1923‹ im Schiller-Nationalmuseum Marbach war ich so stark beeindruckt, daß schon auf dem Weg durch das idyllische Neckarstädtchen zum Bahnhof hinunter der Plan reifte: Diese Ausstellung sollte in Berlin stattfinden.

Was ich in den fünf Räumen des Museums großartig gegliedert vorgefunden hatte, war im Grunde fast ausnahmslos reiner feuriger Gärstoff aus Berlin. Nicht etwa, daß die meisten Expressionisten Berliner gewesen wären – sie waren aus allen Richtungen Mitteleuropas über den deutschen Sprachraum hinaus in der Riesenstadt an Spree und Havel zusammengeströmt. Und hatten dort in rund zwei

Jahrzehnten – unter Einschluß der Vorläufer wie der Nachfahren – eine literarisch-künstlerische Bewegung ausge-
löst, deren Weltgeltung unbestreitbar ist: Expressionismus
in Wort und Bild.«

Pohl schloß seinen emphatischen Text: »Expressionismus in Literatur und Kunst war ein wurzelhaft kühnes
Experimentieren im halcyonischen Licht Berlins, das gegenwärtig hinter Wolkenschichten der Politik verborgen
ist. Das nicht nur ästhetisch-formale, nein, auch mora-
lisch-metaphysische, ja mystische Phänomen des Berge
versetzenden Glaubens im hellsten Stern der Plejaden ist
geistesgeschichtlicher Anspruch: das Bleibende einer großen Bewegung. ›Es war alles viel beladener, als man
dachte; alles viel mehr vorbestimmt, als es schien.‹ Die fast
verwunderte Rückschau des greisen Gottfried Benn erhellt
blitzhaft den Zusammenhang. Beladenheit und Vorbe-
stimmung sind die untrüglichen Zeichen geistiger Bewegung. Der Expressionismus in den Künsten ist eine wirkliche Bewegung der Seelen und der Geister im ersten
Drittel des zwanzigsten Jahrhunderts gewesen. Darum
wirkt er fort.

…Der rein feurige Gärstoff aus Berlin, ein künstleri-
sches Phänomen hohen Ranges, ist für ein paar Wochen
nach Berlin heimgekehrt. Wer wollte die Bedeutung des
Vorgangs verkennen? Wer sich ihm entziehen?«

Als wir den großen Ausstellungssaal im Obergeschoß
der Akademie betraten, waren wir sehr erschrocken. Wie
sollten wir die unendlich langen Wände mit Bildern füllen, wie den Raum durch Stellwände gliedern? Wir hatten uns die Weitläufigkeit so nicht vorgestellt: Wie sollten
wir unsere Marbacher Ausstellung auf diese Größe über-
tragen? Selbst Josua Reicherts mannshohe Gedichtfahnen
würden sich in der Weite des Raumes verlieren.

Die Berliner hatten vorgesorgt. Zur Ergänzung hatten sie 30 Blätter expressionistischer Graphik von Ernst Barlach, Max Beckmann, Lyonel Feininger, Erich Heckel, Otto Mueller, Max Pechstein und Karl Schmidt-Rottluff entliehen, die unsere Blätter ergänzten. Dennoch reichte diese Erweiterung nicht aus. Die leeren Wände empfanden wir wie eine Niederlage.

Aber wir hatten Glück. Der Bildhauer Rolf Szymanski, mit Greve befreundet, hatte uns seine Hilfe angeboten. Er verwies uns an seinen Freund Karol Kubicki, Professor der Neurologie an der Freien Universität Berlin. Er war der Sohn des polnischen Malers Stanislaw Kubicki, der an der 1917 nach dem Vorbild der *Aktion* gegründeten Zeitschrift *Zdroy* mitgearbeitet und der polnischen Künstlergruppe *Bunt* angehört hatte. Da er auch Mitarbeiter von Franz Pfemfert gewesen war, besaß Karol Kubicki Stöße der so begehrten Hefte, die er uns großzügig auslieh. So wurde er gewissermaßen der Retter der Ausstellung.

Vitrinen waren in hinreichender Zahl vorhanden, die Exponate schnell ausgelegt. Sie fügten sich nun, nachdem die Wände und Stellwände gefüllt waren, ausgezeichnet in eine Ausstellung ein, in der zwar die Geschlossenheit des Themas verlorengegangen war, die aber schließlich die ganze Fülle expressionistischer Literatur und Kunst darbot.

Während des Aufbaus stellte sich mir mitten in der Arbeit eine ältere Dame vor und drückte mir, offensichtlich erregt, einen Umschlag mit Gedichtabschriften von Robert Jentzsch, dem 1918 gefallenen engsten Freund von Georg Heym, in die Hand. Sie verschwand so raschen Schrittes wieder, wie sie gekommen war. Sie hieß Erika Schneller und war Studienrätin in Pankow, wohnte also in Ostberlin. Ich war sehr dankbar, denn den Lebensspuren von Robert Jentzsch war ich bei meinen Heym-Arbeiten nachgegangen. Auf meine briefliche Bitte schickte sie mir einen Lebenslauf ihres damaligen Bekannten.

»Es hat mich mehr Not gekostet, als ich erwartet hatte, diese kartesische Anstrengung zu leisten, das Innen nach außen zu gestalten. Der Entwurf ist nicht ganz kurz geworden, ich bitte Sie, ihn ganz persönlich anzunehmen und das Ihnen notwendig Erscheinende selber herauszuziehen!...

Während ich bemüht war, die verschlungenen Fäden unserer Lebensschicksale zu entwirren, veränderte sich mir das Bild von einer Stunde zur andern, wie die Sicht eines mikroskopischen Objekts, sobald man die Schraube auch nur ein klein bißchen bewegt. All solch Geschehen hat eben eine Dimension mehr, als sich in Worte und verbrauchte Begriffe fassen läßt; so müssen Sie die bemerkenswerte Unbeholfenheit des Ausdrucks durchaus entschuldigen. – Es wird mich sehr interessieren, welchen Eindruck Sie als ein Zuständiger im Urteil von den Gedichten haben, die ich Ihnen mitgeben durfte. Robert hat mir im Juli 14 die Herausgabe aufgetragen, im Voraus, und ich habe mich nicht dazu entschließen können, solange es möglich gewesen ist, die Personen aufzuschlüsseln.«

Zur gleichen Zeit war ich mit der Schwester von Robert Jentzsch, Martha Scholz, in Verbindung gekommen, die in Westberlin wohnte. Als sie den Lebenslauf ihres Bruders las, war sie über die Indiskretionen entsetzt. Erika Schneller zog sich zurück, ich habe nichts mehr von ihr gehört, auch der Lebenslauf läßt sich nicht mehr finden. Die Briefe der Schwester in zittriger Handschrift geben wenig konkrete Auskünfte. Wer war Robert Jentzsch, wird der Leser fragen? Auch ich habe diese rätselhafte Figur des Frühexpressionismus nicht entschlüsseln können.

Kehren wir zur Berliner Ausstellung zurück. Zur Vernissage strömten Hunderte von Menschen in den fulminanten Theatersaal. Nach den obligaten Reden ergoß sich der endlose Besucherstrom in unsere Ausstellung, deren Weitläufigkeit sich nun bewährte. Zu dem Empfang im Zimmer des Generalsekretärs, Herbert Frh. von Buttlar, waren Mitglieder und Freunde der Akademie, aber auch andere Gäste aus Ost und West gekommen: Architekten, Schriftsteller, Künstler, Journalisten. Hans Scharoun, einer der wenigen, der expressionistische Architektur gebaut hat, unterhielt sich mit Otto Nagel, dem Präsidenten der Ostberliner Akademie. Claire Jung machte mich mit Wieland Herzfelde bekannt, und dieser stellte mich Lilly Becher vor. Die Mauer war noch nicht gebaut, man ging noch ungezwungen miteinander um. In Scharen kamen in den nächsten Wochen die Besucher, auch viele Schulklassen aus dem Osten. Sie konnten den Katalog zu einem Spottpreis erwerben.

In West- und Ostberlin wohnten nach dem Kriege noch viele Autoren der expressionistischen Bewegung, aber die meisten waren 1961 nicht mehr am Leben: Rudolf Leonhard, Bertolt Brecht, Gottfried Benn, Johannes R. Becher, Arnolt Bronnen, Theodor Tagger, Curt Corrinth. Aus dem *Sturm*-Kreis besuchte ich in Spandau in einem ärmlichen Siedlungshaus die Witwe von Adolf Knoblauch mit ihrer Tochter. Er war schon 1951 gestorben und hatte mit seinen Gedichten zum engsten Kreis um Herwarth Walden gehört. Der größte Teil seiner Werke blieb ungedruckt, er hungerte sich durch die Zeit.

Auch der Bildhauer und Maler William Wauer lebte damals noch in Berlin. Die Büste, die er von seinem Freund Herwarth Walden schuf, ist berühmt. Ich habe ihn nicht getroffen. Er war erzürnt über den Expressionismus-Kata-

log, denn er hielt sich bis zu seinem Tode – er starb 1966 –
für den einzigen Expressionisten, für den der Expressionismus kein historisches Ereignis, sondern Gegenwart war.
Für ihn »kündete« der Expressionismus »die neue Heilslehre der Weltwende, die Abkehr von außen, die Einkehr
nach Innen: Abstraktion und Intuition«. William Wauer
lehrte so nach dem Zweiten Weltkrieg wieder seinen Expressionismus. Schon 1919 hatte er – eine recht befremdliche Vorstellung – die »Landesgruppe Deutschland der
Internationalen Vereinigung der Expressionisten, Futuri-
sten und Kubisten e. V.« mitgegründet und später geleitet.

Gern hätte ich noch Rudolf Kurtz kennengelernt. Er
war ein interessanter Literat, der den Übergang vom Indifferentismus zum Expressionismus miterlebt und beschrieben hat und später ein Pionier der Stummfilmzeit
wurde. Sein Buch *Expressionismus und Film* ist noch heute
ein wichtiges Quellenwerk. Rudolf Kurtz starb am 26. Juli
1960. Unseren Katalog, mit dem er aus mir unbekannten
Gründen nicht einverstanden war, hat er noch studieren
können.

Auch der Journalist Hugo Zehder, den ich während der
Vernissage kennenlernte, starb ein paar Monate später.
Von ihm hatte ich mir manche Auskünfte über den Verlauf
des späten Expressionismus erhofft, denn er hatte von
1919 bis 1921 die für die Zeit wichtige *Neue Bücherschau*
herausgegeben.

Die Expressionismus-Ausstellung wirkte wie ein Ma-
gnet: Sie zog viele interessierte Besucher an, ebenso die
Überlebenden und die Angehörigen der expressionistischen Zeit. In Berlin war der Expressionismus noch in le-
bendiger Erinnerung. Das galt auch für Ostberlin. Von
den Begegnungen mit den dortigen Autoren und Witwen
werde ich später erzählen.

Amerikanisches Abenteuer

Die Idee, die Expressionismus-Ausstellung auch in Amerika zu zeigen, kam von Hans Egon Holthusen, einem der damals profiliertesten deutschen Schriftsteller und Literaturkritiker. Er hatte sie in München gesehen und war im Begriff, den Posten des Programmdirektors des Goethehauses in New York anzutreten. Seine Anregung fiel auf fruchtbaren Boden. In kürzester Zeit mußten die Vorbereitungen getroffen werden. Der Direktor des Schiller-Nationalmuseums, die Leihgeber und die Kulturabteilung des Auswärtigen Amtes stimmten zu. Es sollte Holthusens amerikanisches Debüt werden. So packten wir am Ende der Ausstellung in Berlin den größten Teil der Exponate in vier große Luftfrachtkisten, nachdem wir noch einmal Stück für Stück mit den Leihgeberlisten verglichen hatten.

Anfang April 1961 flog ich nach New York, wo mich mein Schwager Holthusen am Kennedy-Flughafen abholte. Ich ahnte nicht, was für ein Abenteuer mir bevorstand. Noch völlig benommen von der lärmenden Riesenstadt, die mich in ihren Bann zog, mußte ich feststellen, daß man in dem eleganten Goethe House an der Fifth Avenue gegenüber dem Metropolitan Museum auf die kommende Ausstellung überhaupt nicht vorbereitet war. Es gab weder Vitrinen noch Bilderrahmen noch irgendwelches Hilfspersonal, geschweige denn das notwendige Geld. Der amerikanische Chef, der knurrige Mr. Reber, erklärte mir immer wieder: »*I have no money, I haven't*«, und der neue Programmdirektor zuckte die Achseln. Was es in Amerika bedeutet – »*Do it yourself*« –, habe ich in den folgenden Wochen gelernt. Zunächst waren Vitrinen zu beschaffen: Die Suche in der Bowery, bekanntlich die Straße der Gestrauchelten, erwies sich als Flop, die Nachfragen bei Galeristen an der Madison Avenue waren auch erfolglos. Die netten Kollegen im Museum of Modern Art erklärten mir, daß sie Vitrinen bauen ließen, wenn sie sie benötigten. Nach Ausstellungsschluß würden sie zerstört, da die Lagerung viel teurer sei als die Herstellung. Aber wie sollte ich Vitrinen herstellen lassen, wenn mir die Mittel fehlten? Schließlich wurde ich an einen reichen Transportunternehmer, Hahn Brothers, in der 120. Straße verwiesen: Der nette Chef versprach mir, die drei großen Schaukästen, die wir endlich in einer der weitläufigen Lagerhallen entdeckten, kostenlos anzuliefern. Doch ich brauchte 22 Vitrinen! Inzwischen hatte Holthusen mit dem Buchhalter Mr. Speyer sechs weitere für zehn Dollar pro Stück aufgetrieben. Bei meinen nächsten Besuchen wurde ich endlich in der Pierpont Morgan Library fündig. Im Keller der vornehmen Bibliothek standen zwölf ausrangierte große Holzvitrinen: Mir fiel ein Stein vom Herzen. Doch zuvor mußte der Direktor befragt werden, hieß es. Dieser aber befand sich irgendwo in Oberitalien zwischen Siena und Ravenna. Als ich einige Tage später nachfragte, stellte sich heraus, daß man versäumt hatte, den Eilbrief an ihn abzuschicken. Es war zum Verzweifeln.

Am dritten Tag waren Holthusen und ich mit der Subway nach mehrfachem Umsteigen über Queens hinaus bis Kew Garden gekommen, dann mit dem Taxi zum Flughafen weitergefahren. Schließlich fanden wir das Cargo Building 81. Zwar seien die Kisten angekommen, aber die Einfuhrgenehmigung fehle, wurde uns gesagt. Wir müßten uns gedulden. Ich erinnere mich, wie wir wie aufgescheuchte Hühner quer über das Rollfeld gelaufen sind, da wir den Rückweg in dem weitläufigen Gelände nicht fanden. Ein paar Tage später wieder ein Anruf: Ich solle sofort kommen, ich müsse die Zollpapiere neu unterschreiben. Also wieder die lange Fahrt zum Flughafen, da nicht das Goethe House, sondern ich haften müsse. Eine Auslieferung der Kisten sei aber noch nicht möglich, der Zoll müsse die Sache erst prüfen, erklärte mir der höfliche Mann der Transportfirma. Inzwischen kam ich mir sehr elend vor: zum erstenmal in Amerika, des Englischen ungeübt, verlassen und verloren in der Steinwüste von Manhattan. Eine Woche war vergangen, nichts lief.

Als ich endlich beim dritten Anlauf die Zollformalitäten auf dem Flughafen überstanden hatte und neben dem jungen Mann in dem Truck mit dem Rücken zur Windschutzscheibe saß, im Fond die vier Kisten, konnte ich aufatmen. Doch da es vor dem Goethe House keine Parkgelegenheit gab, kippte der Fahrer die schweren Kisten mit der kostbaren Last an der nächsten Straßenecke aufs Pflaster und fuhr davon. Da stand ich nun mit meinem Expressionismus mutterseelenallein auf der Fifth Avenue. Hilfe zu holen war riskant, denn ich konnte doch die Kisten nicht allein lassen. Also wuchtete ich sie, immer wieder nachziehend, eine nach der anderen über die Kanten weiter, bis ich endlich das Ziel erreicht hatte.

Aber wo blieb die Zustimmung des Direktors der Pierpont Morgan Library zum Verkauf seiner Vitrinen? In meiner Ratlosigkeit habe ich nach zehn Tagen die Flucht ergriffen und bin kurzerhand für zwei Tage nach Washington gefahren, um den Kalamitäten zu entgehen. Auch wollte ich doch etwas vom Land gesehen haben. Als ich zurückkam, lag tatsächlich die Zustimmung zum Kauf der Vitrinen vor. Wir haben sie gleich an ein anderes Museum weiterverkauft, so daß nur der Transport zu zahlen war. Unter den Bilderrahmern hatten wir im Telefonbuch von

Manhattan den Namen Busoni entdeckt. Es stellte sich heraus, daß die Dame eine Schwiegertochter des Komponisten Ferruccio Busoni war. Zu einem Spottpreis schnitt sie die Gläser für die 70 Objekte – Graphiken, Plakate, Zeitschriftenhefte – zu. Mit sogenannten *brackets* konnte man die Bilder unter Glas bringen, eine Methode, die aus konservatorischen Gründen heute nicht mehr tragbar ist. Außerdem waren die herrlichen graphischen Blätter aus dem Museum of Modern Art gerahmt angeliefert worden.

Über den Aufbau will ich nicht viel berichten. Da alle Mitarbeiter des Hauses sehr beschäftigt waren, hatte ich nur die Hilfe von Holthusens fünfzehnjähriger Stieftochter. Es war ja nicht leicht, die Nägel oberhalb der Paneele in fünf Meter Höhe auf einer schwankenden Leiter in die Wand zu schlagen und die Strippen zu befestigen. Die schweren Vitrinen hatten die Transportarbeiter aber Gott sei Dank nach meinen Zeichnungen aufgestellt.

Zur Vernissage am 28. April 1961 waren rund 80 Personen gekommen, meist deutsche Emigranten, aber auch der Generalkonsul und der offizielle Vertreter der deutschen Botschaft aus Washington. Der Hausherr, Mr. Reber, begrüßte die Gäste mit einem einzigen Satz: *»This is a one man show.«* Auf dem mittleren Absatz der geschwungenen Treppe hielt ich dann meine erste Rede auf englisch, die Holthusen mit mir einstudiert hatte.

Die meisten Gäste, aus Deutschland vertrieben, waren bewegt über die Wiederbegegnung mit ihrer Vergangenheit: Kurt Pinthus, Arthur Drey, David Baumgardt, Johannes Urzidil, Ludwig Levin, Peter Döblin, die Witwe von Reinhard Sorge ... Sichtlich gerührt stand Dr. Charles R. Hulbeck – der einstige Dadaist Richard Huelsenbeck – vor dem von ihm verfaßten, in großen Lettern gedruckten Manifest *Der neue Mensch*. Johannes Urzidil erzählte von seinen Begegnungen mit Kafka, und mein Freund Pinthus fand mit seinen Geschichten kein Ende.

Im *Aufbau*, der deutschen Zeitung, die die Emigranten lasen, hatte ich einen Artikel zum Auftakt der Ausstellung geschrieben. Zuvor war ich in der Redaktion am Broadway gewesen. Manfred George, der als Manfred Georg mit seiner Novelle *Der Rebell* in der Ausstellung vertreten war, empfing mich mit großer Herzlichkeit. Ich lernte hier Kurt Kersten, einen ehemaligen *Aktions*-Mitarbeiter, Arthur Drey und David Baumgardt, die einstigen Freunde Georg Heyms, kennen. Ich erlebte ein Stück Heimat über den Dächern von Manhattan. Es gab aber nur ein Thema, das die Menschen damals bewegte: der Eichmann-Prozeß in Jerusalem gegen den Haupttäter der Vernichtung der Juden. Die Berichte wühlten die Davongekommenen auf. Um so dankbarer waren die alten Männer in der Redaktion, daß gerade jetzt der als entartet verfemte Expressionismus, die Geschichte ihrer Jugend, in New York ausgestellt wurde. Allein in der Stadt lebten damals mehr Juden als in ganz Israel. Manfred George, damals achtundsechzigjährig, schrieb dann auch selbst die Kritik: *Eine ungewöhnliche Ausstellung.*

»Es ist ein ganz besonderes Gefühl, das einen packt, wenn man die Ausstellung im neuen ›Goethe House‹ betritt. Sie hat einen etwas zu sachlichen Namen. Unter ›Expressionismus. Literatur und Kunst 1910–1923‹ stellt man sich etwas Schweres, sehr Wissenschaftliches, rein Literaturhistorisches vor. Aber kaum hat man diese von *Paul Raabe* mit unendlicher Sorgfalt und Mühe zusammengestellte, vom Programmdirektor des Goethe House, Holthusen, herübergebrachte Schau betreten, so ist man verzaubert. Denn was sich hier an Wänden und in Glaskästen, in Bildern, Büchern, Manuskripten ausbreitet, das ist die ganze Zeit einer der schönsten Epochen Deutschlands. Es ist jene stürmische, literarische Zeit, in der, in einer Explosion sondergleichen, die jungen Dichter und Denker, Maler und Bildner aufbrachen, um die Himmel ihrer Gefühle zu erobern.

Noch einmal erlebt man das ungeheure Feuerwerk des Geistes, das man als junger Mensch hingerissen und entflammt ringsum sich entfalten sah. Welche Fülle der Gesichte und Gesichter! Hier an der New Yorker Fifth Avenue (gegenüber dem Metropolitan Museum) trifft man sie alle wieder, die Lotz und Benn, die Werfel und Lasker-Schüler, die Hasenclever, Heinrich Mann, Goll, Max Herrmann-Neisse, Arnold Zweig, und wie sie alle heißen. Da blicken Mynona und Franz Pfemfert auf den Besucher nieder, Franz Jung und Ludwig Meidner, Heckel und Däubler und hundert andere.

So viele literarische Seltsamkeiten, Sehenswürdigkeiten, Eigenartigkeiten birgt diese Ausstellung, daß man gar nicht weiß, wo man zuerst hinsehen soll. Jeder, der um die Zeit des ersten Weltkriegs und der Weimarer Republik geistig lebendig gewesen ist, wird hier noch einmal an die Quellen seines Denkens zurückgeführt. Und er wandert umher, von einer Erinnerung in die andere fallend, immer wieder erneut angezogen von einem Porträt, einer Handschrift, einem Vers, der zerstrichen, zerhackt, zerfetzt und hundertmal verbessert später zum Zitat wurde.

Man versäume auch nicht, sich den Katalog der Ausstellung zu kaufen. Denn er ist mehr als ein Katalog. Seine rund 350 Seiten enthalten gleichzeitig Biographien, Briefe, seltene Fotos, ein Panorama der Zeitschriften, Gedichte und Nachweise aller Art. Er ist eine kleine Literaturgeschichte für sich.

Kein Literaturfreund und keiner, der seine Jugend

liebte, versäume diese seltene Schau, die er kaum je wiedersehen wird. Er hat noch bis 31. Mai Gelegenheit, sie zu sehen.«

Das noble, schmale Gebäude des Goethe House war ein idealer Ausstellungsort. Im Erdgeschoß – in der Lobby und drei Räumen – war der Frühexpressionismus präsentiert. Über die breite Marmortreppe erreichte man die nächste Etage, in der in drei getäfelten Räumen, darunter das große Auditorium und Mr. Rebers Office, das er geräumt hatte, die weitere Entwicklung der expressionistischen Literatur ausgebreitet werden konnte. Die Graphik und die illustrierten Zeitschriftenhefte an den Wänden kontrastierten vorzüglich mit dem vornehmen Ambiente. Es erinnerte gewissermaßen an das bürgerliche Zeitalter, gegen das die jungen Dichter und Künstler auf die Barrikaden gegangen waren.

Für die auswärtige Kulturpolitik der Adenauerzeit war die Ausstellung als Beitrag zur Wiedergutmachung an einer ganzen Generation von verjagten und verfolgten Dichtern, Künstlern und Intellektuellen ein Akt von hoher Symbolkraft. Für Hans Egon Holthusen bedeutete es einen vielversprechenden Auftakt seiner erfolgreichen Arbeit als Programmdirektor in New York. Für mich war dieser erste Amerikabesuch ein unvergeßliches Erlebnis.

Emigrantenschicksale an der Ostküste

Meinen Aufenthalt an der Ostküste konnte ich auch für meine eigenen Nachforschungen nutzen, denn ich suchte nach handschriftlichen Quellen zum literarischen Expressionismus. Allerdings habe ich wenig gefunden. Die Emigranten, die ich traf, hatten ihre Habe in Deutschland zurücklassen müssen. Kurt Pinthus war eine Ausnahme: Er hatte seine Bibliothek retten können. Ich habe ihn mehrmals in seiner Professorenwohnung nahe der Columbia University, an der er lange unterrichtet hat, getroffen. Sie war vollgestopft mit Büchern und Papieren. Er war ein sehr produktiver Schriftsteller, für den das Schreiben Lebensinhalt war. Der Unverheiratete hatte in seiner Schwester eine zuverlässige Stütze, die ihm das tägliche Leben erleichterte.

Welch ein spartanisches Leben führte Kurt Pinthus mit seiner Schwester Else im Vergleich zu dem einstigen Kampfgefährten Richard Huelsenbeck. Dieser wohnte am Central Park West in einer großen, vornehmen Wohnung mit moderner Kunst an den Wänden und wundervollen Plastiken von Hans Arp, mit dem er befreundet war. Die Dada-Bewegung, die er im Ersten Weltkrieg mitgegründet, mitgeprägt und schließlich selbst zu einer abgeschlossenen Bewegung erklärt hatte und deren Geschichte er schon 1920 schrieb, lag weit zurück. Immerhin war er neben Tristan Tzara, Hugo Ball und Hans Arp einer der aktivsten und begabtesten unter den aufsässigen Verächtern des Bürgertums gewesen. In seinem Manifest *Der neue Mensch* hatte er sich schon 1917 von der Protestbewegung abgesetzt: »Der neue Mensch zieht es vor, ein guter Akademiker zu sein, wenn er die Möglichkeit hat, ein schlechter Revolutionär zu werden.« An diesen Satz mußte ich denken, als ich dem klugen, gesetzten Herrn gegenübersaß und mit ihm in seinem eleganten Salon Tee trank. Er hatte seinen Namen amerikanisiert, und voller Bewunderung hatte mir Pinthus zuvor erzählt, daß Dr. Charles R. Hulbeck ein bekannter und vielgefragter Facharzt für Psychiatrie geworden sei.

Diesen Status hatte ein anderer Emigrant, dessen Adresse ich im Telefonbuch fand, nicht erreicht. Auch er hatte seinen Namen der neuen Heimat angeglichen, er hieß nun Ernest Angel. Ich habe den Klang seiner Wiener Stimme noch im Ohr, als ich ihn anrief und er das kurze Gespräch mit der Bemerkung beendete: *»There are so many waiters.«* Auch er hatte als Sozialpsychologe in Amerika ein neues Leben beginnen müssen. Seine Karriere als Filmregisseur, Kritiker und Filmverleger im Berlin der 1920er Jahre war jäh abgebrochen. Am Spätexpressionismus war er mit einem Gedichtband beteiligt: *Sturz nach oben.* Darin steht das Gedicht *Vaterhaus*, das Ernst Angel allerdings schon als Wiener Gymnasiast geschrieben hat:

Vaterhaus

Wie gern läßt Haß sich mit Respekt maskieren!
Der Sitte Mantel deckt Verwirrung schonend –
Und ihr – in tausend Tränen – drinnen wohnend
mit euren Vätern, geldgeborenen Tieren.

Die peitschen euch, gewandt auf allen vieren,
durch Marterschule und durch Weltenbangen:
zu Huren flüchtet euer Glückverlangen,
indes die Schwestern schon in Ehen frieren.

Hat keiner, also grauenvoll verkettet,
sich kraftgespannt und bebend losgerungen,
hat keiner sich den blanken Schild gerettet,
den Tatenschild? Sterbt ihr so schnell, ihr Jungen?

Hat jener *erste* Vater schlecht gewettet,
als er die Welt dem Chaos abgezwungen?

Für den Nachdruck des Gedichtheftes, das ich später in der *Bibliothek des Expressionismus* im Verlag Kraus Reprint herausgab, hat der achtzigjährige Verfasser nach 60 Jahren ein Vorwort geschrieben:

»VATERHAUS: Zuerst veröffentlicht im ANFANG, Zeitschrift der protestierenden Jugend, wurde zum Signal einer ›anti-Vater‹-Bewegung, die in Bronnens Drama VATERMORD kulminierte. VATERHAUS wurde Dutzende Male nachgedruckt, von der katholischen Presse als Zeichen wachsender Jugendverderbnis denunziert, von der Wiener psychoanalytischen Gesellschaft analysiert – bis schließlich der ergrimmte Vater des siebzehnjährigen Autors den Sohn aus dem Hause wies.«

Der Abend bei Ernest Angel und seiner jüngeren Frau, einer aufreizend wirkenden Amerikanerin, war von einer antideutschen Stimmung geprägt. Mein Gastgeber vermied es, vielleicht seiner Frau zuliebe, ein Wort Deutsch zu sprechen. Das Gesprächsthema war auch hier die Vernichtung der Juden und das Unbegreifliche, daß Deutsche zu solchen Untaten fähig gewesen waren. Immer wieder kam die nicht zu beantwortende Frage: Wie war es möglich? Der Schrecken, den die expressionistischen Dichter vorausgeahnt hatten, war grausame Realität geworden. Allzugut konnte ich die Verbitterung in vielen Gesprächen verstehen.

Wie ganz anders aber war die freundliche, höfliche Aufnahme bei Rudolf Kayser, dem Schriftsteller, Kritiker und Gelehrten. Er hatte von 1923 bis 1933 die *Neue Rundschau* im S. Fischer Verlag herausgegeben, auch er mußte als Jude Deutschland verlassen und lebte seit 1935 in New York. Nach dem Kriege hatte er sechs Jahre als Professor an der Brandeis University unterrichtet. Es war eine aufregende Taxifahrt entlang dem Hudson gewesen, der Washington

Bridge entgegen, die sich in einem kühnen Schwung über das Wasser spannt. In unmittelbarer Nähe der Brücke wohnte Rudolf Kayser in einem der Castles hoch über dem Hudson River. Er war sichtlich erfreut, daß ich ihm so viele freundliche Worte über seine frühen Kritiken und Aufsätze zum Expressionismus sagte. Sie zeichneten sich durch eine kluge Ritterlichkeit aus, und es tat mir leid, daß wir ihn in unserem Expressionismus-Katalog nicht häufiger zitieren konnten. Die Stunden vergingen im anregenden Gespräch wie im Fluge. Rudolf Kayser war ein sehr warmherziger, vielseitig interessierter Gelehrter, gebildet, belesen. Gegen Abend kam seine Frau von der Arbeit, ebenso freundlich und sympathisch. Wie gern hätte ich Rudolf Kayser wiedersehen mögen. Doch er starb drei Jahre später.

Sehr angenehm war auch der Abend bei Johannes Urzidil und seiner Frau. Er hatte mich nach der Ausstellungseröffnung zusammen mit der Bibliothekarin des Goethehauses eingeladen. Da ich sein Buch *Goethe in Böhmen,* das zum Goethejahr 1932 erschienen war, mit großem Genuß und Gewinn während meiner Hamburger Assistentenzeit bei Hans Pyritz gelesen hatte, ergab sich gleich ein anregendes Gespräch. Stolz zeigte er uns seine kleine Goethesammlung: Drucke, Stiche, einige Handschriften, liebevoll in einer Vitrine zusammengestellt. Wie Ernst Angel war er am Expressionismus nur mit einem Gedichtband, *Sturz der Verdammten* – immerhin in Kurt Wolffs Schriftenreihe *Der jüngste Tag* 1919 veröffentlicht –, am Rande noch beteiligt. Als Prager Schriftsteller war er mit Max Brod und Franz Kafka, Otto Pick und Oskar Baum und anderen befreundet gewesen. Er arbeitete damals als Presserat an der Deutschen Gesandtschaft in Prag. Diese Zeit konnte Urzidil wundervoll schildern. Er war überhaupt ein hinreißender Erzähler. Unvergeßlich ist mir die Geschichte seiner Flucht aus Europa geblieben, wie er 1941 in London mit einer reichen Dame bekannt wurde und dann mit seiner Frau als einzige Passagiere über den Ozean entkommen ist auf einem Schiff, auf dem geheimnisvolle, gutgekleidete Herren Dienst taten und das in einem Geleitzug, von englischen Kriegsschiffen umgeben, den Atlantik überquerte, und wie am Pier von New York eine Stimme immer wieder rief: »Urdschidill, Urdschidill.« Es stellte sich heraus, daß eine Freundin der englischen Dame sie aufnehmen wollte. Erst später erfuhr er, daß er mit dem Schiff gefahren war, auf dem die Bank von England ihre Goldbarren nach Amerika in Sicherheit brachte. Urzidil hat das Abenteuer später in einem seiner lesenswerten Erzählbände dargestellt.

So erlebte ich einige deutsche Emigrantenschicksale in New York. Von dem heimatlosen Herbert Steiner, dem Herausgeber der Werke Hofmannsthals, der zeitweise in Marbach ein Unterkommen gefunden hatte, könnte ich berichten, wie er – bereits krank und fast orientierungslos – mit nachtwandlerischer Sicherheit im riesigen Moloch New York sein Restaurant ansteuerte. Oder von Ludwig Levin, der von 1914 bis 1933 die Lessing-Hochschule in Berlin geleitet hatte und mit dem ich durch Kurt Pinthus zusammengekommen war. Von Kadidja Wedekind, der Tochter von Frank Wedekind, die das gleiche Hotel wie ich auf der West Side von Manhattan bewohnte und die mir manchen praktischen Tip gab und mir ihre *pots and pans* überließ, als sie fortreiste.

Nur einen habe ich nicht mehr sehen können, mit dem ich mich schon verabredet hatte: I. B. Neumann, den berühmten Kunsthändler in New York. Er starb in der Nacht, als wir die Ausstellung im Goethehaus mit den Werken des

Expressionismus eröffneten, die sein Leben geprägt hatten. Ich hatte mich von Marbach aus angemeldet, und er antwortete:

III / 18. / 1961

HOCHERFREUT, lieber Dr. Raabe, daß Sie die Expressionismus Ausstellung nach New York bringen.

NATÜRLICH werde ich Ihnen helfen soweit als möglich.

Ich habe den sehr schönen Katalog genau studiert und hoffe Ihnen Einiges zu leihen das Sie nicht haben.

(Momentan bin ich im Krankenhaus. 3 Tage nach Operation hoffe aber in einer Woche wieder zu Hause zu sein und Anfang April werde ich wieder tätig sein.)

Wer hat den Kubin Katalog verlegt? Hauswedell in Hamburg? Möchte gern ein Exemplar bestellen.

Alle die jetzt berühmten Namen habe ich nicht mehr. Alles längst weggegeben – aber ich habe hohe Qualität von Künstlern, die mir bisher niemand weggeholt hat und ganz weniges das ich mit den Zähnen halte.

Ich freue mich auf Ihren Besuch –

herzlichst Ihr I. B. Neumann.

Sein Tod überschattete die letzten aufregenden Tage meiner ersten Amerikareise. Auch sein Leben war ein Emigrantenschicksal.

Wiedersehen mit Hamburg

»Das hanseatische Lebensgefühl ist mit dem stürmischen Ethos und der formzertrümmernden Sprachgestaltung des Expressionismus von Haus aus völlig unvereinbar. Ein

Dichter, der sich – nach Kasimir Edschmids Worten – so ekstatisch gebärdet, daß es erscheint, er trüge sein Herz auf der Brust gemalt, kann in der Luft an Elbe und Alster nicht gedeihen. Lessings klarer und vernünftiger Geist bildet ein Bollwerk gegen den Ansturm allzu wilder Erregungen.«

Das schrieb Hans Harbeck, ein freundlicher, älterer, sehr gesprächiger Herr, den ich bei der Eröffnung unserer Expressionismus-Ausstellung im Oktober 1961 in Hamburg traf und der in seiner frühen Zeit auch expressionistische Gedichte geschrieben hatte. Doch Ausnahmen bestätigen die Regel. Nicht nur lebte draußen in Blankenese seit der Jahrhundertwende der Dichter Richard Dehmel, Beichtvater und Seelentröster aller jungen, künftigen expressionistischen Autoren, sondern es gab nach dem Ersten Weltkrieg in Hamburg eine der flammendsten Zeitschriften, *Die rote Erde*. Sie redigierte ein Dichter, Karl Lorenz, der wie ein endlos rauschender Wasserfall jahrelang wilde Verszeilen aufs Papier warf. Daß auch ein so populärer Hamburger Schriftsteller wie Hans Leip in seiner Jugend expressionistische Verse im Stil von Franz Werfel geschrieben hat, wußte ich damals noch nicht.

Doch der Anlaß, die Expressionismus-Ausstellung in Hamburg zu zeigen, ging von Karl Ludwig Schneider aus, der wiederum mit dem Direktor der Staats- und Universitätsbibliothek, dem unvergessenen, einflußreichen Hermann Tiemann, seit den Zeiten der *Hamburger akademischen Rundschau* befreundet war. So kam ich im Herbst 1961 – die New Yorker Ausstellung lag vier Monate zurück – wieder nach Hamburg, in die Stadt meiner akademischen Anfänge, die ich Ende März 1958 mit der Absicht verlassen hatte, ihr auf längere Zeit den Rücken zu kehren. Die leidvolle Pyritz-Geschichte hatte mich noch in Marbach verfolgt: Der Professor mit dem roten Bademantel geisterte jahrelang durch meine Träume. Das Wiedersehen in Hamburg hat mich endgültig von diesem Trauma befreit.

Die Ausstellung sollte in dem damaligen Hauptgebäude der Bibliothek an der Ecke Moorweidenstraße, dem ehemaligen Wilhelm-Gymnasium, stattfinden. Es war mir sehr wohl vertraut, denn dort befand sich damals auch die Bibliotheksschule. So war es für mich wie ein Heimspiel, an diesem Ort, an dem ich sozusagen groß geworden war, die Marbacher Ausstellung aufzubauen. Die wilhelminische Architektur des einstigen Schulgebäudes eignete sich vorzüglich für eine Geschichte, deren Akteure eben solchen herrschaftlichen, einschüchternden Schulhäusern entronnen waren. Im Erdgeschoß linker Hand vom Eingang lag der Vortragsraum, ideal, um dort die Bücher, Handschriften und Dokumente der Vorkriegszeit in Vitrinen an den Wänden und in der Mitte des Raumes großzügig auszubreiten. Allerdings erreichte man den weiteren Teil der Ausstellung nur über eine breite Treppe. In dem ovalen Umgang um den Lichthof, von dem die Arbeitsräume abgehen, wurden weitere Vitrinen in großer Zahl aufgestellt, die reichlich Platz boten, den Expressionismus in und nach dem Ersten Weltkrieg darzustellen: die Bücher, Zeitschriften, Schriftenreihen. An den Außenwänden zeigten wir Graphik, Josua Reicherts Gedichtfahnen gaben der Ausstellung auch hier den modernen Akzent.

Die Eröffnung fand im Rahmen der 50. Jahrestagung der Maximilian-Gesellschaft statt, der in Hamburg beheimateten Bibliophilengesellschaft, an der ich später lange Jahre mitgewirkt habe. Die Gäste versammelten sich im Lichthof, Karl Ludwig Schneider sprach über den *Expressionismus in Dichtung und Malerei.* Der Vortrag erschien einige Jahre später als einleitender Aufsatz seines Buches *Zerbrochene Formen.*

Willy Haas, der aus Prag stammende Schriftsteller und Herausgeber der *Literarischen Welt* in den 1920er Jahren, inzwischen Feuilletonchef der Hamburger Zeitung *Die Welt* – auch er ein Überlebender und verjagter Autor –, berichtete über die Tagung der Maximilian-Gesellschaft einige Tage später:

»Der Clou und das *pièce de résistance* der Tagung war ihr Abschluß: eine Ausstellung der mit Recht hochberühmten Sammlung des deutschen literarischen Expressionismus aus dem Marbacher Schiller-Archiv, eröffnet von dem Präsidenten der Maximilian-Gesellschaft und Leiter der Hamburger Staatsbibliothek, Prof. Dr. Tiemann, und eingeleitet durch eine sehr interessante, aber leider etwas akademische Rede eines exakten Spezialisten, Prof. Dr. Schneider, und durch einen Marbacher selbst, Dr. Raabe, der diese einzigartige Sammlung zusammengebracht und hier in Hamburg wirkungsvoller als jemals zuvor ausgestellt hat.

Darüber ließe sich ein ganzer Band schreiben. Alfred Kerr nannte einmal diese literarischen Expressionisten ›Nachfahren von Vorfahren‹, also die Bewegung ohne eigentlichen Kern, und sie war auch wirklich niemals eine echte stilistische Einheit, wie etwa der französische Klassizismus. Und doch reichen diese ›Nachfahren von Vorfahren‹ von Georg Trakl, Franz Werfel und Else Lasker-Schüler um 1910 bis zu Elisabeth Langgässer und Ingeborg Bachmann, also bis zum heutigen Tage. Eine Dauer und eine Tradition von gut und gern fünfzig Jahren, die sich damals, als sie begann, keiner hätte träumen lassen.«

Wieder hatte ich nach den Reden die bekannten und unbekannten Interessierten geführt. Unter meinen Zuhörern wird vermutlich auch Dr. Erhart Kästner gewesen sein, dessen Nachfolger ich später in Wolfenbüttel geworden bin. Der Wolfenbütteler Bibliotheksdirektor hatte am Vormittag des gleichen Tages, als ich noch letzte Hand an die Ausstellung legte, den Festvortrag der Tagung über das *Malerbuch unserer Zeit* gehalten. Damals müssen sich unsere Wege zum erstenmal gekreuzt haben, ohne daß wir voneinander wußten.

Selbstverständlich waren auch »Ehemalige« gekommen, wie der eingangs zitierte Hans Harbeck, damals ein Hamburger Original, auch Kurt Hiller und in Begleitung seiner Frau Professor Lothar Schreyer. Dr. Gerhard Alexander, Bibliotheksoberrat an der Staatsbibliothek, mein verehrter Lehrer, und ich hatten ihn ein paar Tage zuvor besucht und zusätzlich Leihgaben für unsere Ausstellung erbeten. Er wohnte seit Jahrzehnten am Rande von Hamburg in Wohltorf. Der weißhaarige alte Herr mit dem schmalen, durchgeistigten Gesicht hatte längst den Expressionismus hinter sich gelassen, an dem er als Dichter, Schriftleiter des *Sturm,* Herausgeber der *Sturm-Bühne* und Leiter der *Kampfbühne* in Hamburg um 1920 als enger Vertrauter Herwarth Waldens mitgewirkt hatte. Seine *Kreuzigung. Spielgang Werk VII* führte ihn 1921 nach Weimar, wo er am Staatlichen Bauhaus als Lehrer tätig war. Er war ein experimenteller Künstler, ein Avantgardist. Ende der 1920er Jahre konvertierte er zum Katholizismus und wurde ein sehr gläubiger Mensch, der der christlichen Mystik zuneigte. Dies alles wußten wir nicht, als wir dem alten Herrn gegenübersaßen, aber ahnten es, denn er lebte unter Heiligen- und Engelbildern, die er teilweise selbst gemalt hatte. Seine zahlreichen Kunstbücher waren Ausdruck einer christlichen Frömmigkeit.

Um so verwunderlicher war es, daß Lothar Schreyer

uneingeschränkt zu seiner expressionistischen Vergangenheit stand und seine Erinnerungen an den *Sturm*-Kreis in einigen wichtigen Büchern veröffentlichte. Mit Nell Walden war er befreundet, mit ihr hatte er 1954, wie erwähnt, das früheste retrospektive Buch über den *Sturm* veröffentlicht. So war es für ihn auch eine Selbstverständlichkeit, sein *Sturm*-Archiv mit den Jahrgängen der Zeitschriften, den Publikationen und Dokumenten des *Sturm*-Verlages dem Deutschen Literaturarchiv vor seinem Tode zu vermachen. An unsere Begegnung hat sich eine herzliche Korrespondenz angeschlossen: Lothar Schreyer hatte eine winzige, schwer zu entziffernde Handschrift. Er verfolgte meine Arbeiten mit großer Zustimmung. Als er nach dem Schlaganfall die Feder nicht mehr führen konnte, tat es seine ihn hingebungsvoll betreuende Frau für ihn. Er starb am 18. Juni 1966, kurz vor seinem 80. Geburtstag. Der Tod war eine Erlösung.

Ich habe es als Geschenk und Glück empfunden, vielen, in hohem Alter stehenden einstigen Autoren des Expressionismus noch begegnet zu sein. Diese Überlebenden einer literarischen Generation – die Älteren, die frühen Wortführer waren nicht mehr am Leben – trugen die Erinnerungen an ihre Jugend im Herzen. Sie vergaßen sie auf den langen, verschlungenen Lebenswegen nicht, wenngleich sie viele Einzelheiten verdrängt hatten. Die Betrachtung der Bücher und Bilder unserer Ausstellung wurde für sie ein Wiedersehen. Sie kehrten in ihre Vergangenheit heim. Dies mitzuerleben war für uns, die Vertreter der nachgeborenen Generation, oft ein überwältigendes Erlebnis. Für alle, die dabeigewesen sind, bedeutete die Expressionismus-Ausstellung in Marbach und München, Berlin, Hamburg und New York eine Wiederbegegnung mit einer untergegangenen literarischen Welt.

Expressionismus in Florenz

Eine lange rote Fahne hing von der trutzigen Fassade des Palazzo Strozzi herab. Darauf konnte man in großen weißen Lettern lesen: *L'Espressionismo.* Greve und ich fielen uns in die Arme. Nun hatte unser Expressionismus den endgültigen Durchbruch geschafft. Wir waren mit Verspätung angelangt und hatten noch einen Bummel durch das Zentrum des nächtlichen Florenz unternommen. Es war der erste pompöse Eindruck von dem *XXVII. Maggio musicale 1964*, der, angeregt durch die Marbacher Ausstellung, ganz im Zeichen des Expressionismus stehen sollte.

Eine Woche lag vor uns, in der wir die *Mostra documentaria dell' Espressionismo* in den hohen Sälen der Nationalbibliothek aufbauten. Wir hatten die Belegung der 18 Vitrinen zu Hause zwar etwas vorbereiten können, doch vor Ort war alles anders: Wir mußten improvisieren, ohnehin hatte die Ausstellung nur noch wenig mit der Marbacher, die vier Jahre zurücklag, zu tun. Seltsam fremd und stumpf nahmen sich die Bücher und Dokumente, die Handschriften und Fotos in den wuchtigen Vitrinen der großen marmornen Säle mit ihren Säulen und Dekorationen aus. Auch die Gedichtfahnen wirkten wie erdrückt von der einschüchternden Architektur der Biblioteca nazionale centrale. Außerdem waren die italienischen Kollegen arrogant und unnahbar.

Um so mehr genossen wir die Stadt. Wir nahmen uns jeden Morgen ein paar Stunden Zeit, um vor der Arbeit die schönsten und aufregendsten Sehenswürdigkeiten, die Kirchen und Kathedralen, vor allem die Uffizien zu besuchen und die Werke der Renaissance zu bewundern. Ludwig Greve war ein wundervoller Cicerone. Sein akzentfreies Italienisch, das er im Zweiten Weltkrieg auf der Flucht, in einem Kloster bei Lucca versteckt, gelernt hatte, kam uns in der Bibliothek zugute und verblüffte sogar die routinierten Kellner, die felsenfest überzeugt waren, Greve könne nur ein Lombardese sein.

Höhepunkt der Festveranstaltungen im Mai und Juni 1964 mit Konzerten und Theateraufführungen, Filmen und Ausstellungen, die sich alle im weitesten Sinne auf den deutschen Expressionismus bezogen, war der einwöchige internationale Kongreß über die Erforschung des Expressionismus, der am Pfingstmontag morgen – in Italien feiert man die drei großen christlichen Feste nur am jeweiligen Sonntag – im Palazzo Vecchio, dem berühmten Rathaus der Stadt, offiziell eröffnet wurde. Die Gäste begaben sich danach zur Nationalbibliothek, wo die Vernissage unserer Ausstellung mit einer temperamentvollen Rede von Paolo Chiarini, dem italienischen Expressionismusforscher, stattfand.

Am Nachmittag besuchten wir zu dritt – auch Dr. Zeller war gekommen – die große Ausstellung expressionistischer Kunst im Palazzo Strozzi. Wir waren entsetzt über die Inszenierung der Bilder: Die Ausstellungsmacher hatten Gipswände nach dem Vorbild der Kulissen des *Dr. Caligari*-Films schief und verwinkelt bauen lassen, an denen wie überdimensionale Briefmarken die schönsten Werke von Kirchner und Schmidt-Rottluff, von Kandinsky und Macke, von Klee und Feininger und vielen anderen klebten. Es war verständlich, daß der deutsche expressionistische Film in der Retrospektive in Italien Furore machte. Doch als Staffage einer Bilderausstellung war die Wiederholung expressionistischer Architekturvorstellung gänzlich ungeeignet.

Unser Abschied war die Teilnahme an dem abendlichen

Empfang im Saal des Palazzo Vecchio für die rund 100 Teilnehmer des Kongresses. Die italienische Gastfreiheit war überwältigend. Der Bürgermeister der Stadt, der sehr agile Giorgio La Pira, schwebte höchstpersönlich mit einem Tablett durch den Saal und bot den Gästen die köstlichsten Häppchen an. Es war eine sehr gelöste Stimmung. Allgemein wurde bedauert, daß die einstigen Mitwirkenden des Expressionismus fehlten: Man hatte versäumt, die noch lebenden Zeitzeugen einzuladen! Eine einzigartige Gelegenheit war vertan worden. So waren Kurt Pinthus und viele andere verständlicherweise verärgert. Nur Hans Rothe, der in Florenz lebende Shakespeare-Übersetzer, gesellte sich zu uns. Aufgeregt lief Lavinia Mazzucchetti, eine höchst streitbare Dame, die den deutschen Expressionismus noch miterlebt hatte und Widerstandskämpferin im Zweiten Weltkrieg gewesen war, durch den Saal und suchte Clemens »Eselaus«, den sie irgendwelcher Schandtaten verdächtigte. Er war noch nicht anwesend, denn Clemens Heselhaus sollte erst an einem der nächsten Tage mit Hans Mayer, Fritz Martini und den italienischen Germanisten Ladislao Mittner und Paolo Chiarini über den literarischen Expressionismus diskutieren. Wir haben dieses Podiumsgespräch nicht mehr miterlebt, da wir am nächsten Tag zurückflogen.

Professor Martini, der Stuttgarter Germanist, der schon 1948 ein kleines Buch über den Expressionismus geschrieben hatte – seit Jahren pflegte er enge Beziehungen zu Marbach –, veröffentlichte einen ausführlichen Bericht über den Kongreß in der *Stuttgarter Zeitung*: Wie Florenz die Revolte des deutschen Expressionismus entdeckte. Er ging ausführlich auf das Kolloquium ein. Da es die damalige Situation der Germanistik spiegelt, ist es angebracht, daraus einige Sätze zu zitieren:

»Der Germanist der Florentiner Universität, Vittorio Santoli, lenkte mit lächelnder Eleganz eine vielstündige Debatte. Eine wesentliche Basis bildete ein voluminöses, exakt-tiefgründiges Referat des Germanisten der Universität Venedig, Ladislao Mittner, über die literarische Gesamtbewegung zwischen dem Impressionismus und der Neuen Sachlichkeit. Hans Mayer hatte ein Referat über ›Ausklang und Erbe des Expressionismus‹ vorgelegt; Heselhaus und der Verfasser dieses Berichts sprachen jeweils über die Lyrik und die Prosa. Solche Aufgabenteilung folgte Prinzipien der Stilgeschichte, der Gattungsästhetik. Hans Mayer hingegen vertrat mit Verve und Eloquenz die historische und soziologische Perspektive – der Morphologie der Stilformen feindlich, die sich bemüht, das spezifisch Expressionistische aus jener Stilpluralität herauszuarbeiten, welche die europäische Kunstgeschichte seit 1900 aufweist. Der Expressionismus war für Mayer ein dominant politisch-gesellschaftlicher Vorgang, eine Revolution, die wenigstens theoretisch zur aktiven Weltveränderung zielte ...

Unverkennbar kommt die soziologische Perspektive einer Interessenrichtung der jüngeren italienischen Literatur- und Kulturforschung entgegen; sie interessiert der Expressionismus als Ausdruck der Geschichte und Gesellschaft Deutschlands, erst in zweiter Linie als Kunstbewegung. Um so auffallender wurde, daß einer der gescheitesten Repräsentanten dieser jungen Forschergeneration, Paolo Chiarini, in der Hand das druckfrische Exemplar seines neuesten Buches *Caos e Geometria*, eine Darstellung der expressionistischen Programmschriften in Zitaten und Auszügen, zum gesunden Positivismus der Erforschung sehr widerspruchsreicher Quellenzeugnisse zurückzusteuern bemüht war. War die ältere Generation eher geneigt, das Expressionistische in aller Weltgeschichte und in allen Welträumen der Kunst aufzusuchen – die Jüngeren wollen wie ihre deutschen Kollegen die exakte Orientierung an den Sachen und Zeugnissen.«

Paolo Chiarini, der häufiger in Marbach zu Gast war, hatte sich der Marbacher Sichtweise, den Expressionismus aus den Quellen als breite künstlerische, literarische und am Ende auch politisch konfigurierte Bewegung zu verstehen, angeschlossen. Die Akten des Kongresses allerdings erschienen erst 20 Jahre später. Auch Chiarinis Vorschlag am Ende des Kongresses, eine internationale Auskunftsstelle zur Erforschung des Expressionismus zu schaffen, kam nicht zustande. Aber war nicht das Deutsche Literaturarchiv in Marbach inzwischen eine Anlaufstelle für alle Germanisten geworden, die sich über den Forschungsstand zum Expressionismus informieren wollten?

Eine Wanderausstellung geht um die Welt

Im Herbst 1961 machte das Institut für Auslandsbeziehungen in Stuttgart dem Deutschen Literaturarchiv den Vorschlag, eine Tafelausstellung zum deutschen Expressionismus zusammenzustellen. Mit großer Begeisterung traf ich die Vorbereitung, denn der Plan kam eigenen Vorstellungen entgegen. In Absprache mit dem Cotta Verlag wollte ich einen großen Text- und Bildband zur Geschichte des literarischen Expressionismus aufgrund meiner erworbenen Kenntnisse herausgeben.

Mit einem Graphiker wurde das Ausstellungskonzept erarbeitet, eine Bildauswahl getroffen, Filme waren für die 150 Objekte als Druckvorlagen zu beschaffen, schließlich wurden die Reproduktionen samt den Beschriftungen auf 15 großformatige Tafeln montiert. Es war eine dankbare Aufgabe, die Dokumente unabhängig von den Vitrinen thematisch zu gliedern. Durch die weiteren Tafeln mit 15 Reproduktionen expressionistischer Ölbilder entstand eine sehr lebendige Einführung in die Literatur und Kunst des Expressionismus. Ergänzt wurde die Ausstellung durch eine kleine Bibliothek von Kunstbüchern und expressionistischen Texten, Ausgaben, Anthologien, Reprints. Auch einige Schallplatten, ein Faltblatt in Englisch mit einer Kurzbeschreibung der Tafeln und einer Einführung wurden der Sendung beigelegt. Der Schluß meines Textes lautete:

»Aber in der Erinnerung ist die Emphase dieser expressionistischen Bewegung geblieben, der deutsche Glaube an den Geist und an die Macht des Wortes und der Kunst. Geblieben ist der Nachhall der Rufe und Manifeste, der Gedichte und Theaterstücke, und geblieben sind, soweit sie die Katastrophen des Jahrhunderts überstanden, die bedeutenden Bilder und Plastiken der expressionistischen Maler und Bildhauer.

Die Erinnerung an Namen und Begebenheiten, an Bücher und Zeitschriften, die ein Jahrzehnt eine Jugend begeisterten, kann eine Ausstellung wecken. Sie möchte die vergessenen und verschollenen Dichter und Schriftsteller ins Gedächtnis rufen, sie beim Namen nennen, und die Reproduktionen der Bilder wollen einen direkten Zugang zu den großen Werken expressionistischer Kunst ebnen. Die Ausstellung soll auch zeigen, daß man im heutigen Deutschland das Andenken an diese künstlerische Epoche ehrt und sich mit ihren Problemen auseinandersetzt. Hinter den Dokumenten verbirgt sich tragisches Schicksal. Getötet, verfolgt, verjagt, verfemt – das wurde 1933, als

Hitler in satanischer Perfektion sein Zerstörungswerk begann, das grausige Schicksal vieler aus dieser vom Kampf erfüllten und von Glauben und Hoffnung getragenen Generation. Sie hatten in dem Tausendjährigen Reich keinen Platz, und in der Emigration verhallten ihre Klagen: ›Ein deutscher Dichter bin ich einst gewesen.‹

Die Ausstellung kann nur Stichworte und Beispiele geben. Die Namen stehen auch für die vielen Ungenannten, denn gerade die Überfülle an Talenten charakterisiert diese expressionistische Generation. Die der Ausstellung beigegebenen neuen Bücher, die Bildbände über die Kunst, die Ausgaben der Dichtungen, die Neudrucke der Zeitschriften und die wenigen Schallplatten sollen dem Besucher einen tieferen Einblick in diese letzte große geistige Bewegung geben.«

Die Ausstellung wanderte um die Welt. Sie fand überall lebhaften Anklang. Es sei der größte Ausstellungserfolg, den das Institut für Auslandsbeziehungen je gehabt habe, behauptete der Ausstellungsleiter, der liebenswürdige Hermann Pollig. Aus Pretoria in Südafrika kam ein kurzer Bericht: »Bei dieser äußerst interessanten und aufschlußreichen Ausstellung fiel vor allem die gute Auswahl von deutscher expressionistischer Graphik auf, ferner die mit großer Sorgfalt zusammengestellten Tafeln, die den Expressionismus in Literatur und Theater darstellen. Die wunderschönen Kunstbücher werden besonders geschätzt. Eine schöne Ausstellung.«

In vielen Städten und Ländern wurde die Ausstellung in deutschen Bibliotheken, Kulturinstitutionen und Goethehäusern gezeigt: in Spanien und England, in Ägypten und Marokko, in kanadischen und amerikanischen Institutionen. In Ankara wurde sie, von Aleppo kommend, von dem türkischen Erziehungsminister eröffnet. An vielen Orten verbanden die Veranstalter die Ausstellung mit Filmabenden, Lesungen und Vorträgen über deutsche Kunst und Literatur. Zeitweise mußten zwei Kopien der Tafeln weitergereicht, später nach einigem Verschleiß sogar ganz neue hergestellt werden. Sie war viele Jahre unterwegs. Im April 1967 wurde sie zum Beispiel in der Bibliothek der Monash University in Melbourne in Australien von dem deutschen Generalkonsul mit einem Vortrag von Professor Richard Samuel eröffnet, der mit seinem Kollegen R. Hinton Thomas 1939 das erste englische Buch über den deutschen Expressionismus veröffentlicht hatte. Der bekannte Kleistforscher Richard Samuel, ein freundlicher älterer Herr, kam mehrfach nach Marbach. Die Ausstellung hatte Professor Leslie Bodi organisiert, ein aus Ungarn geflohener Germanist. In zahlreichen Vitrinen waren zusätzlich die vielen in der Universitätsbibliothek Melbourne vorhandenen Expressionismus-Bücher ausgelegt worden.

Ich bin davon überzeugt, daß diese Tafelausstellung sehr zur Verbreitung der Kenntnisse über die literarische Bewegung gerade bei den Auslandsgermanisten beigetragen hat. Sie sind ja die Botschafter deutscher Kultur in der Fremde, und Ausstellungen können als Demonstrationen gegen das Vergessen verstanden werden. Als ich längst in Wolfenbüttel tätig war, hörte ich hin und wieder von ausländischen Kollegen, daß sie irgendwo in der Welt die Wanderausstellung gesehen hatten. Sie führte inzwischen ein Eigenleben.

Ad fontes – zurück zu den Quellen

Paul Raabe. Fotografiert von Thea Sternheim.
1963 in Basel.
Foto: Paul Raabe Archiv

Unter Siegfried Buchenaus Ägide

Siegfried Buchenau, Sohn eines bekannten Numismatikers, hatte eine wechselvolle Verlagstätigkeit hinter sich, als ich ihn 1956 in Hamburg kennenlernte. Unter seinem Freund Ernst Rowohlt war er gerade Mitgeschäftsführer des Verlags geworden. Er leitete die Herstellungsabteilung und war selbst ein unerbittlicher Büchermacher. Im Winter 1956/57 saß ich jede Woche einen langen Abend an seiner Seite, um, wie erwähnt, das Kubin-Buch herzustellen. Es war eine lehrreiche Erfahrung. Vom Entwurf des Subskriptionsprospekts bis zur Bauchbinde des fertigen Buches wurde alles gemeinsam überlegt, das Layout entwickkelt, die Typographie festgelegt, jede Illustration ausgewählt und für die Reproduktion vermessen. Als die Andrucke vorlagen, wurden sie in den von Buchenau persönlich geklebten Umbruch sorgfältig eingefügt. Das Buch konnte endlich im Februar 1957 in Druck gehen. Buchenau, wieder einmal ans Bett gefesselt, ließ sich die Aushängebogen per Eilboten zur letzten Kontrolle zusenden. Er nahm sie Seite für Seite durch, seinem prüfenden Auge entging nichts. Da entdeckte er, empört und sicherlich laut fluchend, in der zweite Spalte auf Seite 66 eine Zeile, die – das war dem Laienauge des Autors bei den Korrekturen nicht aufgefallen – einen Punkt zu groß gesetzt und gedruckt war. Unsereins würde sich zwar ärgern, sich aber in den Lauf der Welt schicken. Nicht so Buchenau: Er rief unverzüglich in der Druckerei in Oldenburg an, schlug ein Donnerwetter (das vermute ich) und ordnete an, daß der betreffende halbe Bogen auseinanderzutrennen, der fehlerhafte Viertelbogen einzustampfen und durch einen korrigierten Druck zu ersetzen sei – obwohl es wieder einmal mehr als pressierte. Jede Stunde war vorausberechnet, denn Buchenau hatte, wie immer, einen detaillierten Terminplan ausgearbeitet. Nun waren Überstunden erforderlich. Das Kubin-Buch sollte zum 80. Geburtstag des Künstlers am 10. April erscheinen – und es erschien. Aber es hieß, die Stalling-Drucker hätten sich bei dieser Anordnung die Haare gerauft.

Aber so war Buchenau, ein Mann der alten Schule, korrekt, verläßlich, unbestechlich, vorbildhaft. Übrigens sollte ich in diesem Zusammenhang erwähnen, daß ich in dem Kubin-Buch zum erstenmal einen Text aus dem Expressionismus »edierte«. Es war ein Gedicht des sechsundzwanzigjährigen Ernst Jünger von 1921, geschrieben ein Jahr nach seinem ersten Buch *In Stahlgewittern*.

Zu Kubin's Bild: Der Mensch

Traum, hirndurchglüht, wird Vision, Krystall,
Urfrage Sein zu Wahnsinn, Katarakt:
Aufrechter Mensch, geschleudert in das All,
Orkan im Haar, bleich, einsam, nackt.

Ausschnitt endloser Kurve dämmert Welt,
Absturz in Dunkel, transzendenter Schwung,
Aufschrei das Leben, jäh aus Nichts geschnellt,
Ein Rampenlicht zu irrem Zirkussprung.

Dem Entdecker, dem Kubin-Sammler Kurt Otte, erläuterte Ernst Jünger die Entstehung dieses spätexpressionistischen Textes in einem Brief: »Das Gedicht betrachte ich mehr als eine expressionistische Jugendsünde. Alle Gedichte aus jenen Jahren habe ich sorgfältig vernichtet, und es bedurfte eines Archivsalamanders von Ihrer Findigkeit, um dieses nach fünfunddreißig Jahren aus den verstaubten Papieren von Alfred Kubin wieder ans Licht zu ziehen ...«

Siegfried Buchenau war ein Liebhaber des schönen Buches. Er hatte in den 1920er Jahren in seinem kurzlebigen Verlag von heutigen Sammlern gesuchte Drucke herausgegeben, wie Thomas Manns *Wälsungenblut* mit den Lithographien von Thomas Theodor Heine, Charles de Costers *Smetse, der Schmied* mit den Federzeichnungen von Alfred Kubin, Dostojewskis *Der Spieler* mit den Bildern von Ottomar Starke u. a. So war er prädestiniert, das Jahrbuch der Gesellschaft der Bibliophilen herauszugeben: Buchenaus *Imprimatur*. Der Redaktion und Herstellung widmete er seine Freizeit, immer wieder wegen seiner schmerzhaften Nebenhöhlenerkrankungen durch Operationen und Kuren unterbrochen. Die 15 Bände, seit 1930 in unregelmäßiger Folge erschienen, wurden sein Lebenswerk.

Nach der Eröffnung unserer Expressionismus-Ausstellung schickte ich Buchenau den Katalog, für den er sich umgehend bedankte: »Ich kann es ermessen, welche Arbeitsleistung Sie wieder einmal in kurzer Zeit bewältigt haben. Wirklich erstaunlich!« schrieb er und fuhr fort: »Mich würde es sehr locken, den nächsten *Imprimatur*-Band nur dem deutschen Expressionismus zu widmen und diesen Band zur Abwechslung einmal rein literarisch aufzuziehen. Der jetzt in Vorbereitung befindliche Band II bringt ja überwiegend Arbeiten zur Technik und zur Gestaltung des Buches. Was meinen Sie zu diesem Plan? ... Die gesamte Tagespresse nimmt in größtem Umfange Stellung zu Ihrer expressionistischen Schau, und in der Tat: darüber kann man viel schreiben! Die ganze Angelegenheit dürfte schon heute für Sie ein großer Erfolg sein.«

So kam es zu einer schönen, spannenden Zusammenarbeit. Gemeinsam planten wir den dritten Band der Neuen Folge des *Imprimatur*. Mit den Problemen und Aufgaben der Expressionismusforschung war ich inzwischen angesichts des einsetzenden Interesses an der literarischen Bewegung vertraut. Im Dezember 1960 schrieb ich einen ausführlichen Brief an Buchenau:

»Wegen des Planes, den kommenden *Imprimatur* zu einem Expressionismus-Band zu machen, habe ich noch nicht geschrieben, weil ich Ihre Kreise jetzt nicht stören wollte. Aber da Sie nunmehr die Frage anschneiden, so will ich versichern, daß ich nach wie vor über diese Idee sehr glücklich bin. Ich glaube auch, daß wir einen wichtigen und interessanten Band zustande bringen. Hier können wir Einzelforschungen zusammentragen, gewürzt mit einer Sammlung autobiographischer Zeugnisse. So finde ich es sehr gut, daß Sie Herrn Dr. Mardersteig bitten wollen, über den ›Genius‹ zu schreiben. Man könnte an Professor Lothar Schreyer herantreten mit dem Vorschlag, einen Beitrag über den *Sturm* zu liefern. Professor Kasack könnte, wenn er nicht ein allgemeineres Thema sich vornimmt, über die ›Dichtung‹ von Wolf Przygode berichten. Kasack hat sehr interessantes Material. Ergänzt durch meinen allgemeinen Überblick über die expressionistischen Zeitschriften, verbunden mit der Bibliographie, hätten wir dann einen Teil des Buches ungefähr zusammen: die Zeitschriften des Expressionismus. (Man kann überlegen, wen man zu diesem Kapitel noch auffordert.)

Einleitend sollten einige Rahmenaufsätze das Thema Expressionismus behandeln. An Professor Klaus Ziegler (Tübingen) habe ich deshalb geschrieben. Er hielt einen Vortrag im August über die Gesellschaft und den Expressionismus. Wen sollte man für die bildende Kunst bitten? Ein Überblick über die Buchkunst des E. wäre auch erforderlich. Da werden Sie sicherlich einen Fachmann wissen.

Der nächste Teil könnte den Expressionismus im Spiegel der Erinnerung Mitschaffender darstellen. Das wäre eine längst fällige, sehr wichtige Aufgabe, die im Rahmen dieses Bandes sich glänzend ausnehmen würde. Ich denke an folgende:

Kurt Pinthus, Die Anfänge des Expressionismus mit Erinnerungen an Ernst Rowohlt und Kurt Wolff

Kurt Wolff, Erinnerungen an meine Verlagstätigkeit

Kurt Hiller, Berliner Expressionismus vor dem Kriege (Vortrag in Marbach, wiederholt im Rundfunk)

Friedrich Schulze-Maizier, Erinnerungen an Georg Heym (liegen für den Dokumentenband Heym vor)

Karl Otten, Erinnerungen an den Expressionismus

Alexandra Pfemfert, Erinnerungen an die *Aktion*.

Man könnte noch weitere finden. Vor einigen Tagen war der Maler Christian Schad hier, der im Kriege den Dada in Zürich miterlebt hat. Vielleicht bewegt man ihn, ebenso wie Ludwig Meidner oder einige andere, zur Mitarbeit. Daß der auch von mir verehrte H. F. S. Bachmair gestorben ist, wissen Sie? Nach dem Tode von Ernst Rowohlt hatte mich das Ereignis auch sehr beschäftigt. Er veröffentlichte einen sympathischen Beitrag über die Anfänge seiner Verlagstätigkeit in der Zeitschrift ›Sinn und Form‹ (im Osten erscheinend). Vielleicht könnte man um einen Wiederabdruck in diesem Kapitel bitten. Auch Dr. Fritz Usinger könnte vielleicht über den Expressionismus in Darmstadt etwas schreiben.

Der nächste Teil müßte dann Einzelbeiträge bieten: Veröffentlichungen von Briefen und Dokumenten. Da gibt es sehr vieles. Briefe im Dehmel-Archiv, bei uns usw. Schöne Sachen hat die Stadtbibliothek München etc. So glaube ich, daß wir in der Tat einen reichen Band Forschungen, Erinnerungen und Dokumente bieten können. Das lassen Sie uns nach dem Abschluß Ihrer jetzigen Arbeit überlegen.

Die Dinge greifen alle ineinander und ergänzen sich. Ich bin auch der Meinung, daß man ein paar Jahre sich unter Zurückstellung anderer Arbeiten der Erforschung des Expressionismus widmen sollte. Die Konstellation wird so günstig nicht wieder sein. So habe ich das Angebot des Cotta Verlages, mit mir einen Band Expressionismus mit 300 Bildern aus der Ausstellung zu machen, nicht ausgeschlagen, denn er tangiert unsere Arbeit nicht, im Gegenteil erfordert dieser dokumentarische Überblick die differenzierte Ergänzung durch den *Imprimatur*-Band. Auch bereitet der Cotta Verlag den Nachdruck der *Aktion 1911–1914* vor und bat mich um eine Einleitung. Alles kreist somit um das große Thema, und ich hoffe nur, daß Sie nicht entsetzt sind über so zahlreiche Vorhaben. Aber ich habe einigen Urlaub zu bekommen, und der wird genutzt. So sitze ich hier unter dem Dach unserer Wohnung mit einem weiten Blick über das Land und arbeite.«

Ich war voller Pläne, denn ich hatte ein neues Forschungsgebiet gefunden: die Quellen zur Geschichte des literarischen Expressionismus zu sammeln und zu veröffentlichen. Der *Imprimatur*-Band war ein Anfang. Es entwickelte sich im Laufe der kommenden Jahre zwar alles anders, als ich es in meinem nicht zu bremsenden Eifer gedacht hatte. Nicht den ganzen Band, sondern den Hauptteil würden die *Beiträge zum literarischen Expressionismus in Deutschland 1910–1923* umfassen. Der erste Aufsatz von Klaus Ziegler, dem Tübinger Germanisten, auf den ich noch zurückkommen werde, verzögerte sich unmäßig und brachte selbst den erfahrenen Herausgeber zur Verzweif-

218

lung. Doch als er endlich im März 1962 in Druck gehen konnte, wußten wir: Es war ein glänzender, kluger Aufsatz über *Dichtung und Gesellschaft im deutschen Expressionismus.* Fritz Usinger gewannen wir für einen allerdings eigenwilligen Aufsatz über die expressionistische Lyrik.

Da Buchenau großen Wert darauf legte, in jedem seiner Bände eine Bibliographie zu bringen, steuerte ich sie für die expressionistischen Zeitschriften bei. Auch übernahm ich es, *Erinnerungen, Dokumente und Notizen* in einem zweiten Abschnitt zu sammeln. Zwar sagten Kurt Wolff und Kurt Hiller ab, und Kurt Pinthus kam zu spät. Dafür gewannen wir andere Zeitgenossen, die sich ihrer Jugend erinnerten.

Max Brod überließ uns zwei aufschlußreiche Briefe, die er Felice Bauer, der Freundin Kafkas, 1912 geschrieben hatte. Wir bildeten den Verlagsprospekt des Kurt Wolff Verlags mit der Ankündigung der Schriftenreihe *Der jüngste Tag* aus dem Jahre 1912 ab und brachten schließlich 17 autobiographische Zeugnisse zusammen, die zwar unterschiedlich in der Qualität waren, doch insgesamt neue Einblicke in das literarische Leben des Expressionismus ermöglichten. Manche Autoren haben wir überzeugen müssen, daß ihre Beiträge nicht in unseren Rahmen paßten, so beispielsweise Friedrich Schulze-Maizier, den wir als Verfasser des Buches über die Osterinseln kannten. Er hatte eine lange, sehr persönliche Apologie verfaßt, in der er sich als Angehöriger des Neuen Clubs von 1909 nach einem halben Jahrhundert dagegen verwahrte, daß Georg Heym ihn in seinem Tagebuch »Schulze das Schwein« genannt hatte! Ich reiste nach Marburg, um den alten Mann von seinem Text abzubringen. Er ist später in Karl Ludwig Schneiders Dokumentenband zu Georg Heym aufgenommen worden.

Buchenau und ich wechselten fast täglich Briefe. Die Flutkatastrophe in Hamburg im Februar 1962 hatte ihn zwar nicht persönlich betroffen, doch »es gab keinen Strom, infolgedessen auch keine Nachrichten im Radio und keine Heizung, kein Gas, kein Telefon und keine Beförderungsmöglichkeit innerhalb der Stadt«, schrieb er. »Oft genug wurde man an die Bombenzeit im Juli/August 1943 erinnert.«

Der fertige Band wurde endlich im Dezember 1962 an die Mitglieder der Gesellschaft ausgeliefert. Siegfried Buchenau, der im Frühjahr 1960 den Umzug des Rowohlt Verlages von Hamburg nach Reinbek nicht mitgemacht hatte, trat in den Ruhestand und widmete sich ganz dem *Imprimatur*. Doch unser Band war sein letzter. Im Juli 1964 starb er. Auf dem Pragfriedhof in Stuttgart wurde er beigesetzt. Ich hatte einen väterlichen Freund verloren.

Der Nachdruck der »Aktion«

Die Marbacher Expressionismus-Ausstellung weckte das steigende Interesse der Verleger an dem Thema. Verlage, die sich bereits dafür eingesetzt hatten, wie Luchterhand, Ellermann, Kösel, Langen/Müller oder der Limes Verlag, sahen sich bestärkt, andere entdeckten eine Marktlücke, so die in Stuttgart ansässige J. G. Cotta'sche Buchhandlung, der ehrwürdige Verlag von Schiller und Goethe, Hölderlin und Uhland.

Der Verlag gab hochkarätige fotomechanische Nachdrucke klassischer literarischer Zeitschriften heraus: A. W. und F. Schlegels *Athenäum*, Kleists *Abendblätter* und seinen *Phöbus*. Ich selbst hatte zum Schillerjahr 1959 Schillers

Horen in sechs Bänden mit einem schmalen Kommentarband herausgegeben. So schlug ich den Herren des Cotta Verlags vor, *Die Aktion*, die erfolgreichste und mehrfach im In- und Ausland nachgeahmte Zeitschrift des Expressionismus, nachzudrucken. Der Geschäftsführer Dr. Hans Joachim Störig, der Lektor Dr. Walter Hasenclever und der Hersteller Heinz Sarkowski griffen die Idee mit großer Risikobereitschaft auf, die ersten vier Jahrgänge 1911–1914 sollten zur 50. Wiederkehr der Gründung im Laufe des Jahres 1961 erscheinen.

Wir hatten vereinbart, die *Aktion* erst anzuzeigen, wenn alle Reproduktionsrechte geklärt seien. Alexandra Pfemfert und ich schrieben im Dezember 1960 höfliche Briefe an die noch lebenden Autoren, ihre Witwen oder Rechtsträger, es werden sehr, sehr viele gewesen sein, denn etwa 350 bekannte und unbekannte Autoren und Künstler waren in den ersten vier Jahrgängen der *Aktion* vertreten, manche unter Pseudonym, auch sie mußte ich ermitteln.

Inzwischen war ich sehr genervt und schrieb an den Lektor: »Jetzt kommen noch Nachzügler für unsere Bettelbriefe an die *Aktions*-Mitarbeiterwitwen ... Sehen Sie sich nur die beiliegende Liste an. Ist das nicht furchtbar! Das sind nun all die namenlosen Aktionshelden, die irgendwo einmal ein Gedicht oder eine Glosse geschrieben haben und nun mit Cottas Hilfe in die literarische Ewigkeit eingehen wollen ... Schon ganz krank vor Sucherei, werfe ich mich vor Cotta auf die Knie und flehe um Hilfe. Sprachen Sie nicht seinerzeit davon, Sie könnten die Namensliste irgendeiner Zentrale weiterschicken. Vielleicht ist das dann ein Kennedy-Elektronenhirn, aus dem Adressen, Honoraransprüche und u. U. noch mehr Manuskripte herausfallen. Also ich vertraue auf den großen Genius der armen Cottas und erhoffe Hilfe.«

Doch diese kam von vielen Seiten. In meinem Nachwort habe ich alle genannt, die mir bereitwillig Auskunft gaben. Ich will ihre Namen hier wiederholen, um das weltweite Informationsnetz, das entstanden war, zu veranschaulichen: »Wilhelm Sternfeld (London), Kurt Hiller (Hamburg), Claire Jung (Berlin), Kurt Kersten (New York), Erna Klemm (Stuttgart), Rosa Kölwel (München), Fritz Picard (Paris), Kurt Pinthus (New York), Emil Szittya (Paris), Max Brod (Tel Aviv), Conrad Felixmüller (Berlin), Manfred Georg (New York), Doris Hahn (Berlin), Hans Jessen (Staatsbibliothek Bremen), Franz Jung (Kalifornien), Hermann Kasack (Stuttgart), Werner Kraft (Jerusalem), Max Krell (Florenz), Richard Lemp (Stadtbibliothek München), L. L. Matthias (Ascona), Gerhart Pohl (Berlin), Paul Pörtner (Köln), Paula Sack (München), Hans Wolf (Jugendburg Ludwigstein).«

Als die Zustimmung aller Beteiligten vorlag, kündigte der Cotta Verlag im Frühjahr 1961 das Erscheinen mit einem Text an, den Franz Pfemfert 1914 nach der Beschlagnahme einer *Aktions*-Nummer geschrieben hatte:

»Hören Sie, Herr Staatsanwalt! DIE AKTION ist eine Wochenschrift für Politik, Literatur, Kunst. Für menschlichste Politik. Für (Verzeihung, Leser und Mitarbeiter) erstklassige jüngste Literatur. Für jüngste, heilige Kunst. Die Besten, Herr Staatsanwalt, sind meine Mitarbeiter. Die Besten, Herr Staatsanwalt, sind meine Leser. Was in den vergangenen drei Jahren in meiner Zeitschrift gedruckt wurde, ist so wertereich, so voll reichen Lebens, so (Gott, ein populäres Wort noch!) pyramidal, daß kommende Historiker der Literatur, der Kunst, der Politik die Geschichte des heutigen Deutschlands nicht schreiben werden, ohne DIE AKTION studiert zu haben. Der Literaturhistoriker z. B. wird dann feststellen: Das wichtigste, temperamentvollste Wochenblatt der jungen Literatur um 1910 war die Berliner AKTION. Hier (wird der Geschichtsschreiber sagen) haben die besten Köpfe des Jungen Deutschland ihre ersten Schlachten geschlagen, hier haben Dichter wie ... (ich könnte prophetisch Namen nennen ...) ... Dichter wie ... ihren Weg zur Öffentlichkeit gefunden, hier hatte eine Stätte wer das Deutschland der Krupp, Presber, Otto Ernst und den Moabiter Glaspalast haßte. Das (und Ruhmvolleres) werden einst die Historiker von der AKTION melden, Herr Staatsanwalt.«

Pfemfert hatte recht. Die *Aktion* veröffentlichte die damals wesentlichen Autoren und Künstler des Expressionismus wie Georg Heym, Ernst Stadler, Carl Einstein, Max Brod, Franz Blei, Ferdinand Hardekopf, Ludwig Rubiner, Kurt Hiller, Alfred Lichtenstein, Paul Mayer, Alfred Wolfenstein, Gottfried Benn, Alfred Kerr, René Schickele, Kasimir Edschmid, Max Herrmann-Neisse, Else Lasker-Schüler, Heinrich Mann und die Maler Ludwig Meidner, Rudolf Grossmann, Lyonel Feininger, Karl Schmidt-Rottluff und weitere.

Die Bearbeitung des Textteils machte unendlich viel Arbeit. Die Biographien der 350 Autoren wurden, soweit ermittelt, mit ihren Beiträgen zusammengestellt, die Geschichte der Zeitschrift abgehandelt und Dokumente zur Wirkungsgeschichte der *Aktion* beigegeben. Das Ganze umfaßte 250 Spalten im Quartformat. Zum Schluß habe ich Tag und Nacht gearbeitet, um den Termin einzuhalten.

Die Ausgabe der damals so gut wie verschollenen Zeitschrift dokumentiert die Frühgeschichte des Expressionismus, der Autoren und des literarischen Lebens. Im Laufe des Jahres erschienen die vier Leinenbände. Vor Freude über das Erscheinen sei Alexandra Pfemfert schier an die Decke gesprungen, berichtete Karol Kubicki. Eine solche hervorragend gedruckte Ausgabe hatte sie nicht erwartet. Als ich ihr meine Einleitung im Entwurf schickte, hatte sie Widerspruch angemeldet. Auf keinen Fall dürfe der Name Kurt Hiller erwähnt werden. Er sei zu streichen. Mit großer Mühe hatte ich ihr das Ansinnen ausreden können.

In der Presse fand der Nachdruck ein sehr lebhaftes Echo. Besonders habe ich mich über die Zustimmung der Emigranten in Amerika gefreut, die ich zum Teil persönlich kennengelernt hatte. Der *Aufbau* in New York schrieb:

»Das mit großer Spannung erwartete Werk ist vollendet: vier Bände der Jahrgänge 1911/1914 der von Franz Pfemfert herausgegebenen Zeitschrift ›Die Aktion‹ liegen im fotomechanischen Nachdruck vor. Die berühmte J. G. Cotta'sche Buchhandlung in Stuttgart hat das Wagnis dieses prachtvoll gelungenen Neudrucks zuwege gebracht. Er ist ein technisches Meisterwerk, und es bereitet Freude, die vier Bände anzusehen.

Paul Raabe vom Schillerarchiv in Marbach – durch seine Ausstellung ›Expressionismus‹ in New York wohl bekannt – hat sich mit inniger Sorgfalt und großem Verständnis für das Thema, seine Menschen und ihre Zeit, in der sie ihr schöpferisches Leben auf tragischen Wegen begingen, um das Zustandekommen dieser Ausgabe verdient gemacht. Er hat lange Zeit gebraucht, um den Spuren meist verschollener Männer und Frauen nachzugehen. Es war eine mühselige, fast archäologische Arbeit, viele Fragebogen hinaus in die Welt zu senden, um etwas über einen anscheinend Vergessenen zu erfahren. Man weiß jetzt über Diesen und Jenen zwar immer noch wenig, aber wir wissen dank Raabes Bemühungen weit mehr, als wir uns vor einiger Zeit träumen ließen.

Das Andenken einer der unruhigsten, begabtesten, aufsässigsten deutschen Dichter- und Schriftstellergeneration ist von Raabe geehrt worden. Er gehört selbst schon zur Generation der Enkel, und die wenigen Überlebenden aus dem Kreis der ›Aktion‹ sind Raabe mit einem starken Gefühl der Dankbarkeit verpflichtet…

Die nun Alternden fristeten ihr Leben in der Emigration, in Lagern und Gefängnissen. Andere beendeten es unter dem Beil des Henkers und in Gaskammern oder gaben sich selbst den Tod. Das Schicksal hat es nicht gut mit dieser Generation gemeint. Vieler Schaffen wurde wie ihr Leben erbarmungslos vor der Reife endgültig unterbrochen.«

Leider war der Cotta Verlag nicht in der Lage, die weiteren Bände der *Aktion* zu veröffentlichen. Der Verlag steckte in einer Krise. Walter Hasenclever hatte das sinkende Schiff verlassen und war zum *Monat*, der Berliner Kulturzeitschrift, gewechselt. Der Verlag wurde später vom Ernst Klett Verlag übernommen. Doch es fand sich eine andere Lösung. Der Kösel Verlag in München, der Verlag von Theodor Däubler, Else Lasker-Schüler und Alfred Mombert, hatte einen Nachdruck der *Fackel* von Karl Kraus in Angriff genommen und war bereit, das Cottasche Erbe anzutreten. Er legte 1967 die Jahrgänge 1915–1918 der *Aktion* in zwei Leinenbänden vor. Ich hatte wieder den biobibliographischen Anhang bearbeitet. In meinem mehrseitigen Schlußwort konnte ich mich bei Heinrich Wild, Dieter Munz und Friedrich Pfäfflin bedanken. Alexandra Pfemfert hat das Erscheinen der Bände nicht mehr erlebt.

Wenn heute die vollständige *Aktion* von 1911–1932 im Nachdruck vorliegt, so ist dies das Verdienst des Verlags Kraus Reprint in Nendeln, der die Restauflage übernahm und auch die letzten Bände 1976 nachdruckte. Für das letzte Heft, 1932, hatte Heinrich Hoerle einen bitterbösen

Titelholzschnitt angefertigt: »Die Internationalen gehen auf den nationalistischen Strich.«

Was den von Alexandra Pfemfert geschmähten Kurt Hiller betrifft, der, wie ich vermute, finanziell an der Gründung der *Aktion* beteiligt war und bis 1913 mitarbeitete, so hatte dieser im Februar 1961 einen Beitrag für eine Sendung des Westdeutschen Rundfunks *Die Aktion. Stimmen der Freunde* geschrieben, der vermutlich nicht gesendet wurde. Da der Text ein Loblied auf die *Aktion* ist und auf die Gegenwart Bezug nimmt, will ich den Abschnitt mit Hillers *Gruß* beschließen:

»Das Jubiläum der schon lange verschollenen Zeitschrift DIE AKTION stimmt unsereinen wehmütig. Wem soll man zum fünfzigsten Geburtstag da eigentlich gratulieren? Das Geburtstagskind ist tot; von den drei Gründern des Blattes: Franz Pfemfert, Anselm Ruest, Kurt Hiller, lebt nur einer noch; soll er vielleicht sich selbst beglückwünschen? Ließe der Takt es zu – der Grund wäre nicht einzusehen.

Gegeben wäre ein Grund. Wenn DIE AKTION ›Schule gemacht‹ hätte, Vorstufe geworden wäre zu noch Gewagterem, Herausfordernderem, Freiheitlicherem, Kämpferisch-Prächtigerem in unserer Publizistik ... nur vom Gegenteil, leider, kann die Rede sein. Etwas den alten Zeitschriften WELTBÜHNE, STURM, PAN, AKTION Vergleichbares gibt es heute in Deutschland nicht. Das Gründergeld wäre da, auch die damit auszustattenden wagemutigen jungen Köpfe; es sind nicht die Talente, die Charaktere, die Temperamente, die fehlen. Es fehlt unter den Industriellen, die heute fast das gesamte Verlagswesen kontrollieren, jener Typ des fortschrittlichen Intellektuellen, der den Typ Herausgeber, auf den es ankäme, ausstatten würde. Und ein wohlbekannter Funktionärstyp, dem man gewiß

nicht nachsagen kann, er sei den Industriellen hörig, fördert aus Grundsatz oder, richtiger, seiner Natur gemäß
niemals das Heiter-Scharf-Geistige, stets nur das Ehrbar-
Gemäßigt-Langweilige. Was zurzeit zwei beherzte und be-
hirnte junge Männer, in München und in Hamburg, mit
dem CONTRA und dem LYNX versuchen, scheint mit der
alten AKTION vergleichbar; wie gering aber blieb das Interesse unserer Kultur-Ephoren an diesen Versuchen, wie
beschämend klein der Aktionsradius dieser neuen AK-
TIONen! Was sonst an Zeitschriften bei uns wichtigtut –
nun, entweder offeriert es leeres Gestammel, miserables
Gestotter kompaßloser, zielloser, ohne Geist zynischer Re-
voluzzer, langweiliger Formrevoluzzer mit vorgetäusch-
ter ›Jugendlichkeit‹; oder den noch langweiligeren Kon-
formismus eines schöngeistig, wissenschaftlich und tief
tuenden konservativen Arriviertentums auf der kombi-
nierten Grundlage des modernen Irrationalismus und der
alten Hegelei. Hochstapelndes Scheinrebellentum auf der
einen, die Gegenaufklärung auf der andern Seite feiern im
zeitgenössischen Zeitschriftenwesen Deutschlands trium-
phale Orgien wie noch nie. Bekenner eines humanistischen Aktivismus könnten drob heulen ... Wehmut packt
einen. Sehr deutlich erinnere ich mich jenes fünfzehnten
Februar 1911, als wir einander die noch feuchten ersten
Exemplare der ersten Nummer der AKTION, datiert: zwanzigsten Februar in die Hand drückten. Es war für mich ein
Erlebnistag. Traurig bleibt, daß wir drei Sozien zu ver-
schiedene Naturen waren, als daß unser Zusammen von
längerer Dauer hätte sein können. Der Edelanarchist Anselm Ruest zog sich von der Sozietät 1912 nach einem Jahr
zurück, ich schon nach drei Monaten. Im Sommer 1913
fand auch meine freie Mitarbeit ihr Ende, infolge eines An-
griffs gegen mich in der AKTION, der nicht von schlechten

Eltern war, vielmehr doch von sehr schlechten, nämlich von anonymen. Ich reagierte darauf, November 1913, in meinem Buch ›Die Weisheit der Langenweile‹, mit einer mir sonst ungewohnten Schärfe, und das Verhältnis zwischen Franz Pfemfert und mir wurde nun mit hohem Pathos spinnefeindlich. Nach dreiundzwanzig Jahren versöhnten wir uns, im Exil 1936 zu Karlsbad.

Selbst wenn noch Reste des Ressentiments in mir gärten, würde ich nicht Anstand nehmen, heute zu erklären: Pfemfert war (was es kaum noch gibt) ein Charakter, und kein naiver! Zu seinen bedeutsamen Erkenntnissen gehörte die Einsicht in den Zusammenhang zwischen kämpferisch erneuernder, destruktiv-konstruktiver Politik und kämpferisch erneuernder, zersetzend-schöpferischer Litteratur. Er pfiff auf eine Politik ohne geistige Grundlage, und er hustete auf eine Dichterei oder Denkerei, die sich an der Aufgabe einer gerechten Gestaltung des menschlichen Zusammenlebens und dessen der Staaten desinteressierte. Es ist Pfemfert's Blatt gewesen, in welchem einer der fünf Initiatoren unsrer Aktivistischen Bewegung, ihr Rhapsode Ludwig Rubiner, seine aufwühlenden Essays zuerst veröffentlicht hat; und unsterbliche Gedichte von Ernst Blass, von Georg Heym erschienen zuerst bei Pfemfert. Ich, ich bleibe ihm für immer dankbar dafür, daß er mir nicht nur erlaubt, sondern mich ermutigt hat, in einer der frühesten Nummern der AKTION jenen Flegel Harry Kahn zur Strecke zu bringen, der sich in einem andern Blatte erfrecht hatte, Alfred Kerr (den damals noch keineswegs ganz durchgesetzten Meister) in einem Stil anzurempeln, der uns heute geradezu an den Stil der Streicher und Goebbels gemahnt. Kerr schickte mir danach ein Freundschaftstelegramm; und die gelungene Torpedierung jenes Kahn wurde, ohne daß ich das gewollt hätte, zu meinem Eintritt in die Kriegsflotte der Litteratur.

Pfemfert's politische Position war später, besonders nach Lenin's Tode (1924), links von ultralinks, und er vereinsamte völlig. Seine außerordentlichen Verdienste um die geistige Erneuerung und um den Fortschritt der Humanität werden dadurch nicht aufgehoben. Man hat ihn im Rückblick ganz erheblich höher zu stellen als etwa seinen Rivalen Herwarth Walden (vom STURM), welcher, nach wertvollen Anfängen, total-ver-ästhetelte, bis ins Lächerliche vermystelte, schließlich als Lyrikolog Goethe vom Thron stieß, um August Stramm darauf zu setzen. Ich möchte am fünfzigsten Geburtstag der AKTION die Gegenwärtigen einladen, sich zwar nicht an der politischen Sektion Pfemferts, doch an dem Manne Pfemfert, an dem Charakter Pfemfert ein Beispiel zu nehmen.«

Die expressionistischen Zeitschriften

In den letzten Wochen vor der Eröffnung der Marbacher Ausstellung hatte ich auf meine Kniegelenksentzündung keine Rücksicht mehr nehmen können, so daß mir der Arzt danach erneut strenge Bettruhe verordnete. In den zwei bis drei Wochen habe ich, im Bett sitzend, jeden Tag ein Kapitel meiner *Einführung in die Bücherkunde zur deutschen Literaturwissenschaft* geschrieben. Erst danach, als ich wieder laufen konnte, habe ich die exakten bibliographischen Angaben nachgetragen. Ich hatte meinen »Bestseller« aus dem Kopf niedergeschrieben.

Die Idee kam von Ernst Theodor Voss, einem Museumskollegen, der als Lektor zum Metzler Verlag in Stuttgart übergewechselt war. Er plante »Realien-Bücher für Germanisten«, die in broschierten schmalen Bänden über Autoren, Gattungen, Epochen der deutschen Literaturgeschichte knapp und präzise informieren sollten. Die Reihe dieser *Sammlung Metzler* sollte mein Band unter Nr. 1 eröffnen. Als meine bibliographische Einführung im Frühjahr 1961 erschien, fand sie unter den Professoren und Studenten großen Beifall. 100000 Exemplare wurden in elf Auflagen herausgebracht, bis vor zehn Jahren das Internet das Bändchen verdrängte.

Ich erzähle die Geschichte, weil ich durch die *Bücherkunde* im Metzler Verlag für meine wissenschaftlichen Veröffentlichungen früh eine Heimat gefunden habe. Er wurde von Hermann Leins, dem Verleger, und Ernst Metelmann, dem Geschäftsführer, geleitet. Als junger Germanist habe ich damals den Verlag mit vielen Plänen und Ideen überschüttet. Eine *Quellenkunde zur neueren deutschen Literaturgeschichte* folgte 1962, die Veröffentlichung meiner Doktorarbeit über *Die Briefe Hölderlins* ein Jahr später und dann 1964 mein Findbuch *Die Zeitschriften und Sammlungen des literarischen Expressionismus.*

Mein neuer Verleger hatte erwogen, einen Sonderdruck meiner Bibliographie der expressionistischen Zeitschriften aus dem *Imprimatur* als Broschur herauszugeben. Doch wir verwarfen den Plan, und so entstand mit dem Einverständnis von Siegfried Buchenau in erweiterter Form ein neues Buch, ja ein neuer Buchtypus, ein Repertorium der 100 Zeitschriften, die ich zum Expressionismus rechnete, und weiterer 82 Jahrbücher, Anthologien, Sammelwerke, Schriftenreihen und Almanache aus der Zeit von 1910 bis 1921.

Mein Interesse an den Zeitschriften des Expressionismus, geweckt durch die Neuausgabe der *Aktion,* galt zunächst den darin publizierten literarischen Beiträgen, unter denen unbekannte Erstdrucke und frühe Fassungen waren. Deshalb setzten wir in Marbach alles daran, die vielfach verschollenen, kurzlebigen Zeitschriften in Antiquariaten und auf Auktionen aufzutreiben, was schwierig war, denn die Zeitschriften waren in kleinen Auflagen erschienen und wurden selten gesammelt. Es ging uns bei der Suche also zunächst um die gedruckten Texte der Autoren: Sie waren uns so wichtig wie die Autographen, und in der Tat sind die Zeitschriften eine unverzichtbare Quelle für die philologische Arbeit. Gleichzeitig aber galt unser Interesse den Zeitschriften selbst als typische Erscheinungsform des literarischen Lebens. Den Expressionismus kann man in seinem Verlauf und seiner Wirkung nicht verstehen, wenn man die Zeitschriften nicht zur Kenntnis nimmt.

Der Titel, das Programm, das Layout, die Mitwirkung der Künstler, die Abbildungen expressionistischer Graphik, das Miteinander der Dichter und Maler, die Beteiligung der Älteren als Wortführer der Jüngeren: Das Äußere und das Innere der expressionistischen Zeitschriften sind Ausdruck ihrer Zeit. Herwarth Waldens *Der Sturm* und Franz Pfemferts *Die Aktion*, die beiden wichtigsten und miteinander konkurrierenden, in Berlin über viele Jahre erscheinenden Zeitschriften für Literatur, Kunst und Politik, erwiesen sich als unerschöpfliche Quelle des Zeitgeistes. Nach diesem Vorbild erschienen in dem expressionistischen Jahrzehnt fast 100 weitere bedeutende und unbedeutende, originelle und epigonale Blätter, nicht nur in Berlin, sondern in Leipzig und München, Heidelberg und Greifswald, Dresden und Prag. Selbst im Ersten Weltkrieg verstanden es die jungen Autoren, die Zensur zu umgehen und in Berlin, Kiel und Dresden literarische Zeitschriften zu gründen. Mit der Revolution brach sich diese Bewegung endgültig Bahn, und eine Flut von Büchern, Zeitschriften, Schriftenreihen kam auf den Markt. Die neue Dichtung mit ihren Zentren in Berlin und München, Prag und Wien eroberte die Provinz, und in Hannover und Hamburg, Darmstadt und Regensburg, Dresden und Breslau, Mannheim und Magdeburg, Koblenz und Köln wurden expressionistische Zeitschriften herausgebracht, manche nur in wenigen Nummern, denn mit der Inflation ging das Feuerwerk an Ideen, Aufrufen, Manifesten abrupt zu Ende. Hunderte von Autoren kamen in den Zeitschriften zu Wort, ihre Titel waren bereits Programm: *Die Rettung, Neue Erde, Kündung, Das Tribunal, Der Schrey, Der Sturmreiter, Der Weg, Die Pleite, Der blutige Ernst, Jedermann sein eigener Fußball.*

Jede dieser Zeitschriften habe ich gesucht, manche erworben, die meisten in den Bibliotheken in Berlin, Leipzig, München gefunden, eingesehen und verzeichnet, jedes Heft und jede Nummer, jeden Herausgeber und jeden Mitarbeiter. So war die Bibliographie für Siegfried Buchenaus *Imprimatur* entstanden und wurde nun in Buchform gebracht, nach der Chronologie geordnet mit Nachweisen der Standorte aus 80 Bibliotheken und mit Nennung der Namen aller literarischen und künstlerischen Mitarbeiter.

Ergänzt wurde das Repertorium der Zeitschriften um weitere Textsammlungen: Jahrbücher, Almanache, Anthologien, Schriftenreihen, in deren Heften viele ebenfalls Unbekannte und Vergessene ihren ersten und oft einzigen Beitrag zum Expressionismus publizierten, von den *Lyrischen Flugblättern* des Alfred Richard Meyer Verlags über die Schriftenreihen von Kurt Wolff, Franz Pfemfert und Herwarth Walden bis zu den *Drucken der Tafelrunde* von

Karl Lorenz. Eine ausführliche Einleitung zum literarischen Leben dieser Zeit und sechs Register runden das Bild der periodischen und gemeinschaftlichen Publikationen ab, das damals zum erstenmal die ganze Breite dieser Veröffentlichungsformen in einem detaillierten bibliographischen Repertorium vor Augen führte.

Der Metzler Verlag versah das Buch mit der Reproduktion eines Holzschnittes von Hans Arp auf dem Umschlag. Ich widmete es »Dem Verleger Kurt Wolff zum Gedächtnis«. 20 Jahre hat es dann gedauert, bis ich diesem Werk das Repertorium der *Autoren und Bücher des literarischen Expressionismus* an die Seite stellen konnte.

Expressionismus-Taschenbücher

Der Deutsche Taschenbuch Verlag in München war damals, in meinem »expressionistischen Jahrzehnt«, noch ein junger, aber sehr erfolgreicher Verlag, in dem meinem subjektiven Empfinden nach die schönsten, geschmackvollsten und einfallsreichsten Taschenbücher veröffentlicht wurden. Ihn leitete der liebenswürdige und erfahrene Heinz Friedrich, dessen schier unermeßliche Kreativität ich bewunderte. Dieser sympathische Verlag bot mir im Sommer 1962 an, in der Reihe der *dtv dokumente* einen Querschnitt aus Franz Pfemferts *Aktion* herauszugeben.

Es stellte sich heraus, daß Heinz Friedrich von dem Nachdruck der Zeitschrift bei Cotta sehr angetan war und sich in den Bänden festgelesen hatte. So war es zu dem Vorschlag gekommen, den ich gerne aufgriff. Der Cotta Verlag stimmte nach einigem Zögern dem Kompromiß zu, der Band solle erst 1964 erscheinen. Dr. Hasenclever war ohnehin von der Idee begeistert, selbstverständlich auch Anja Pfemfert.

Allerdings war die Realisierung des Projekts so einfach nicht: Wie sollte man aus acht Jahrgängen der Zeitschrift 1911–1918 eine Auswahl treffen, die einen Eindruck von Franz Pfemferts Lebenswerk ergeben könnte? Doch die Zusammenarbeit mit dem Verlag verlief freundschaftlich, alle Schwierigkeiten wurden überwunden. Wir vereinbarten einen Doppelband mit fast 400 Seiten. Die Idee, die Texte nach Gattungen zu ordnen, wurde schnell verworfen, und so entstand in chronologischer Abfolge ein – wie ich selbst bekennen muß – spannendes Lesebuch in Gedichten und Erzählungen, Glossen und Manifesten von fast 100 bekannten und unbekannten Autoren.

Gedichte und Texte von Kurt Hiller und seinen Freunden Georg Heym, Ernst Blass, Jakob van Hoddis, Arthur Drey, Robert Jentzsch bildeten den Auftakt, und danach folgten alle wichtigen expressionistischen Autoren von Johannes R. Becher, Gottfried Benn, Theodor Däubler und Else Lasker-Schüler über Albert Ehrenstein, Iwan Goll, Wilhelm Klemm und René Schickele bis zu Richard Huelsenbeck, Hugo Sonnenschein, Hermann Kasack und Carl Zuckmayer. Aufgenommen wurden die wichtigsten Texte von Ludwig Rubiner und Ferdinand Hardekopf, den engsten Gefährten Pfemferts, der selbst mit seinen noch heute lesenswerten Aufsätzen vertreten war. Er war es, der junge Talente entdeckte, wie zum Beispiel Paul Boldt, dessen erstes Gedicht seinem einzigen Gedichtband den Titel gab.

Junge Pferde

Wer die blühenden Wiesen kennt
Und die hingetragene Herde,

Die, das Maul am Winde, rennt:
Junge Pferde! Junge Pferde!

Über Gräben, Gräserstoppel
Und entlang den Rotdornhecken
Weht der Trab der scheuen Koppel.
Füchse, Braune, Schimmel, Schecken!

Junge Sommermorgen zogen
Weiß davon, sie wieherten.
Wolke warf den Blitz, sie flogen
Voll von Angst hin, galoppierten. –

Selten graue Nüstern wittern,
Und dann nähern sie und nicken,
Ihre Augensterne zittern
In den engen Menschenblicken.

Pfemferts waren damals eng mit dem Ehepaar Sternheim
befreundet, und so schloß die Sammlung mit einem längeren Aufsatz von Carl Sternheim: *Die deutsche Revolution*,
einer düsteren Prognose der politischen Vergeblichkeit,
die Verhältnisse geistig verändern zu wollen, in der es
heißt:

»Bei so allseitiger todfeindlicher Einstellung Alldeutsch-
lands gegen jede reine Geistigkeit ist die durchgeführte
Revolution und der hochherzige Entschluß, auf Grund ge-
meinsamer Schuld nun auch gemeinsam alle Verantwortung tragen zu wollen, wohl ein erstes gewaltiges Zeichen
beabsichtigter Umkehr und großer Hoffnung; weil aber
die Flucht vor Geist so dauernd, so allgemein und so pa-
nisch war, ist es auch verständlich, daß die besten Deutschen jetzt um so mehr fürchten, es möchte nach dem er-

sten Ruck der allgemeine Aufschwung stehen, die geistige
Begeisterung sich senken, und die furchtbare deutsche
Bourgeoisie von neuem ihre lähmenden und verschlei-
menden Fäden stricken, wozu sie alle Organe noch in zä-
hen Händen hält, um Deutschland von neuem und endgültig zu erdrosseln.«

Dem Band mit einem guten Dutzend Reproduktionen
graphischer Blätter gab ich den Titel: *Ich schneide die Zeit
aus.* So nannte Pfemfert im Ersten Weltkrieg, als die Zensur politische Beiträge nicht erlaubte, eine Rubrik seiner
Zeitschrift. Er stellte hier Zitate an den Pranger, mit denen
er seine pazifistische Einstellung ausdrücken wollte. Zur
Erläuterung setzte ich meinem Lesebuch einen Untertitel
hinzu: *Expressionismus und Politik in Franz Pfemferts »Aktion«
1911–1918.*

Der Band, im April 1964 erschienen, fand gute Aufnahme. Nur Kurt Hiller, mit vielen Beiträgen würdig
vertreten, regte sich auf, daß sein Name weder im redaktionellen Vorspann des Verlages noch auf der letzten Umschlagseite erwähnt wurde. Der Verlag maß ihm nicht
die Bedeutung zu, die der Gekränkte erwartet hatte. Ich
fürchte, meine beiden zuständigen Lektoren, Eberhard
Klöss und Hans-Dieter Dyroff, hatten seinen Namen zuvor
noch nie gehört.

Das traf sicherlich nicht auf den allzu früh verstorbenen
Schriftsteller Horst Bienek zu, den Verfasser einer ober-
schlesischen Trilogie, die ihn berühmt gemacht hat. Er betreute als Lektor mein zweites dtv-Lesebuch zum Expressionismus. Angesichts der anhaltenden wissenschaftlichen
und publizistischen Diskussion über die Frage »Was ist
Expressionismus?« fand ich es sinnvoll, die authentischen
Arbeiten unter dem Titel *Expressionismus. Der Kampf um
eine literarische Bewegung* zusammenzufassen. Ich hatte viele

Texte gesammelt, viel zu viele, wie sich herausstellte, denn der Band durfte nur 300 Seiten umfassen. Horst Bienek besuchte mich, und wir diskutierten heftig in meinem kleinen Arbeitszimmer unter dem Dach unserer Wohnung im Holderbüschle in Marbach. Bienek redete, wie man sagt, mit Händen und Füßen. Er saß in meinem Sessel, und wie es einem Mann ergeht, dem das Herz überfließt, hibbelte er so lange, bis der Sessel zu Bruch ging und der Dichter verblüfft und sprachlos am Boden lag. Die Situation war sehr komisch.

Nach manchem Hin und Her – War Kasimir Edschmid einverstanden oder nicht? Wollte Kurt Hiller, oder wollte er nicht? Konnte der Text von Heinrich Eduard Jacob bleiben, oder war er zu lang? – fanden wir einen Ausweg: Ich fügte der Textsammlung mit den drei Dutzend Beiträgen eine Bibliographie der zeitgenössischen Dokumente mit 200 Titeln hinzu, und so kam der Band, wie wir vereinbart hatten, pünktlich als Originalausgabe in der *sonderreihe dtv* im Mai 1965 heraus.

Ich hatte nach einem Prolog von Stefan Zweig die frühen Hinweise, 1913–1914, danach die Darstellungen und Diskussionen, 1915–1920, Betrachtungen und Meinungen, 1918–1920, zusammengestellt und die Nekrologe, die Abgesänge auf den Expressionismus, 1920/21, angeschlossen, darunter Iwan Golls Text *Der Expressionismus stirbt*, aus dem ich oft die folgende Passage zitiert habe:

»Was aller Orten gemunkelt, belächelt, geahnt wird, bestätigt sich: wieder stirbt eine Kunst an der Zeit, die sie verrät. Ob die Schuld an der Kunst liegt oder an der Zeit, ist ohne Belang. Wollte man kritisch sein, so wäre allerdings nachweisbar, daß der Expressionismus an jenem Revolutionsaas krepiert, dessen mütterliche Pythia er sein wollte.

Und dies erklärt das, nämlich: daß der ganze Expressionismus (1910–1920) nicht einer künstlerischeren Form, sondern einer *Gesinnung* Name war. Viel mehr Sinn einer Weltanschauung als Objekt eines Kunstbedürfnisses.

... Also:

Forderung. Manifest. Appell. Anklage. Beschwörung. Ekstase. Kampf. Der Mensch schreit. Wir sind. Einander. Pathos.

Wer war nicht dabei? Alle waren dabei. Ich war dabei: ›Neuer Orpheus‹. Kein einziger Expressionist war Reaktionär. Kein einziger war nicht Anti-Krieg. Kein einziger, der nicht an Brüderschaft und Gemeinschaft glaubte. Auch bei den Malern. Beweis: ›Gesinnung‹.

Und: Expressionismus war eine schöne, gute, große Sache. Solidarität der Geistigen. Aufmarsch der Wahrhaftigen.

Aber das Resultat ist leider, und ohne Schuld der Expressionisten, die deutsche Republik 1920.«

Einige Rückblicke aus den Jahren 1923–1930 folgten, und als Nachspiel wurde das »ideologische Ärgernis« 1933–1938 in sechs Texten dargestellt: die Verunglimpfung von Baron von Münchhausen und Gottfried Benns leidenschaftliches *Bekenntnis zum Expressionismus*. Als Beispiel der rüpelhaften NS-Propaganda druckte ich den Text eines prominenten Nazis, Gerd Rühle, ab. Nach dem Erscheinen des Buches schrieb mir die empörte Witwe einen langen Brief, was für ein ehrlicher, aufrechter und lieber Mensch ihr Mann gewesen sei.

Gottfried Benn war wegen seines Sündenfalls 1933/34 neben Hanns Johst und anderen ein Kronzeuge in der Abrechnung der Marxisten mit dem Expressionismus, der als Präfaschismus gesehen wurde. Die Diskussion in der Moskauer Emigrantenzeitschrift *Das Wort*, in der Georg Lukács und Alfred Kurella die Wortführer waren, beschloß damals Ernst Bloch mit einem maßvollen, aus einem humanistischen Geist geschriebenen Beitrag, mit dem auch ich meinen Band abschloß: »Das Erbe des Expressionismus ist noch nicht zu Ende, denn es wurde noch gar nicht damit angefangen.« Die Expressionismus-Debatte aus dem *Wort* wurde erst später in Westdeutschland von den Linken aufgegriffen und, vollständig erweitert, publiziert. Mir warf man vor, daß ich den endlos langen Text von Georg Lukács gekürzt hätte.

Noch zwei weitere Bände habe ich übrigens bei dtv herausgegeben: Paul Scheerbarts *Lesabéndio*, 1964, dessen Edition mir Hellmut Draws-Tychsen streitig machte, und eine Auswahl früher *Gedichte* von Johannes R. Becher. Sie erschien erst im Dezember 1973.

Taschenbücher haben im allgemeinen kein langes Leben. Sie haben bald ihre Pflicht erfüllt und werden vergessen. In einem Fall muß ich es bedauern: Mein *Aktions*-Lesebuch ist untergegangen. Dagegen nahm meine Verleger-Schwester 1987 den Band *Expressionismus. Der Kampf um eine literarische Bewegung* in die *Arche-Editionen des Expressionismus* auf, und er findet auch heute noch Leser.

Eine Sammlung autobiographischer Texte

Nicht alle noch Lebenden aus der Zeit des Expressionismus waren mit der Marbacher Ausstellung zufrieden. Einige fühlten sich verletzt, daß wir sie nur erwähnt, andere, daß wir sie vergessen oder übergangen hatten. Fast alle ließen uns ihre Enttäuschung nicht spüren. Karl Willy Straub, Eugen Ferdinand Hoffmann, Kurt Liebmann und andere schickten ihre seltenen frühen Bücher. Aus Harburg kam ein alter, lebensmüder Mann nach Marbach: Rudolf Adrian Dietrich. Er klärte mich auf, daß er als »Dietrich der Gotiker« und als Dramaturg und Autor in Konstanz 1919/20 im Spätexpressionismus Furore gemacht habe, und holte seine zerfledderten Gedichthefte und einige Nummern seiner unbekannten Zeitschrift *Der Komet* hervor. Nach 1922 verschwand er aus dem literarischen Leben und war nun dankbar, daß ich ihm mit wachsendem Interesse zuhörte. Er schrieb mir endlos lange Briefe. Er hatte jahrzehntelang nicht mehr veröffentlicht und schickte dem Deutschen Literaturarchiv seine Prosatexte. Zuletzt sandte er mir einen schmalen Pressendruck mit einem Holzschnitt von Frans Masereel: *Verse des Gotikers.* Bald danach ist er 1969 gestorben.

Auch Jacob Picard, der aus Deutschland verjagte, aus Wangen am Bodensee stammende Schriftsteller und Anwalt, besuchte uns in Marbach. Er war ein sehr höflicher, gebildeter Herr, der von seiner Freundschaft mit Ernst Blass in Heidelberg erzählte, der nach seinen zwei Gedichtbänden 1913 und 1930 noch 1936 im Jüdischen Verlag in Berlin Geschichten des badischen Landjudentums publiziert hatte, ein Mann, der an seiner Emigration litt, seit einigen Jahren in den Niederlanden lebte, aber den es immer wieder in seine Heimat nach Wangen zurückzog. Die dortigen Verehrer haben Picard, der 1967 starb, mit der Herausgabe seiner Werke in zwei Bänden ein liebevolles und würdiges Denkmal gesetzt. Dafür ist Manfred Bosch und Ekkehard Faude zu danken.

Von allen diesen Überlebenden, die ich in Marbach oder auf Reisen traf oder an die ich mich wegen der Herausgabe der *Aktion* gewandt hatte, erbat ich kurzgefaßte autobiographische Texte. Eine Reihe dieser Beiträge hatte ich für das erwähnte Jahrbuch *Imprimatur* gesammelt, ver-

faßt von den schon genannten C. F. W. Behl, Friedrich Burschell, Rudolf Adrian Dietrich, Hans Harbeck, Sylvia von
Harden, Hermann Kasack, Jacob Picard, Lothar Schreyer
und Johannes Urzidil. Außerdem waren Oskar Maurus
Fontana und Christian Schad vertreten, auch Heinrich
Eduard Jacob, der später das erste Sachbuch über den Kaf-
fee schrieb. Jacob und Fontana habe ich leider nicht persönlich kennengelernt, wohl aber Christian Schad. Ich besuchte den Maler wegen einiger Leihgaben für unsere
Ausstellung 1960 in Aschaffenburg. Er war ein sehr ju-
gendlich wirkender, ungemein lebhafter Mann. Er hatte
1916 in Zürich die Zeitschrift *Sirius* herausgegeben und
war mit dem rätselhaften, später verschollenen Walter Serner befreundet gewesen. Schad holte seine Porträts aus
den 1920er Jahren hinter den Schränken hervor: Niemand
kannte sie damals. Heute gelten sie als Hauptwerke der
Neuen Sachlichkeit.

Die meisten dieser autobiographischen Aufzeichnungen waren blendend geschrieben, die Autoren verstanden
es, von ihrer frühen Zeit anschaulich und lebendig zu erzählen, viele waren auch, was mich freute, auf Details
versessen. Vor allem zeigte sich immer mehr, wie sehr die
Provinz in der letzten Phase, aber auch schon im Ersten
Weltkrieg den Expressionismus rezipiert und an ihm mitgewirkt hatte. So lag es nahe, diese Erinnerungen, ver-
mehrt um weitere Texte, in einem eigenen Band herauszubringen. Den Anstoß zu dieser Buchveröffentlichung
gab ein Gespräch mit Hans Dieter Müller, dem damaligen
Lektor im Walter Verlag in Olten. Nun konnte ich Ver-
säumtes nachholen, auch den vergessenen *poetae minores*
einen roten Teppich ausrollen und sie in eine Sammlung
autobiographischer Zeugnisse einbeziehen.

Neben den *Imprimatur*-Autoren schrieb Kurt Pinthus

einen Aufsatz über die Rolle Leipzigs im frühen Expressionismus. Hans Rothe, den ich in Florenz getroffen hatte, von 1920 bis 1930 Dramaturg, zunächst in Leipzig, dann in Berlin am Deutschen Theater, berichtete über seine Theateraktivitäten, und Alfred Günther, der zu seiner Enttäuschung im Expressionismus-Katalog nur flüchtig erwähnt worden war, über *Dresden im Expressionismus*: Er hatte dort 1920 einen Gedichtband herausgegeben und wurde später als Shakespeare-Spezialist bekannt.

Schon vor und in meiner Marbacher Zeit waren Erinnerungsbücher in Mode gekommen, so die Autobiographien von Max Brod und Willy Haas, Kasimir Edschmid und Ludwig Marcuse, Franz Jung und Raoul Hausmann, Max Krell, Richard Seewald und anderen. Ergänzt um Auszüge aus diesen Autobiographien und um versteckt gedruckte Texte, entstand ein weit gespanntes Panorama zur Geschichte des literarischen Lebens im Expressionismus. Ich fügte 100 Seiten Kommentar und biographische Notizen hinzu, eine Arbeit, die mich 1964 viele Monate beschäftigte. Das Werk erschien in der Schweiz, mit äußerster Sorgfalt hergestellt, im Frühjahr 1965: *Expressionismus. Aufzeichnungen und Erinnerungen der Zeitgenossen.* Später wurde es übersetzt und in einem amerikanischen und einem englischen Verlag veröffentlicht.

Zwischen 1960 und 1965 hatte ich fünf Werke zum Expressionismus herausgebracht. *Ad fontes* lautete meine Devise. Die Quellenwerke sollten die philologische Grundlage für eine historische Expressionismusforschung schaffen – mein Beitrag als Bibliothekar des Deutschen Literaturarchivs, ermutigt und gefördert von den noch Lebenden der expressionistischen Generation.

Verworfene Pläne

Mit großem Elan hatte ich mich nach der Expressionismus-Ausstellung, auch durch die Verleger veranlaßt, auf die Erschließung der Quellen zum literarischen Expressionismus geworfen. Dabei kam mir im Hinblick auf die Editionen das philologische Handwerkszeug zugute, das ich bei meinen Lehrern in Hamburg gelernt hatte: der exakte Umgang mit den Texten, sorgfältige Auswahl, gute Kommentierung, knappe Formulierungen. Wenngleich ich Karl Ludwig Schneider in der neuen Marbacher Welt die weitere Mitarbeit an der Heym-Arbeit aufkündigen mußte, gewann ich ihn 1965 als Mitherausgeber einer geplanten Sammlung »Texte und Dokumente zur Literatur des Expressionismus« im Walter Verlag, Olten und Freiburg. Nach dem Vorbild meines Bandes *Expressionismus. Aufzeichnungen und Erinnerungen der Zeitgenossen* sollten in Format, Aufbau und typographischer Gestaltung weitere Bände erscheinen. Karl Ludwig Schneider wollte die Gedichte von Ernst Wilhelm Lotz herausgeben, mit anderen Kollegen wurde Kontakt aufgenommen, ich selbst wollte den ersten Gedichtband von Ernst Blass edieren. Es waren die Autoren, von denen damals kritische Ausgaben fehlten.

Leider verlief der schöne Plan im Sande. Die täglichen Geschäfte ließen diese zusätzliche Arbeit nicht zu, außerdem gab es im Walter Verlag personelle Veränderungen. Deshalb gebe ich das Konzept, wie es damals entstanden ist, in einem Auszug an dieser Stelle wieder.

»Wenngleich zahlreiche Neuausgaben expressionistischer Bücher in den letzten Jahren erschienen sind, so steht die Sichtung der expressionistischen Dichtung doch erst in den Anfängen. Viele Neuausgaben sind wissenschaftlich kaum brauchbar (Ehrenstein, Goll, Goering, Hoddis, Blei). Man ist in diesen Fällen darauf angewiesen, die Erstdrucke dennoch zu Rate zu ziehen. Dagegen sind die Werke Stadlers, Heyms (im Erscheinen), die Gedichte Lichtensteins vorbildlich nach kritischen Maßstäben herausgekommen. Zuverlässige Texte bieten die Ausgaben der Werke von Barlach, Däubler, Einstein, Else Lasker-Schüler. Doch es fehlen die notwendigen Kommentare.

... Einen Wandel zu schaffen, die Ernte der expressionistischen Zeit einzubringen, Unbekanntes bekannt zu machen, Nachlese und Auslese zu halten, ist die Aufgabe einer gut zu redigierenden, philologisch einwandfreien und allgemein zugänglichen Textsammlung. Es ist an die Neuausgabe einer Reihe einst berühmter und heute noch lesbarer Bücher aus den Jahren 1910–1920 gedacht. Es handelt sich um Neudrucke einzelner Werke oder um Sammlung verstreuter Texte und Dokumente einzelner Autoren, um Neuherausgabe von Anthologien oder um Zusammenfassung von Flugschriftenreihen, um Bekanntgabe von Briefen, Kritiken oder Mitteilung ungedruckten Materials.

... Eine solche Reihe – Neudrucke zur deutschen Literatur des 20. Jahrhunderts – kommt einem unmittelbaren Bedürfnis der Forschung entgegen. Abnehmer sind Wissenschaftler, Studenten, Lehrer, Schüler und der weite Kreis der Liebhaber. Was bisher nur in Bibliotheken schwer erreichbar ist, wäre endlich wieder allgemein zugänglich. Die Professoren und Studenten wären nicht mehr auf unzuverlässige Auswahlbände oder auf Abdrucke in Anthologien (Pinthus, Otten) allein angewiesen. Verschollenes und Vergessenes würde in die Überlieferung heimgeholt werden.«

Auch ein anderer Plan, der mir sehr am Herzen lag, scheiterte. Da ich mich für meine Dissertation lange mit Hölderlins Briefen beschäftigt hatte, interessierte mich die Briefkultur der Expressionisten, und ich versprach mir von einer Briefsammlung Auskünfte über Entstehung und Verlauf dieser literarischen Bewegung. Noch lagen nur die Briefe von Ernst Stadler, Georg Heym, Georg Trakl und Hugo Ball vor, auch Klabunds *Briefe an einen Freund*, Else Lasker-Schülers *Briefe an Karl Kraus*.

So begann ich, Briefe expressionistischer Autoren zu sammeln: Aus der Yale University Library in Amerika trafen Filmrollen mit Hunderten von Briefen aus dem Kurt Wolff-Archiv ein, auf meinen Reisen war ich im Dehmel-Archiv in Hamburg, in der Deutschen Staatsbibliothek in Berlin, bei Frau Emmy Weisbach, der Schwester des Heidelberger Verlegers, und nach und nach bei vielen Autoren fündig geworden. Es waren darunter hinreißende Dokumente von jugendlicher Frische, voller Ideen und Pläne, erfüllt von dem Glauben an die Macht des geschriebenen Wortes, aber auch voll von Intrigen und Fehden. Bei den Briefwechseln mit Freunden, Frauen, Verlegern glaubte ich an eine überschaubare Menge. Erst später stellte sich heraus, daß die erhalten gebliebenen Korrespondenzen erfreulicherweise sehr viel umfangreicher überliefert waren, als ich ursprünglich geahnt hatte.

Zwar kam mir Kasimir Edschmid mit einem Ullstein-Bändchen *Briefe der Expressionisten* zuvor, doch das tangierte meine Pläne nicht, im Walter Verlag eine zweibändige, chronologisch geordnete Briefsammlung herausgeben zu wollen. Sie sollte nicht nur den Zeitraum von 1910 bis 1923/24 umfassen, sondern auch das vorexpressionistische Jahrzehnt einschließen, in dem die künftigen Autoren briefliche Verbindungen zu Gleichgesinnten, Verlegern und Redakteuren geknüpft hatten. Herwarth Walden und René Schickele, Max Brod und Kurt Hiller, Paul Scheerbart und Else Lasker-Schüler sollten dabei zu Wort kommen.

Ich hatte im Frühjahr 1965 dem Verlag geschrieben, die Bände könnten mit ausführlichen Erläuterungen zu den einzelnen Briefen in zwei Jahren erscheinen. In der Kulturzeitschrift *Der Monat*, die damals vor allem Peter Härtling redigierte, hatte ich im August 1964 20 ungedruckte Briefe aus dem Frühexpressionismus 1910–1914 unter dem Klabund-Titel *Morgenrot! – Die Tage dämmern!* mit ausführlichen Vorbemerkungen zu den Briefen von Albert Ehrenstein, Georg Heym, Ernst Blass, Ferdinand Hardekopf, Walter Hasenclever, Johannes R. Becher, Iwan Goll und anderen herausgegeben.

Diese Veröffentlichung gab Kostproben von dem geplanten Werk und sollte wie eine Vorankündigung gelesen werden. Inzwischen hatte meine Frau begonnen, die Briefe nach den Kopien, die ich von den Filmen hatte anfertigen lassen, zu transkribieren und den Grundstock zur Briefsammlung zu legen. Doch dann kam alles anders. Eines Tages besuchte Helen Wolff, die Witwe des verstorbenen Verlegers, wieder Marbach. Ich wurde von Dr. Zeller zu einem Gespräch mit Frau Wolff und Ellen Otten, der Witwe von Karl Otten, hinzugebeten und erfuhr, daß der Heinrich Scheffler Verlag, Frankfurt, der die Schriftenreihe *Der jüngste Tag* als Nachdruck herausgegeben hatte, einen umfangreichen Band mit Briefen an Kurt Wolff plane. Helen Wolff bat mich, die Filme, die ich bis dahin aus dem Kurt Wolff-Archiv erhalten hatte, für die Edition zur Verfügung zu stellen. Selbstverständlich konnte ich ihr die Bitte nicht abschlagen. Der materialreiche und gewichtige Briefband erschien, von Bernhard Zeller und Ellen

Otten herausgegeben, im Jahre 1966. Allerdings waren damit die schönsten Briefe, die ich für meine Briefsammlung vorgesehen hatte, bekanntgeworden. Mein ehrgeiziges Projekt war gescheitert.

Die unvollendeten Studien

Tübingen liegt eine gute Autostunde von Marbach entfernt. Die dortigen Germanisten nahmen an der Entwicklung des Deutschen Literaturarchivs lebhaften Anteil. Friedrich Beißner war wegen seiner Hölderlin- und Schillerstudien mit dem Schiller-Nationalmuseum verbunden. Richard Brinkmann verfolgte die Expressionismus-Studien aufmerksam. Der Dritte im Bunde der Neugermanisten war Klaus Ziegler, ein vorzüglicher Vertreter seines Faches, dazu im Umgang warmherzig und unkonventionell. Er hatte mir im Sommer 1961 das ehrenvolle Angebot gemacht, mich bei ihm zu habilitieren, da er mein Engagement für den Expressionismus zu schätzen wußte.

Professor Ziegler habe ich es zu verdanken, daß mir die Deutsche Forschungsgemeinschaft ein Habilitationsstipendium für zwei Jahre gewährte und mir zum ersten und einzigen Mal in meinem beruflichen Leben die Chance bot, mich eine längere Zeit ausschließlich der wissenschaftlichen Arbeit zu widmen. Ich war frei, doch wiederum nicht ganz frei, denn ich hatte mir ausbedungen, einen Tag in der Woche meine Aufgaben in der Leitung der Marbacher Bibliothek wahrnehmen zu können, so daß der Aufbau keinen Rückschlag erfuhr. Außerdem unterbrach ich nach einem Jahr meine Stipendienzeit im Juli 1963 für 15 Monate, um in der Freizeit neben der beruflichen Arbeit meinen Verpflichtungen als Herausgeber, die ich eingegangen war, nachkommen zu können.

Gern denke ich an diese fruchtbare Zeit zurück. Den Dachraum über unserer Wohnung hatte ich mir als Studierzimmer eingerichtet. Unsere Tochter Katharina hat es später zu meinem 60. Geburtstag in einer familiären Festschrift auf unvergleichliche Weise aus der Perspektive eines achtjährigen Kindes beschrieben:

»In der linken hinteren Ecke des Zimmers standen auf einem niedrigen Regal schmale Holzkästen, in denen sich gelbe Kärtchen in einer Reihe aneinander drängten, und schwarze oder graue Kartonkästen, die mit einem Schild versehen waren wie Briefkästen. Auf dem viereckigen Tisch am Ofen lagen Papier, Briefe, Zeitungsblätter, ganze Stapel von Heftchen (irgendwelche Sonderdrucke oder ähnliches), am andern Ende des Zimmers, an der rechten Wand, stand die Couch mit den wackeligen Beinen, und vor dem Fenster der Schreibtisch.

Die Bücher in den Holzregalen reichten bis zur Decke, sie bildeten Wände aus verblaßten oder stumpfen Farben mit vereinzelten grellen Flecken, an manchen Stellen, vor allem in den oberen Reihen, wo lauter gleichfarbige und gleichhohe Bücher nebeneinander standen, zeigten sich Muster ...

Auf dem Fußboden, von einer Wand zur anderen reichend, lag der Teppich. Er hatte die geeignete Farbe für Landschaften, die wir im Arbeitszimmer entwarfen, während Papa sich ausruhte oder am Schreibtisch arbeitete. Ich schob einige verschieden hohe Kartons unter den Teppich, und die Hügel und Täler, Ebenen und versteckten Winkel dieser Schöpfung bebauten Daniel und ich mit dem Dorf, dem Inhalt eines Kastens voller Häuschen, Bäume, Tiere, und Figuren aus Holz. Während Papa schrieb (oft

eine seiner unverwechselbaren Melodien vor sich hinpfei-
fend) oder mit übergeschlagenen Beinen in dem schwarzen Sessel saß und las, entstand hinter seinem Rücken eine
ausgedehnte Landschaft zu Füßen der strengen und immer
unzugänglicher werdenden Bücherwände, unter den Holz-
schnittaugen von Carl Sternheim, eine Welt mit Schafher-
den, Arche Noah und wilden Tieren inmitten eines Zimmers, an dessen freien Wänden expressionistische Plakate,
Zeichnungen, abstrakte Kunst und Texte hingen.«

In diesem Arbeitszimmer habe ich geduldig und oft
auch verbissen aus der Fülle der Quellen, die sich durch
Reisen immer mehr häuften, versucht, die Entwicklungs-
und Begriffsgeschichte des Expressionismus zu erforschen. Es war ein komplexes Thema. Am Ende meines
zweiten Forschungsjahres habe ich die Ergebnisse meiner
intensiven Quellenstudien im Sommer 1965 niedergeschrieben. Der Text von 320 Seiten war der erste Versuch,
sich über die verschiedenen Auslegungsmöglichkeiten des
Expressionismusbegriffs Klarheit zu verschaffen. Weder
im Stil noch in der Epoche war das Gemeinsame zu fassen. Ich kam zu dem Schluß, daß der Expressionismus nur
als eine von einer großen Zahl von Autoren getragene Bewegung zu verstehen sei, die sich um eine bestimmte Generation gruppierte und in bestimmten lokalen Zentren
sammelte. So analysierte ich den aus der Zeit heraus zu ver-
stehenden Begriff in seinen Entwicklungslinien von der
Reformbewegung der Wende vom 19. zum 20. Jahrhundert, stellte das vorexpressionistische Jahrzehnt mit der
Neuen Gemeinschaft der Brüder Hart als Auftakt dar, beschrieb die geistige Wende einer »neuen Jugend« um 1910
und faßte den frühen Expressionismus bis 1914 in seinem
historischen Verlauf, seinem Selbstverständnis und seinen
Inhalten zusammen.

Ich hatte die Begriffe Expressionisten, Expressionismus, expressionistisch anhand vieler Belege in dem kurzen Zeitraum zwischen 1911 und 1914 untersucht und in den Zusammenhang mit den Schlagworten des »neuen Pathos« (Stefan Zweig), der »fortgeschrittenen Lyrik« (Alfred Kerr), der »jüngsten Dichtung« (Kurt Pinthus) gestellt und am Ende ein Bild dieser Frühphase des literarischen Expressionismus entworfen. Da meine Untersuchung mit dem Kriegsausbruch August 1914 endete, blieb sie ein unbefriedigender Torso. Die Entwicklung des Expressionismus im Kriege, sein publizistischer Höhepunkt zwischen 1918 und 1920 und das oft beschriebene Ende mit dem Ausgang des Spätexpressionismus 1921/22, durch zahlreiche Zeugnisse belegt, fehlten noch.

Die Tübinger Fakultät drängte, Klaus Ziegler schlug vor, das Bisherige durch einen Schlußteil abzurunden und von dem ehrgeizigen Ziel Abschied zu nehmen. Er sorgte dafür, daß die Forschungsgemeinschaft im Februar 1966 ein drittes Forschungsjahr gewährte. Doch der Vorstand der Deutschen Schillergesellschaft, dem die Forderungen und Aktivitäten ihres Marbacher Bibliothekars zu weit gingen, lehnte ab und legte mir sogar nahe, mich überhaupt von Marbach zu trennen. Ich drohte zwischen alle Stühle zu geraten, denn inzwischen kam die Nachricht aus Hannover, daß man alles versuche, mich als Nachfolger des Direktors der Herzog August Bibliothek Wolfenbüttel, Erhart Kästner, nach Niedersachsen zu holen. Dazu war es erforderlich, daß ich mich nicht in Tübingen, sondern in Göttingen habilitierte, was dann allerdings ohne Schrift, sondern aufgrund meiner Publikationen Ende 1967 geschah. Meine Studien über die Begriffs- und Entwicklungsgeschichte des literarischen Expressionismus blieben unveröffentlicht.

Die letzten Jahre

Max Brod mit Paul Raabe in Tel Aviv. Mai 1965.
Foto: Paul Raabe Archiv

Bei Max Brod in Israel

Kafkas engsten Freund, den Schriftsteller Max Brod, traf ich im Sommer 1961 zum erstenmal in einem Stuttgarter Hotel. Er war ein kleiner, verwachsener, freundlicher Herr, hoch in den Siebzigern, sorgfältig gekleidet wie auch seine Begleiterin, die ihn betreuende Ilse Esther Hoffe. Er faßte schnell Vertrauen zu dem jungen Deutschen, und im Laufe der Jahre behandelte er mich immer mehr wie seinen Sohn. Die Freundschaft währte bis zu seinem Tode. Er starb im Dezember 1968 in Tel Aviv, ein paar Monate, nachdem ich mit meiner Übersiedlung nach Wolfenbüttel Abschied von meinem »expressionistischen Jahrzehnt« genommen hatte.

Max Brod, der zahlreiche Romane, Erzählungen, Essays und Gedichte in seinem langen Leben veröffentlicht hat, sprach ein reines Prager Deutsch, er liebte die deutsche Sprache. In Deutschland, das seinem Volk so Ungeheuerliches angetan hatte, wohnten seine Leser. Seine Romane wurden in den 1960er Jahren in hohen Auflagen verkauft. Auch war er der Vermittler von Kafkas Werken, angesehen und verehrt. Seine Autobiographie *Streitbares Leben*, 1960 erschienen, vermittelt nicht nur das Bild eines feinfühligen Autors, sondern auch eines unerbittlichen Streiters.

Jedes Jahr kamen Max Brod und Frau Hoffe nach Europa, wohnten wie viele Israelis in der Schweiz. Er hielt Vorträge in Westdeutschland und besuchte seine Verleger. Auf der Buchmesse in Frankfurt hatte ich ihn zuletzt im Herbst 1964 gesehen, er lud mich ein, seine frühen Papiere durchzusehen und zu sichten. So flog ich im Mai 1965 nach Israel, war vier Wochen zu Gast in Tel Aviv, lernte seine Welt und das Land in den damaligen Grenzen kennen, ein Deutscher, der in jenen Wochen in Jerusalem die Aufnahme der diplomatischen Beziehungen zwischen Israel und der Bundesrepublik Deutschland miterlebte.

Max Brod wohnte in Tel Aviv nicht weit vom Meer im obersten Stockwerk eines älteren Hauses. Er lebte seit dem Tode seiner Frau allein in der großen Wohnung, angefüllt mit Büchern, die er durch einen Glücksfall bei der Auswanderung 1938 aus Prag hatte mitnehmen können. Auch die Möbel stammten noch aus der alten Heimat, der Flügel, die Schränke, die Stühle und der Schreibtisch, an dem schon die ersten Bücher geschrieben worden waren. Es war ein ehrwürdiges Möbelstück, bepackt mit Papieren, Korrespondenzen, Büchern, Zeitschriften, der Schreibtisch eines unendlich fleißigen Autors, der im Laufe seines Lebens mehr als 90 Bücher geschrieben hat, abgesehen von den zahllosen Aufsätzen und Kritiken aus seiner Feder. Brod hatte nach vierjähriger Arbeit gerade ein Buch über Johannes Reuchlin, den deutschen Humanisten aus Pforzheim, abgeschlossen, und die ersten Korrekturfahnen trafen ein. Man hatte den Eindruck, daß allein die Arbeit seinen Alltag bestimmte, wie es wohl jahraus, jahrein gewesen war.

Brod war sehr anspruchslos, morgens ein kleines Frühstück im Café Roma an der Ben Yehuda, dort las er die ersten Morgenzeitungen, zahlte und ging langsam zurück, arbeitete bis Mittag am Schreibtisch; zweimal in der Woche ging er in die Habimah, wo er noch immer als Dramaturg tätig war. Am Mittag aß er im Rishon-Keller, gute Wiener Küche, freundliche Leute, der Herr Doktor hatte seinen Stammplatz und seine kleine Portion. Bisweilen schloß er einen kurzen Spaziergang am Meer an, dann ruhte er, und bis zum Abend wurde wieder gearbeitet. Danach wurde noch etwas gelesen: neue literarische Werke, Bücher der Freunde, ein altes Reclam-Heft über die Entstehung der Bibel, Luthers Tischreden, der Talmud, ein Werk über antike Geschichte, Goethes *West-östlicher Divan*, den er am meisten liebte.

Während meines Aufenthalts studierte ich Brods alte Papiere, Zeugnisse seiner literarischen Anfänge, Dokumente deutscher Kultur in Prag, deren Verfechter und – unter der Jugend – deren Anführer Max Brod gewesen war. Das alles lag fast 60 Jahre zurück. Damals lebten unter den 415 000 Tschechen 25 000 Juden in der Stadt und etwa 10 000 Deutsche, die im kulturellen Leben kaum eine Rolle spielten. Aus den Briefen und Artikeln wurde diese literarische Vergangenheit wieder lebendig: 1908 hatte Brod unter dem Einfluß Schopenhauers sein *Schloß Nornepygge* veröffentlicht, den Roman eines indifferenten und ausweglosen, pessimistischen Lebensgefühls. Das Buch hatte großen Erfolg. Zur gleichen Zeit begann Kafka zu schreiben, ein paar Jahre später wurde Franz Werfel über Nacht berühmt. Andere Dichter gehörten zum Kreis dieser Prager Freunde: der blinde Oskar Baum und der verbummelte Paul Leppin, der junge Willy Haas und der Schauspieler Ernst Deutsch, auch Egon Erwin Kisch und Kurt Tucholsky, sie alle waren Juden, und sie alle fühlten sich als deutsche Autoren und Künstler.

Max Brod, der sich schon 1913 dem Zionismus zuwandte, war ein guter, verdienstvoller israelischer Bürger geworden. Zu seinem 80. Geburtstag hielt Staatspräsident Schasar bei einem festlichen Empfang in Jerusalem eine halbstündige Laudatio, die Brod ebenfalls auf hebräisch beantwortete. Aber er hatte seine Rede in lateinischen Buchstaben niedergeschrieben. Freunde, die dabei waren, haben mir von der allgemeinen Verwunderung erzählt, als man sah, daß Brods Augen immer von links nach rechts über das Papier wanderten.

In Israel hielt eine kleine Gemeinde dem deutschen Autor die Treue: Einwanderer aus Deutschland, Österreich und der Tschechoslowakei, die mit deutscher Kultur aufgewachsen waren. Nicht weit von Tel Aviv liegt der schöne Villenort Ramat Gan, dort las Brod in dem Kulturzentrum Beth Zwi, das ein Fabrikant zum Andenken an seinen Sohn gestiftet hatte. Der Raum war festlich geschmückt, an den Wänden hing eine Ausstellung abstrakter Bilder. Der Saal füllte sich mit älteren Menschen, sie waren von Tel Aviv und Jerusalem herübergekommen. Brod las in seiner schlichten Art Passagen aus dem neuen Reuchlin-Buch. Freundlicher Beifall dankte dem Redner. Ich glaube, nicht nur dem Gast fiel die absurde Umkehrung der Verhältnisse auf. Einst hatte der jüdische Geist in der deutschen Kultur in der Diaspora gelebt, hier aber wirkte deutscher Geist in jüdischer Kultur, wiederum in der Diaspora, weiter, von Juden getragen, deren Glaube noch immer letzten Endes ein besseres Deutschland war als das, welches sie am eigenen Leibe erlebt hatten.

Brod und ich hatten Zeit, viel miteinander zu reden. Einmal sagte er – und dabei rückte er seinen Stuhl ganz nahe an den meinen: »Wissen Sie, wenn ich so bedenke, wie vielen Menschen ich geholfen habe – aber immer habe ich Undank geerntet. Man sollte einmal ein Buch über den Undank schreiben.« Er sagte es ohne Bitterkeit. »Nur einer hat mich nicht enttäuscht: Kafka. Ich habe ihm persönlich unendlich viel zu danken. Er hat mich auf den rechten Weg gebracht. Kafka war ein wirklicher Freund.« Das wiederholte er immer wieder.

Er litt darunter, daß die Germanisten – nicht zu Unrecht – seine Herausgabe der Werke Franz Kafkas kritisierten. Er empfand das als undankbar, denn hätte er das Testament seines Freundes – »alles, was sonst an Geschichten von mir vorliegt... alles dieses ist ausnahmslos zu verbrennen« – befolgt, so würden wir Kafkas Romane und viele seiner Erzählungen nicht kennen. Brod gab mir eine Mappe mit Notizen von und über Kafka, und ich las die ergreifenden letzten Verfügungen in Kafkas typischer Handschrift, an deren Rundungen man immer wieder erkennt, wie hastig er die Gedanken aufs Papier warf.

Der Besuch bei Brod war für mich eine große Bereicherung. Er brachte mir viel Vertrauen entgegen, so daß ich seine frühen Briefe, Dokumente und Bücher durchforschen, Notizen, Exzerpte und Kopien machen konnte. Sie gaben mir wesentliche Aufschlüsse über das vorexpressionistische Jahrzehnt.

In Jerusalem, wo ich mich einige Tage aufhielt, besuchte ich Hugo Bergmann, an den Max Brod mich empfohlen hatte. Er war ein ehrwürdiger Gelehrter, hochgewachsen, mit durchgeistigten Zügen, inzwischen weit über Achtzig. Er hatte schon Anfang der 1920er Jahre Prag verlassen und die Hebräische Universität mit aufgebaut. Und so saß ich dem weißhaarigen Professor in seiner Gelehrtenstube mit den vollgestopften Bücherregalen gegenüber. Er hatte eine angenehme Stimme, und wenn er mir Hinweise zu meinen Forschungen geben wollte, stieg er eilig die hohe Bücherleiter hinauf, um in einem Buch nachzuschlagen, oder er suchte ein paar Sonderdrucke, die er mir mitgab. Er war freundlich und hilfsbereit. Als ich mich verabschiedete, nahm er Hut und Gebetbuch, um zur Totenfeier für einen verstorbenen Freund zu eilen.

Auch Werner Kraft wohnte in der Rehavia, nur wenige Straßen weiter, umgeben von einer reichen Bibliothek zur deutschen Literatur, der er selbst als Autor und bedeutender Essayist angehörte. Er war bis 1933 Bibliotheksrat an der Landesbibliothek Hannover gewesen, wurde, wie alle jüdischen Beamten, in den Ruhestand versetzt und bezog bis 1939 seine Pension aus Deutschland in Palästina, in das er 1934 ausgewandert war. Merkwürdige Wege ging die Bürokratie, und rätselhaft wirkte auch die Vorstellung, daß dieser *homme de lettres* im besten Sinne des Wortes hier in Jerusalem über Matthias Claudius oder Adalbert Stifter nachdachte und darüber wohlgeformte, einfühlsame Aufsätze schrieb. Hier sind seine Monographien über Karl Kraus und Rudolf Borchardt entstanden.

In der Rehavia, ganz in der Nähe der Rambam Street, in der Else Lasker-Schüler 30 Jahre vor mir den, wie sie schreibt, »liebreichen Professor Hugo Bergmann« besucht hatte, lebte auch der Verwalter ihres Nachlasses, Manfred Sturmann. Er und seine liebenswürdige Frau nahmen mich herzlich und freundschaftlich auf. Er zeigte mir sein letztes Buch: *Abschied von Europa.* Es sind aufregende Geschichten aus der Zeit des Krieges von 1948. *Abschied von Europa* heißt auch Sturmanns frühe Erzählung aus dem Jahre 1927. Damals erhielt er dafür den Münchner Dichterpreis, ein junger deutscher Autor der 1920er Jahre. Er erzählte von jener Zeit und, wie es jeder tat, von der Auswanderung: »Aber Herr Sturmann«, hatte der Leiter der Behörde, ein ehemaliger Oberst, in München gesagt, »warum wollen Sie denn auswandern? Sie sind doch Schriftsteller. Wir kennen Sie hier und brauchen Sie. Es wird Ihnen doch nichts in Deutschland geschehen.« Das sagte der Mann 1938. Manfred Sturmann nahm damals Abschied von Europa, was ihm, dem Zionisten, unter den damaligen Umständen nicht schwerfiel. Aber der deutschen Sprache und der deutschen Kultur war er treu geblieben. Voller Stolz zeigte er mir die Bücher seiner akku-

258

rat aufgestellten Bibliothek, die er mit wenig Geld aufbauen konnte.

Zu dritt aßen wir in dem großzügigen und weitläufigen King David Hotel zu Abend, und unser Gespräch war bei Else Lasker-Schüler angelangt. Sturmann verwaltete ihren Nachlaß mit jener rührenden Hingabe, die ich in Israel vielerorts beobachten konnte. Anderntags zeigte er mir die beiden Stahlschränke, die in seinem Büro an der King George Avenue standen. Sie enthielten das wenige, das Else Lasker-Schüler aufgehoben hatte, darunter die mit bunten Bildern beklebten Pralinenschachteln, von denen ich schon erzählt habe.

Gern hätte ich Martin Buber besucht, man hatte ihn gerade, übrigens nicht einstimmig, zum Ehrenbürger von Jerusalem ernannt. Aber ich kam zu spät: Er war kurz zuvor mit einem schweren Knochenbruch ins Krankenhaus eingeliefert worden. Noch im gleichen Jahr starb dieser verehrungswürdige Philosoph, der zu den Großen seines Jahrhunderts zählt.

Eine Keimzelle des literarischen Expressionismus war, wie mehrfach erwähnt, der 1909 in Berlin gegründete Neue Club, zu dem Erwin Loewenson, Jakob van Hoddis, Erich Unger, Ernst Blass gehörten. Ihre Angehörigen traf ich in Israel: die kranke Witwe von Erwin Loewenson, die alte Anna Nußbaum, die Schwester des Dichters Jakob van Hoddis, dessen Gedicht *Weltende* am Anfang der expressionistischen Avantgarde stand. In Haifa erwartete mich an einem heißen Maitag Edith Glaser, die Schwester des Dichters Ernst Blass. Sie war die einzige, die mir Papiere aus früherer Zeit mitgeben konnte.

Der modernen Kunst begegnete ich nicht nur in dem gerade eröffneten Israel-Museum – ich war einer der ersten Besucher –, sondern auch in dem Atelier von Jakob Stein-

hardt, der 1912 mit Ludwig Meidner die Malergruppe der
Pathetiker gegründet hatte. Im ehemaligen Bezahel-Mu-
seum im Zentrum von Jerusalem hatte er eine beeindruk-
kende Wohnung. Durch eine knarrende Pforte war ich in
einen blühenden, dicht zugewachsenen Garten mit alten
Säulen und verwitterten Statuen eingetreten. An der kleinen Tür empfing mich ein freundlicher, bescheidener
Mann mit einem alterslosen Gesicht. Seine Frau, die einen
angenehmen Berliner Tonfall sprach, führte uns in das
Wohnzimmer, das zugleich das Atelier des Künstlers war
und durch seine Höhe den Eindruck einer Kapelle machte.
An den Wänden hingen bis weit hinauf großflächige Ölbilder des Malers, meist Darstellungen biblischer Themen,
gegenständlich, impressionistisch, in gedämpften, wohltuenden Farben. Alte Möbel, auch die Bücherregale und
die Zeichentische des Künstlers sorgten für Behaglichkeit.
Als Steinhardt 1933 nach Palästina auswanderte, hatte er
Glück: Er konnte eine Kunstschule eröffnen und wurde ein
beliebter Lehrer in Jerusalem. Er galt als einer der bedeutendsten Holzschneider im Lande.

Das erschütterndste Erlebnis war ein Besuch in Yad
Vashem, dem symbolträchtigen Ort für die Opfer des Ho-
locaust, nicht nur der Besuch der Gedenkstätte und der
Ausstellung, sondern die Gespräche mit den Mitarbeitern
des Archivs, bei denen mich Max Brod angemeldet hatte.
Der jüngste der drei Herren, die alle aus Deutschland
eingewandert waren, Mordechai Ansbacher, fünf Wochen
älter als ich, aus Würzburg gebürtig, erzählte mir bei dem
Rundgang von seinen schrecklichen Erfahrungen in Auschwitz und Dachau, über die er 1961 im Eichmann-Prozeß in Jerusalem ausgesagt hatte. Das Protokoll seines Ver-
hörs gab er mir zum Abschied.

In den vier Wochen meines Aufenthalts arbeitete ich

auch in der Jewish National Library, durchforschte die Nachlässe von Albert Ehrenstein und Stefan Zweig, sah das Buber-Archiv und besuchte die berühmte Schocken-Bibliothek zur deutschen Literatur, die Erich Mendelsohn gebaut hat. Ich lernte die Schönheiten des Landes in den Grenzen von 1965 kennen: nicht nur das geteilte Jerusalem, auch den Norden mit den Stätten christlicher Überlieferung, den See Genezareth, Kapernaum, Nazareth. Ich flog von Tel Aviv nach Eilath ans Rote Meer, wo die Touristen – meist amerikanische Juden – am späten Abend israelische Volkskultur erlebten. Die Rückfahrt durch die Wüste Negev endete in Beersheva, der von Abraham gegründeten Stadt. Wenn ich von meinen Ausflügen nach Tel Aviv zurückkam, mußte ich Max Brod ausführlich erzählen. Er kannte und liebte jeden Flecken seines Landes und war dankbar, wenn ich ihm begeistert meine Eindrücke schilderte.

Vier Wochen Israel im Umgang mit einem weise gewordenen Dichter deutscher Sprache: Diese Freundschaft mit dem alten Max Brod gehört zu den glücklichen, unvergessenen Erlebnisse eines jungen Wissenschaftlers, der eine Epoche der modernen deutschen Literatur in der Diaspora eines fremden Landes erforschte, in dem damals noch einige überlebende Zeitgenossen die Erinnerung an eine gemeinsame kulturelle Vergangenheit lebendig bewahrt hatten.

Expressionismus im Prager Frühling

Es war ein Zufall, daß ich ein halbes Jahr nach der Rückkehr aus Israel Max Brods Prager Heimat besuchte. Das
hatte ich einem Mann zu verdanken, der eines Tages an
der Kasse des Schiller-Nationalmuseums nach mir fragte:
Eduard Goldstücker, Professor für deutsche Literatur an
der Karls-Universität in Prag. Er war ein Herr mittleren
Alters, eine ernste, gepflegte Erscheinung, höflich, in der
deutschen Literatur zu Hause. Er war inkognito angereist,
offensichtlich mit der Absicht, Marbach kennenzulernen,
von dem er in seinem Lande gehört hatte. Er lud mich zu
einer Konferenz über Prager deutsche Literatur ein, die in
Prag stattfinden sollte. So fuhren wir zu dritt, mein amerikanischer Freund George Avery, ein Robert Walser-For-
scher, seine Frau Doris und ich, an einem kalten Novem-
bertag 1965 über die deutsch-tschechische Grenze durch
Eger nach Prag, in die »Goldene Stadt«.

Als ich mein Zimmer in einem Hotel im Zentrum betrat,
fand ich einen Zettel von Eduard Goldstücker auf dem
Nachttisch: Ich solle am Abend einen Vortrag über den
deutschen Expressionismus halten. Ich wußte nichts davon. Vermutlich hatte mich sein Brief nicht erreicht. Was
sollte ich tun? Zum Glück hatte ich die Druckfahnen eines
Vortrages über den *Expressionismus als historisches Phänomen*
eingesteckt hatte, um sie auf der Reise zu lesen. So war ich
gerettet.

Mein Vortrag, zum Auftakt der Konferenz in einem Ki-
nosaal in Prag vor einem zahlreichen akademischen Publikum gehalten, wurde sehr freundlich aufgenommen,
wenngleich er für einen deutschen Hörerkreis bestimmt
war. Ich hatte die drei Phasen des literarischen Expressio-

nismus – die Anfänge, die Kriegs- und Nachkriegszeit, das Ende –, an Fakten orientiert und mit zeitgenössischen Zitaten gespickt, dargestellt. Nach dem demonstrativen Beifall, der wohl mehr dem Westdeutschen als mir persönlich galt, stand hinten im Saal ein Herr auf, rundes Gesicht, Glatze, klare Stimme, und sagte: »Wie können Sie alle diese Details wissen, Sie sind doch gar nicht dabeigewesen.« Es war Wieland Herzfelde.

Die dreitägige Konferenz fand auf dem Schloß Liblice statt, einer verfallenen barocken Anlage aus dem 17. Jahrhundert, südlich von Prag, organisiert von der Tschechoslowakischen Akademie der Wissenschaften, aber geleitet von einem reformerischen Ausschuß der tschechoslowakischen Neugermanisten. Nach der Kafka-Konferenz von 1963, auf der die ideologischen Gegensätze aufeinandergeprallt waren und die Marxisten Franz Kafka noch ablehnten, hatte ein Wandel eingesetzt, der nach und nach alle Bereiche des kulturellen Lebens erfaßte: der Prager Frühling. Einer der entscheidenden Förderer war Eduard Goldstücker, zwar ein marxistischer Wissenschaftler, aber eben kein orthodoxer Dogmatiker. Ihm lag an der Liberalisierung der Gesellschaft, an mehr geistiger Freiheit, für die er mit Elan eintrat. Selbstverständlich ließ er dem strammen Parteigänger Paul Reimann, einem jovialen Herrn, den Vortritt, der sicherlich »gute Miene zum bösen Spiel« machte. Goldstücker dagegen erschien mir fast westlich, locker, freundlich, auch zu Scherzen durchaus aufgelegt. Er war sehr umtriebig, hielt die Fäden der Diskussion fest in der Hand, und in allen Pausen sah man ihn im Gespräch mit irgendwelchen Journalisten und Rundfunkreportern, denen er von Verlauf und Größe der Prager deutschen Literatur erzählte.

Wir waren ein Kreis von 60 bis 80 Leuten, die sich in

dem barocken Saal versammelt hatten, vor allem tschechische und slowakische Literaturwissenschaftler, ein paar Ungarn und Russen, eine größere Delegation linientreuer DDR-Germanisten, aus dem Westen der englische Kafkaforscher Malcolm Pasley, George Avery, Ernst Zinn und ich, schließlich als Verleger Horst Ferle aus München.

Der Bogen der Referate war weit gespannt: von dem jungen Rilke bis zu den jüngsten Prager Schriftstellern, den Exilautoren F. C. Weiskopf und Louis Fürnberg, die bei den DDR-Kollegen hoch im Kurs standen. Die Anwesenheit der beiden Witwen, umsorgt von Wieland Herzfelde, unterstrich die von Goldstücker sicherlich nicht gewollte Dominanz der ostdeutschen Teilnehmer.

Nur einer fiel aus diesem Rahmen: Kurt Krolop aus Halle an der Saale, der nicht zur DDR-Delegation gehörte, sondern schon einige Zeit in Prag forschte. Er hielt einen hervorragenden, von größter Sachlichkeit geprägten Vortrag über die Geschichte und Vorgeschichte der Prager deutschen Literatur des expressionistischen Jahrzehnts. Ich hatte Krolop zuvor nicht gekannt, er war eine Lichtgestalt in der damaligen Tristesse der DDR-Forschung, ein Bruder im Geist. Wir haben uns später gelegentlich gesehen, er hatte nach dem Zusammenbruch des Prager Frühlings schwere Zeiten durchzumachen.

Für einen Westdeutschen war der Umgang mit Wissenschaftlern hinter dem Eisernen Vorhang eine neue Erfahrung. Wir redeten in zwei Sprachen. Ich hatte einen Vortrag über Max Brods frühen Roman *Schloß Nornepygge* gehalten und mich mit dem fatalistischen Indifferentismus unter dem Einfluß Schopenhauers auseinandergesetzt und dafür Materialien auswerten können, die ich bei Max Brod gefunden hatte. Er mußte den DDR-Kollegen so fremd sein wie mir ihre ideologischen Ausführungen.

Am Ende der Konferenz fuhren wir nach Prag zurück, erlebten eine eindrucksvolle Führung zu den literarischen Stätten der Stadt von einem vorzüglichen Kenner, Dr. Hugo Rokyta, der nicht nur glänzend zu erklären verstand, sondern auch zu unserem Erstaunen bissige Bemerkungen über das Regime freimütig einstreute. Auf der Schlußveranstaltung im Saal des Strahov-Klosters dankte Professor Ernst Zinn im Namen der westlichen Wissenschaftler höflich und vornehm den Organisatoren. Nicht nur er war sichtlich von der schönen Dolmetscherin mit ihrer weißen Kappe an seiner Seite entzückt, die seine Rede mit viel Charme übersetzte.

Für Eduard Goldstücker und seine Schüler war die Konferenz ein großer Erfolg. Zwei Jahre später erschien der Tagungsband in deutscher Sprache unter dem verheißungsvollen Titel: *Weltfreunde*. Der Band ist ein Dokument des Prager Frühlings. Eduard Goldstücker schloß sein Nachwort mit einem Zitat aus meinem Rundfunkbeitrag, den ich nach der Rückkehr geschrieben hatte:

»In den Methoden westlicher und östlicher Literaturbetrachtung gibt es bekanntlich viele Divergenzen. Um so dankbarer empfand man es, mit welcher Unvoreingenommenheit die tschechoslowakischen Germanisten den Fragen der Prager deutschen Literatur nachgingen. Es wurde deutlich, wieviel fruchtbare Arbeit in den letzten Jahren von den Germanisten in Prag, Brünn, Olmütz und Preßburg geleistet wurde. Die Hefte der Zeitschriften *Germanistica Pragensia* und *Philologica Pragensia* legen davon Zeugnis ab. Die Konferenz in Liblice hat gezeigt, wie notwendig eine internationale Zusammenarbeit gerade auf diesem Gebiet ist. Das Gespräch über die Grenzen hinweg hat begonnen, und es sollte die Aufgabe auch unserer germanistischen Forschung sein, die in Liblice geknüpften Kontakte auszubauen. Prag als Zentrum zur Erforschung dieser Literatur: Hier liegen Möglichkeiten wissenschaftlichen Materialaustausches und engerer Zusammenarbeit.«

Ein Jahr danach rollten sowjetische Panzer durch Prag und schlugen den Aufstand im August 1968 blutig nieder. Eduard Goldstücker verließ zum zweitenmal sein Land und ging mit vielen anderen ins Exil. Der Prager Frühling war ein schöner Traum gewesen, der erst zwei Jahrzehnte später wieder aufkeimen konnte.

Kafka und kein Ende

Im Herbst 1964 war ich mit dem künftigen Verleger Klaus Wagenbach in Verbindung gekommen. Er hatte mir, ehe sein erstes Frühjahrsprogramm fertig war, einen Brief geschrieben:

Lieber Herr Raabe,   7. 11. 64

Sie haben mir einmal durch Pasley diese kleine Kritik von Kafka zeigen lassen, wollten auch die Sache beschreiben und ein wenig erläutern, vielleicht mit eventuellen Briefen an Franz Blei. Gesehen habe ich aber diese Sache noch nirgends. Unabhängig, ob es erschienen oder noch nicht erschienen ist, wollte ich Sie um folgendes bitten:

Im Herbst nächsten Jahres wird in diesem Verlag ein »Kafka-Symposion« erscheinen, mit Materialien, Datierungen, frühen Rezensionen, Philologica. Also ein ausschließlich »faktischer« Band. Möchten Sie dazu nicht Ihre Arbeit beisteuern?

Das würde sich herzlich wünschen

Ihr Klaus Wagenbach.

Dieser Materialienband zu Kafkas Leben und Werk, Wagenbachs erste gebundene Verlagspublikation, enthielt Beiträge von Jürgen Born, Ludwig Dietz, Malcolm Pasley und Klaus Wagenbach selbst. Er wurde mit dem Abdruck der von mir wiederentdeckten Buchbesprechung Kafkas – es handelte sich um Franz Bleis Damenbrevier *Die Puderquaste* – eröffnet.

Klaus Wagenbach, einer der ideenreichen und konsequentesten Verleger unserer Zeit, begann seine verlegerische Laufbahn im Frühjahr 1965, wie schon erzählt, mit einer Huldigung an Kurt Wolff. Er teilte mit ihm die Liebe zu Franz Kafka. Über diesen hatte er 1958 eine berühmt gewordene, materialreiche Biographie veröffentlicht, die eine auf sicheren Quellen beruhende Kafkaforschung begründete. Dieses große Verdienst kommt ihm zu.

Wagenbach hatte für sein Buch Fotos und Dokumente Kafkas gesucht und gesammelt, und so war es für den jungen Verleger ein besonderes Vergnügen, dem Wunsch der damals noch jungen Akademie der Künste in Westberlin nachzukommen, eine Ausstellung zu Leben und Werk Franz Kafkas in dem weitläufigen Ausstellungsraum am Hanseatenweg zu zeigen. Zum erstenmal sah das überraschte Berliner Publikum Kafka-Handschriften im Original, Werkmanuskripte aus Oxford und Briefe aus Yale, außerdem Dokumente der Arbeiter-Unfall-Versicherungsanstalt aus Prag. Es war Wagenbachs Plan, »eine ... vollständige Dokumentation anhand meines Archivs« vorzulegen, und so konnte man beim Rundgang die vergrößerten Fotos Kafkas, seiner Freunde und seiner Lebenswelt betrachten, die den Raum eindrucksvoll ausfüllten. In der Mitte aber hatte er – verschmitzt und hintergründig, wie er ist – ein schwarz angestrichenes Labyrinth bauen lassen, aus dem hin und wieder gurgelnde Lachsalven hervordrangen, denn an den Wänden hatte er eine Sammlung von Zitaten aus der germanistischen Kafka-Literatur angebracht, die in grotesken Platitüden die Interpretationen mancher berühmter Professoren ad absurdum führte.

Die Ausstellung, die im Januar und Februar 1966 zu sehen war, bildete eigentlich nur den Rahmen und den Hintergrund des von Wagenbach geschickt eingefädelten und geleiteten Franz Kafka-Kolloquiums, zu dem die Akademie 30 Kafkaforscher aus dem In- und Ausland eingeladen hatte. Mein Beitrag befaßte sich mit Kafkas Verhältnis zum Expressionismus. Unter der Regie Wagenbachs, dessen damaliges Lieblingsschlagwort »Faktizität« in Umlauf kam, wurde ein Beschluß gefaßt, dessen Wortlaut sich in meinem Archiv befindet:

»Die Teilnehmer des von der Berliner Akademie der Künste vom 17. bis 19. 2. 1966 veranstalteten Kafka-Colloquiums haben sich in internen Arbeitssitzungen von der Notwendigkeit einer historisch-kritischen Gesamtausgabe von Franz Kafkas Werken, Tagebüchern und Briefen überzeugt und die Möglichkeiten einer solchen Edition, die in Verbindung mit Max Brod vorbereitet werden sollte, zu diskutieren begonnen. Sie würden es begrüßen, wenn dieses auch von den anwesenden Erben Kafkas und dem Verleger unterstützte Projekt die finanzielle Förderung durch offizielle Stellen und Stiftungen fände, ohne die es nicht verwirklicht werden kann.« Dies war die Geburtsurkunde der bei S. Fischer erscheinenden kritischen Ausgabe der *Schriften, Tagebücher, Briefe* Franz Kafkas.

Da ich mit Max Brod in freundschaftlicher Verbindung stand, übernahm ich die Mission, ihn für die Ausgabe zu gewinnen. Die Verhandlungen zogen sich über seinen Tod hinaus hin. Peter Härtling, inzwischen Verlagsleiter des S. Fischer Verlags, brachte sie mit meiner Unterstützung zu einem guten Ende. Rainer Gruenter, Rektor der Bergischen Universität Wuppertal, richtete eine Forschungsstelle für die Prager deutsche Literatur ein und berief Professor Jürgen Born aus Amerika. Zu dem Kreis der Herausgeber gehörte auch ich, wenngleich ich aus zeitlichen Gründen nicht in der Lage war, einen Band zu edieren. Wohl aber beauftragte mich der Verlag, die Erzählungen Franz Kafkas als Taschenbuch herauszugeben. Der Band erreichte im Laufe der Jahre eine Auflage von rund einer Million Exemplaren.

Die Erklärung zur Herausgabe der Werke Kafkas war dann Gegenstand einer die Berliner Tagung beschließenden Podiumsdiskussion in dem nach zwei Seiten hin geöffneten, bis auf den letzten Platz besetzten Saal der Akademie. Wir – die 30 Konferenzteilnehmer – saßen in drei oder vier Reihen in einem Karree, angeführt von Klaus Wagenbach, Walter Höllerer und Wilhelm Emrich. Mit uns saßen nicht nur Marthe Robert aus Paris und Eduard Goldstücker aus Prag auf der Bühne, sondern auch Kafkas Nichten, Marianne Steiner aus London und Ottlas Tochter aus Prag. In einer angemessenen Entfernung thronte uns gegenüber an einem Tisch der Diskussionsleiter, der damals schon renommierte Hans Mayer, der souverän und routiniert den Abend gestaltete. Der Schluß der Veranstaltung, eine Meisterleistung Hans Mayers, ist mir besonders in Erinnerung geblieben. Nachdem er alle Meinungen, auch die des Publikums, zusammengefaßt hatte, kam er noch einmal auf die in dem Ausstellungslabyrinth versammelten germanistischen Zitate über Kafka zu sprechen und schloß bravourös mit seinem dort auch ausgehängten Text, der, wie er überzeugend formulierte, der einzige sei, der Bestand hätte, nämlich – und er zitierte sich selbst – »Kafka und kein Ende«.

Besuch in Ostberlin

Bei der Eröffnung der Marbacher Expressionismus-Ausstellung 1961 in Berlin hatte ich Lilly Becher, die Witwe des einstigen expressionistischen Autors Johannes R. Becher, kennengelernt. Sie war die »Sachwalterin« des Becher-Archivs der Deutschen Akademie der Künste in Ostberlin. Ihr Haus am Majakowskiring in Berlin-Niederschönhausen war eine »Memorialstätte« geworden, wie es im sozialistischen Sprachgebrauch hieß und wie sie auch für andere DDR-Schriftsteller, Friedrich Wolf, Bertolt Brecht, Ehm Welk, eingerichtet wurden.

Lilly Becher interessierte sich für meine Studien über die Frühgeschichte des Expressionismus, in dem ja Johannes R. Becher eine beträchtliche Rolle gespielt hatte und an die er sich in seinen letzten Jahrzehnten mit bemerkenswerten Einsichten erinnert hat. Frau Becher riet mir, ich solle mich an Professor Wieland Herzfelde halten, der ein ausgezeichneter Kenner dieser Periode sei. »Wenn Sie sich an ihn wenden und ihm mitteilen, daß ich Ihnen diesen Rat gegeben habe, so wird er sicher gern bereit sein, Ihnen einige nützliche Hinweise zu geben. Ebenso dürfte es wertvoll sein, sich an Prof. Dr. Hans Mayer (Leipzig, Karl-Marx-Universität) zu wenden, dessen Name Ihnen sicherlich als eines ausgezeichneten Literaturwissenschaftlers bekannt sein wird.«

Mit ihrer wissenschaftlichen Mitarbeiterin, Ilse Siebert, habe ich bis zu meinem Fortgang aus Marbach intensiv korrespondiert. Sie war mit der Vorbereitung der vielbändigen Becher-Gesamtausgabe beschäftigt, wir tauschten Materialien aus, ich schickte ihr Mikrofilme und erhielt im Gegenzug die neuen, trist aussehenden Bücher Bechers, sie besuchte mich mehrmals in Marbach, später auch in Wolfenbüttel. Nach dem Tode ihres sehr viel älteren Mannes wanderte sie nach Australien aus.

Nicht Hans Mayer, der als Vortragsreisender in Ost und West häufiger in Marbach zu Gast war, konnte mir Auskunft über verschollene Autoren, Frauen und Mitläufer des Expressionismus geben, sondern Claire Jung, geborene Otto, die an der Prenzlauer Allee wohnte. Sie hatte noch Georg Heym gekannt und gehörte zum Kreis junger bürgerlicher Frauen, die sich mit Eifer für die Dichtungen ihrer enthusiastischen Freunde interessierten. Claire Otto, später mit Franz Jung verheiratet, war die beste Freundin von Hildegard Krohn, die wiederum mit Georg Heym befreundet war. Sie besaß noch die Abschriften seiner Briefe an die Freundin. Für meine biographischen Recherchen zur Kommentierung der Neuausgabe der *Aktion* gab mir Claire Jung viele Auskünfte. Doch erst fünf Jahre nach dem Mauerbau lernte ich sie persönlich kennen.

Mein Besuch in Ostberlin 1966 steht mir lebhaft vor Augen. Von Marbach aus gesehen, war die DDR ein fernes Land. Doch da ich über Goethe gearbeitet hatte, war mir die Alltagswelt des sozialistischen Staates aus Weimar bekannt, denn die Deutsche Schillergesellschaft unterhielt dort noch eine Geschäftsstelle. Doch eine Reise nach Ostberlin hatte ich immer wieder hinausgeschoben.

Da Wieland Herzfelde bei der Konferenz über die Prager deutsche Literatur auf das Deutsche Literaturarchiv in Marbach aufmerksam geworden war, lud er mich zu einem Vortrag in die Akademie der Künste Mitte Februar 1966 ein. Das war eine gute Gelegenheit, auch das Becher-Archiv zu besuchen. Vom Bahnhof Friedrichstraße wurde ich mit dem Auto abgeholt und lernte in dem geräumigen Becher-Haus den bürgerlichen Lebensstil des verstorbenen

Dichters kennen, der schon Mitte der 1920er Jahre ein überzeugtes Mitglied der KPD geworden war, 1933 in die Sowjetunion emigrierte und mit der Ulbricht-Gruppe 1945 aus Moskau nach Berlin zurückkehrte. Er gründete damals den Kulturbund zur demokratischen Erneuerung Deutschlands und war zuletzt Minister für Kultur der DDR. Der einstige expressionistische Autor war ein durch die Sowjetunion geprägter, linientreuer Genosse geworden. Er kam in seinen späten poetologischen Schriften, in denen er den sozialistischen Realismus vertrat, immer wieder auf seine literarischen Anfänge und seine Beziehungen zur *Aktion*, zu Jakob van Hoddis, Emmy Hennings, Ludwig Meidner zu sprechen. Es waren sehr freimütige Sätze, die Becher damals über das berühmte Gedicht von Jakob van Hoddis, das den Expressionismus in der Dichtung einleitete, schrieb. Sie sind in seinem letzten Buch *Das poetische Prinzip*, 1957 im Aufbau-Verlag abgedruckt:

»Auch die kühnste Phantasie meiner Leser würde ich überanstrengen bei dem Versuch, ihnen die Zauberhaftigkeit zu schildern, wie sie dieses Gedicht ›Weltende‹ von Jakob van Hoddis für uns in sich barg. Diese zwei Strophen, o diese acht Zeilen schienen uns in andere Menschen verwandelt zu haben, uns emporgehoben zu haben aus einer Welt stumpfer Bürgerlichkeit, die wir verachteten und von der wir nicht wußten, wie wir sie verlassen sollten. Diese acht Zeilen entführten uns. Immer neue Schönheiten entdeckten wir in diesen acht Zeilen, wir sangen sie, wir summten sie, wir murmelten sie, wir pfiffen sie vor uns hin, wir gingen mit diesen acht Zeilen auf den Lippen in die Kirchen, und wir saßen, sie vor uns hin flüsternd, mit ihnen beim Radrennen. Wir riefen sie uns gegenseitig über die Straße hinweg zu wie Losungen, wir saßen mit diesen acht Zeilen beieinander, frierend und hungernd, und sprachen sie gegenseitig vor uns hin, und Hunger und Kälte waren nicht mehr. Was war geschehen? Wir kannten das Wort damals nicht: Verwandlung. Erst viel später war von Wandlungen die Rede, dann vor allem, als wirkliche Wandlungen zur Seltenheit geworden waren. Aber wir waren durch diese acht Zeilen verwandelt, gewandelt, mehr noch, diese Welt der Abgestumpftheit und Widerwärtigkeit schien plötzlich von uns – zu erobern, *bezwingbar* zu sein. Alles, wovor wir sonst Angst oder gar Schrecken empfanden, hatte jede Wirkung auf uns verloren. Wir fühlten uns wie neue Menschen, wie Menschen am ersten geschichtlichen Schöpfungstag, eine neue Welt sollte mit uns beginnen, und eine Unruhe schworen wir uns zu stiften, daß den Bürgern Hören und Sehen vergehen sollte und sie es geradezu als eine Gnade betrachten würden, von uns in den Orkus geschickt zu werden. Wir standen anders da, wir atmeten anders, wir gingen anders, wir hatten, so schien es uns, plötzlich einen doppelt so breiten Brustumfang, wir waren auch körperlich gewachsen, spürten wir, um einiges über uns selbst hinaus, wir waren Riesen geworden.«

In dem Bändchen *München in meinem Gedicht,* das Bechers Jugendfreund Heinrich F. S. Bachmair 1946 als frühes Nachkriegsbuch in Starnberg veröffentlichte, stehen die folgenden Verse, die an die aufregenden Jugendzeiten Johannes R. Bechers erinnern:

Café Stefanie 1912

In München wars, im Café Stefanie,
Als ich dir, Emmi, die Gedichte sagte,
Die ich allein dir nur zu sagen wagte,
Und häufig kam das Wort vor: »Irgendwie«.

Am Tisch daneben spielte Mühsam Schach,
Und Frank saß einem Geldmann auf der Lauer.
(Vielleicht saß der indes im Café Bauer?)
Ein Denker hielt mit Kokain sich wach.

Franz Jung erschien mit seiner Tänzerin,
Und Bing, der Zeichner, ließ das Billard fahren,
Denn Däubler nahte sich mit Bauch und Bart...

Ihr Freunde, die ihr gute Freunde wart,
Ich schreib euch dies zum Angedenken hin,
An jene Zeit, als wir noch Kinder waren.

Im Becher-Archiv – mitten zwischen den Papieren und Büchern des Staatsdichters der DDR – redeten wir im kleinen Kreis über die den Kolleginnen kaum bekannten Jahre des jungen Becher, seine Korrespondenz mit Richard Dehmel, seine expressionistische Lyrik, seine Freunde, seinen Verleger Anton Kippenberg, über den Becher am 25. September 1950 notierte:

»Eigentlich überflüssig zu bemerken: Professor Kippenberg und ich haben politisch nichts miteinander gemein, auch literarisch standen wir uns entgegen, aber es war eine politische Gegnerschaft anständigen, einander respektierenden Stils ... Was verdankt die deutsche Literatur diesem geschmackvollen, fleißigen, zuverlässigen Manne! Was wäre Rilke ohne ihn. (›Hiesig sein ist herrlich.‹) Auch dieses herrliche Rilke-Wort.«

War nicht meine Situation dort an einem klaren Wintertag in der »Hauptstadt der DDR« genauso? Waren meine mir gegenübersitzenden Gesprächspartner nicht auch, wie Becher, überzeugte Genossen? Wir hatten »politisch nichts miteinander gemein«. Doch das hielt uns nicht ab, über diesen Dissens hinweg wissenschaftliche Gespräche zu führen.

Wieland Herzfelde, ein überzeugter Kommunist, in seiner Radikalität vielleicht ein Stalinist, empfing mich an jenem Nachmittag in der Akademie der Künste am Robert-Koch-Platz mit großer Herzlichkeit. Er hatte mich freilich nicht gebeten, über den literarischen Expressionismus zu sprechen, sondern über ein unverfängliches Thema: *Das Deutsche Literaturarchiv, seine Bibliothek, sein Archiv, seine Erschließung.* Man war neugierig zu erfahren, wie man im Westen eine solche Arbeit anging, denn die Akademie der Künste verfügte – wie ja auch die in Westberlin – über reiche Archivbestände. Das Becher-Archiv hatte ich selbst gesehen, und so entspann sich eine lebhafte, ganz unpolitische Diskussion.

Als Akademiemitglied leitete Wieland Herzfelde das Gespräch freundlich und jovial. Er war damals in den Jahren des Expressionismus in Berlin einer der Jüngsten gewesen. Else Lasker-Schüler hatte er seinen poetischen Namen zu verdanken, denn er hieß eigentlich W. [Wilhelm?] Herzfeld. Seine Zeitschrift *Neue Jugend,* 1916/17 mitten im Krieg herausgekommen, erregte Aufsehen, wie später sein Verlag, den er nach Else Lasker-Schülers Romanhelden den Malik-Verlag nannte und der ein legendäres Zentrum linksradikaler Literatur in der Weimarer Republik gewesen war. Aus der Emigration in Amerika zurückgekehrt, zehrte er von seinem früheren Ruhm. Sein autobiographisches Buch *Immergrün. Merkwürdige Erlebnisse und Erfahrungen eines fröhlichen Waisenknaben* wurde damals in der DDR zu Recht gern gelesen.

Nach dem Vortrag lud mich Herzfelde zu einer Rundfahrt durch die Ostberliner Buchhandlungen ein. Seine Frau, Schwester des Schriftstellers F. C. Weiskopf, steuerte den klappernden Wartburg sicher durch die Stadt. Für das Honorar kaufte ich vor allem schöne Kinderbücher von Werner Klemke, aber auch andere Bücher für meine Familie. Überall war Herzfelde ein gerngesehener Kunde. In seiner Wohnung in einem Neubaublock an der Friedrichstraße überreichte er mir nach der Teestunde zum Abschied sein Buch über John Heartfield, seinen Bruder, der, eine Treppe höher krank zu Bett liegend, ebenfalls eine Widmung für mich hineingeschrieben hatte.

Von dort fuhr ich zu Claire Jung nach Pankow: Sie hatte mich zum Abendbrot eingeladen. So stand ich zum erstenmal der zierlichen Frau mit den lebhaften großen Augen und dem langen grauen Haar gegenüber. Sie freute sich ungemein, daß ich gekommen war, und aus dem Nebenzimmer kam Elsbeth Bruck, ihre Freundin, von der ich nicht wußte, welche Rolle sie für Claire Jung spielte. Wir saßen an ihrem Wohnzimmertisch, über dem Sofa hing das berühmte Ölbild von Georg Schrimpf *Kameraden*, von dem ich schon gehört hatte: fünf nackte Frauen mit runden, starken Formen in lebhafter Bewegung, in leuchtenden Farben vor den Bäumen eines Waldes, die mittlere mit den für den Maler typischen mandelförmigen Augen dem Betrachter zugewandt. Das Gespräch über das Bild ging über zu dem Künstler, der auch mit Franz Jung befreundet gewesen war. Claire Jung erzählte von Zenzi Mühsam, die sie gut kannte, von ihrer Arbeit im Schriftstellerverband, ihrer Autobiographie, die immer noch nicht fertig war. Sie war eine Frau, die mit ihrem Leben im reinen war, ihren Platz im Staat gefunden hatte. Aber sie war nicht fanatisch, sondern betriebsam, emsig, von großer Aktivität, eine Berlinerin durch und durch. Später kam noch Hedwig Schrimpf, die Witwe des Malers, sie wohnte wohl im gleichen Block. Alles war sehr familiär. Zu später Stunde riet man zum Aufbruch und rief ein Taxi. Es war ein anregender Abend gewesen.

Als ich am Bahnhof Friedrichstraße, dem Grenzübergang nach Westberlin, kurz vor Mitternacht mit zwei schweren Paketen, in Packpapier eingewickelt, die Halle betrat, sahen mich die beiden Zöllner schon von ferne und winkten mich heran: »Was haben Sie da in den Armen?« – »Bücher.« – »Packen Sie mal aus.« – »Also Bücher, woher haben Sie die Sachen?« – »Gekauft und geschenkt bekommen.« Die Zöllner breiteten meine Neuerwerbungen aus. Ich trennte die Geschenke, die durch die Widmungen kenntlich waren, von den gekauften Büchern. »Haben Sie darüber eine Quittung?« Ich legte die Kassenbons vor. Herzfelde hatte darauf geachtet, daß die Buchhändler den Kauf sorgfältig registrierten. Ich atmete auf. Alles stimmte. »Woher haben Sie das Geld?« ging die Fragerei wieder los. »Verdient.« – »Was heißt das?« – »Ich habe einen Vortrag in der Akademie gehalten.« – »Haben Sie darüber eine Quittung?« Ich zog die Bescheinigung der Akademie aus der Brieftasche. Die Zöllner lasen. »Sie haben also 150 Mark erhalten?« – »Ja.« – »Wie lange haben Sie denn geredet?« – »Eine Stunde.« Pause. Dann entfuhr es dem einen: »Na, dann haben Sie ja ganz gut verdient.« Und der Besucher aus dem kapitalistischen Westen, der im Osten für eine Stunde Arbeit eine solche Menge an Büchern hatte erwerben können, packte sie zusammen und konnte gehen. Sicherlich verstanden die Zöllner die Welt nicht mehr.

Mein Besuch hatte zur Folge, daß drei Wochen später Wieland Herzfelde zum Gegenbesuch nach Marbach kam. Er lernte das Museum, das Archiv, die Bibliothek, vor allem auch die Menschen kennen. Er war ein sehr intelligenter Gesprächspartner, freundlich und selbstbewußt. Solange ich noch in Marbach war, kam er mehrmals, er war bei uns zu Hause, wir versorgten ihn auch mit Kopien, denn er bereitete eine Faksimile-Ausgabe seiner expressionistischen Zeitschrift *Neue Jugend* vor, nicht zuletzt angeregt durch meine Nachfragen. Doch als er das Gespräch auf die Tagespolitik lenkte, wurde uns klar, daß Herzfelde vom Sieg des Sozialismus in der Welt fest überzeugt war. Deshalb erklärte er uns freimütig, daß der Prager Frühling nicht geduldet würde und notfalls mit Gewalt beendet werden müsse. Wir waren schockiert. Er sollte recht behalten.

Was Claire Jung anlangt, die 1981 im Alter von 89 Jahren starb, so erschienen ihre Erinnerungen unter dem schönen Titel *Paradiesvögel*, von ihren Freunden Sieglinde und Fritz Mierau betreut, 1987 bei Nautilus in Hamburg.

Die freundschaftliche Verbindung mit Ilse Siebert im Johannes R. Becher-Archiv endete 1973 mit der Herausgabe einer Auswahl von Johannes R. Bechers *Gedichte. 1911–1918* in der Sonderreihe des dtv. Ich hatte eine kleine Sammlung von Briefen Bechers und einen ausführlichen philologischen Anhang beigefügt. Die Arbeit war eines meiner Nachspiele.

Gegensätze

Unerfreuliches kann ich über »mein expressionistisches Jahrzehnt« nicht berichten. Doch es gab eine Ausnahme: Hellmut Draws-Tychsen. Er war ein Wegelagerer, der uns in Marbach, seit er von der Expressionismus-Ausstellung gehört hatte, immer wieder, meist unangemeldet, überfiel, ständig angehört werden wollte und meine Sekretärin mit

Wünschen bombardierte, wenn ich mich verleugnen ließ. Er schrieb lange, kuriose Briefe in einer infantilen Handschrift. Ich besaß ein ganzes Bündel davon. In meiner Wolfenbütteler Zeit war ich Doktoranden gegenüber, die mein Archiv benutzen wollten, sehr vertrauensselig. Jedenfalls sind die Briefe von Draws-Tychsen mit anderen Dokumenten verschwunden. Seine in quadratischer Form in Leinen gebundenen Bücher – Geschichten, Erzählungen und manches andere – besitze ich auch nicht mehr. Um endgültig von seiner Zudringlichkeit befreit zu sein, schickte ich ihm seine sämtlichen Werke eines Tages zurück. Diese Tatsache kränkte ihn so, daß er, soweit ich weiß, nicht mehr in Marbach auftauchte.

Draws-Tychsen war eine dubiose Gestalt. *Mit Draws in Schweden* lautet eine autobiographische Erzählung von Marieluise Fleißer, der Ingolstädter Dramatikerin, die wegen ihres von Brecht allerdings stark veränderten drastischen Stücks *Pioniere in Ingolstadt* in ihrer Heimatstadt geradezu geächtet war. Draws-Tychsen, mit dem sie sich 1929 verlobt hatte, bevor sie den Tabakhändler Josef Haindl heiratete, hatte ihrer Begabung, wie man heute weiß, nachhaltig geschadet.

Draws-Tychsen verstand sich als Naziverfolgter, der im Konzentrationslager gewesen war. Zuvor hatte er angeblich Gedichte im *Völkischen Beobachter* veröffentlicht. Er gab sich, als wir ihn kennenlernten, als Kanakologe aus, der in der Südsee den Volksstamm der Kanaken erforschte. Er erzählte uns immer neue Geschichten von seinen Erlebnissen in Asien. Wieweit sie stimmten, konnten wir nicht nachprüfen. Böse Zungen behaupteten, er sei aus einer Irrenanstalt im Fernen Osten entkommen. Doch das waren sicher üble Nachreden.

Allerdings: Draws-Tychsen war ein wunderlicher Zeitgenosse. Er gab sich im Äußeren wie ein schottischer Lord, mit einem Stöckchen spazierte er in karierten Hosen durch Marbach. Nach einer Ahnin, der frühverstorbenen Cecilie Tychsen, von dem Schriftsteller Ernst Schulze in dem vielgelesenen, romantischen Versepos *Die bezauberte Rose* besungen, hatte er den Namen Tychsen dem seinen angehängt. In seinem *Requiem und Hymnen für Cecilie Tychsen* ist ihr Grab auf dem Göttinger Friedhof abgebildet, daneben, an den Grabstein gelehnt – Draws-Tychsen, in schwarzem Anzug und in tiefe Trauer versunken.

Er, der sich selbst für einen großen Dichter hielt – »Herr Raabe, ich werde in ein paar Jahren den Nobelpreis bekommen«, wiederholte er oft drohend –, verfügte über die Rechte an Ernst Wilhelm Lotz und Paul Scheerbart. Über die Mutter des im Ersten Weltkrieg gefallenen expressionistischen Lyrikers Lotz war er an dessen Papiere gekommen, die er in zwei Privatdrucken veröffentlichte. Der Nachlaßverwalter, wie er sich nannte, blockierte durch die dilettantischen, sich selbst in den Vordergrund drängenden Bücher die Herausgabe einer kritischen Edition, die uns in Marbach sehr am Herzen lag. Erst 1994 konnte Jürgen von Esenwein dies nachholen.

Der andere Autor, den sich Draws-Tychsen angeeignet hatte, war der inzwischen wieder berühmte phantastische Schriftsteller Paul Scheerbart. Wie er es geschafft hatte, sich als »allein bevollmächtigten Nachlaßverwalter des literarischen und zeichnerischen Gesamtwerkes« bezeichnen zu können, ist mir immer ein Rätsel geblieben. Er hatte in einer Karlsruher Germanistin eine Herausgeberin gefunden. Nachdem ich dem Deutschen Taschenbuch Verlag vorgeschlagen hatte, Scheerbarts Asteroïden-Roman *Lesabéndio* neu zu veröffentlichen, bestand er darauf, daß ihre umständlichen Anmerkungen in den Band aufgenommen wurden. Ich habe mich daraufhin von der Herausgabe zurückgezogen und mich auf ein Nachwort beschränkt.

Professor Hellmut Draws-Tychsen – wie er zu dem Professorentitel gekommen war, wußten wir nicht – war ein Sonderling. Manchmal stand er unangemeldet vor unserer Haustür. Dann kam es vor, daß er im Gespräch plötzlich so in Erregung geriet, daß wir fürchteten, er würde unser Mobiliar demolieren. Als er immer noch nicht gehen wollte, packte meine beherzte Frau dem Herrn ein paar Brote ein, und so wurden wir ihn wieder los.

Von dem lästigen Gast könnte ich viele Geschichten erzählen. Nur ein Erlebnis will ich am Schluß schildern. Endlich hatte sich Draws-Tychsen entschlossen, nach Pappenheim bei Nürnberg abzureisen, wo er angeblich auf dem Schloß eine Wohnung hatte. Ich war mit ihm an jenem Vormittag verabredet, da ich angeboten hatte, ihn nach Backnang zum Bahnhof zu fahren. Ich war pünktlich zur Stelle, stieg die Treppe zu seinem Zimmer im Schillerhof hinauf, klopfte und wurde mit einem Wutanfall empfangen. Sein ganzer Ärger richtete sich gegen mich. »Diese Deutschen«, schimpfte er, »immer kommen sie zu früh oder zu spät. Ein schreckliches Volk«, und so ging es weiter. Vergeblich versuchte er, in seinen großen Koffer, in den er obenauf seine Holzbügel gepackt hatte, die gefährlich wippten, auch noch einen Stoß eigener Bücher zu verstauen, was ihm aber nicht gelang. Schließlich bot ich ihm an, seine Bücher nachzuschicken. So war das Problem gelöst. Ich schleppte seinen schweren Koffer die Stiege hinunter und verstaute ihn samt seinen Büchern in meinem Auto. Währenddessen mußte Draws-Tychsen noch seine Rechnung bezahlen. Plötzlich stürzte er heraus. »Sehen Sie, das kommt davon, daß Sie so zeitig zur

Stelle waren. Jetzt habe ich vergessen, meine Brieftasche aus dem Jackett im Koffer zu nehmen.«

Also wurde der Koffer auf dem Trottoir geöffnet, feixend hingen Kurt Pinthus und seine Schwester aus dem Fenster, immer mehr Kirchgänger versammelten sich kopfschüttelnd um den ständig schimpfenden Herrn, bis er schließlich sein Geld gefunden hatte. Er überließ mir das Kofferschließen, ich wurde unruhig. Ich stellte mir vor, wie der ganze Sonntag für die Familie verdorben sein würde, wenn er den Zug verpaßte. Endlich erschien er. Ich trat mächtig aufs Gaspedal und nahm kühn die vielen Kurven nach Backnang. Da sackte neben mir Draws-Tychsen noch tiefer in seinen Sitz und sagte nur: »Gut, daß ich noch nicht gefrühstückt habe.« So kam ich im letzten Augenblick am Bahnhof an, Draws-Tychsen verschwand. Vermutlich war es sein letzter Besuch. Jedenfalls war er abgereist, und ganz Marbach atmete auf. Es folgte dann noch ein kurioser Briefwechsel, voller Drohungen und grotesker Unterstellungen.

Welch ein Gegensatz zwischen dem polternden Gast aus Pappenheim und jenem Unbekannten aus Australien, der zur gleichen Zeit aus dem Dunkel der Geschichte hervortrat, den ich nie gesehen habe, aber der mich eines Tages in einem seiner langen Briefe einen Freund nannte. Er war für mich ein verschollener Autor, Paul Hatvani mit Namen. In meinen Expressionismus-Taschenbüchern hatte ich sehr kluge Texte von ihm abgedruckt: In seinem *Versuch über den Expressionismus*, 1917 in der *Aktion* erschienen, verglich er die Revolution in der Kunst mit der neuen Relativitätstheorie, die »jedes Ding und jedes Ereignis aus der Starrheit der Statik« hebt und es in eine kosmische Dynamik auflöst. »Bewegung: darauf kommt es an. Der Expressionismus hat die Bewegung entdeckt und weiß, daß auch die Ruhe und das Gleichgewicht und die ungeheure Trägheit der Welt und des Schicksals nur Bewegungen sind. Und es ist letzten Endes nur die Erkenntnis einer ursprünglichsten Form, wenn er von seiner Welt sagt: Im Anfang war Bewegung. Denn auch das Wort ist Bewegung, und im Anfang war das Wort!«

Dieser für uns unbekannte Autor fragte nach lebenslangem Schweigen mehr als 40 Jahre später bei einem amerikanischen Bekannten, der an der Brandeis University in den USA deutsche Literatur unterrichtete, an, wo er wohl einen Aufsatz über den Expressionismus, den er soeben abgeschlossen habe, veröffentlichen könne. Der amerikanische Kollege riet ihm, er solle sich an Marbach wenden, dort könne man ihm sicher weiterhelfen. So kam es, daß ich im November 1965 einen Brief aus Victoria in Australien erhielt:

Sehr geehrter Herr Doktor,

einer Anregung des Herrn Professor Harry Zohn, Brandeis University, Waltham, USA, Folge leistend, erlaube ich mir, mich in der folgenden Sache an Sie zu wenden, hoffend, Sie damit nicht allzusehr zu belästigen!

Ich habe kürzlich einen Aufsatz über die Zeit des Expressionismus in der deutschen Literatur geschrieben, worin ich versuchte, die stiltheoretischen Ideen, wie sie etwa bei Wilhelm Worringer, mehr aber noch bei Hermann Broch aufscheinen, auf diese Epoche anzuwenden. Ich weiß natürlich nicht, wie weit mir dies gelungen ist, ob derlei Betrachtungen heutzutage überhaupt noch gültig oder nicht schon längst überholt wären. Ich lebe nun schon seit über 25 Jahren in Australien, war aber stets bemüht, wenn irgend möglich einen Kontakt mit dem deutschen Schrifttum aufrecht zu erhalten. Allerdings nur als Leser ...; doch will ich, zur Entschuldigung für mein Unterfangen, anführen, daß ich vor vierzig Jahren gelegentlicher Mitarbeiter des »Sturm«, der »Aktion« und anderer Zeitungen war, daß ich manche der damals Prominenten persönlich kannte, mit einigen befreundet war und sogar in der Lage, ein paar Bücher, Blätter, Briefe etc. auch über die »Sieben Meere« mit mir nehmen zu können. Die Veröffentlichungen in den genannten und anderen Zeitschriften geschahen unter dem Pseudonym »Paul Hatvani«, das ich seinerzeit aus rein persönlichen Gründen wählen mußte. Ich bin Wiener.

Ich habe mir nun erlaubt, das Manuskript (rund 40 Quart-Seiten, zweizeilig getippt), Ihnen, sehr verehrter Herr Doktor, als Flugbrief einzusenden, und wäre Ihnen für Ihr, mir sehr wertvolles Urteil ungemein dankbar, ebenso auch für jede Anregung, ob und wo der Aufsatz etwa publiziert werden könnte. Erlauben Sie mir, daß ich Ihnen im voraus meinen allerbesten Dank ausspreche!

Mit dem Ausdrucke meiner vorzüglichsten Hochachtung, bin ich

Ihr sehr ergebener Paul Hirsch.

Man kann sich meine Überraschung vorstellen, als ich diesen Brief las. Umgehend antwortete ich ihm und bot ihm meine Hilfe an. Da mich gerade ein israelischer Bekannter, Dr. Hans Tramer aus Tel Aviv, besuchte, erzählte ich ihm von der Wiederentdeckung. Er schlug vor, den Aufsatz in seinem *Bulletin des Leo Baeck Instituts* zu publizieren. Der Autor stimmte freudig zu, nachdem ich seine Befürchtungen zerstreut hatte, daß die Zeitschrift keineswegs das orthodoxe Judentum vertrete, zu dem er sich als Jude nicht bekannte. So erschien der Beitrag eines in Australien lebenden Österreichers, der über Amerika mit einem Wissenschaftler in Westdeutschland in Kontakt gekommen war, in einer Zeitschrift in Israel 1966 in deutscher Sprache mit einem *Vorspruch des Autors*, in dem es heißt:

»Über die Gründe und Hintergründe eines jahrzehntelangen Stillschweigens zu sprechen, ist in dieser Zeit der Verwirrungen und des Entwurzeltseins kaum statthaft. Allzu vielen wurden vom Schicksal und von den Gewalten Wege vorgeschrieben, die durch Dunkelheiten führten und durch ein schweres Schweigen ... 1939, wenige Wochen vor Kriegsausbruch, wanderte ich nach Australien aus, um neuerlich eine Wende in einem anderen Sprachraum erleben zu müssen. Hier arbeitete ich meistens als Chemiker. Was immer ich in deutscher Sprache seither geschrieben hatte, behielt ich für mich. Lediglich einen Aufsatz über den deutschen Expressionismus, an dem mir sehr viel lag, sandte ich vor nicht langer Zeit an Professor Harry Zohn von der Brandeis University, der mir riet, ihn an Dr. Paul Raabe, den Leiter der Bibliothek des Deutschen Literaturarchivs im Schiller-Nationalmuseum in Marbach, weiterzureichen. In einem Begleitschreiben erwähnte ich meine sozusagen semi-literarische Vergangenheit und das Pseudonym ›Paul Hatvani‹: Die überaus freundliche und mich sehr erregende Antwort enthüllte mir die Tatsache, daß der Schriftsteller, der vor Jahrzehnten unter diesem Namen nicht allzu bekannt war, im Literaturarchiv geführt, in den letzten Jahren mehrfach nachgedruckt und hier und da zitiert wird: es war und ist noch immer ein seltsames Gefühl, doch nicht vollends vergessen zu sein.«

Die Wiederentdeckung erregte in der Presse Aufsehen: Selbst die *Frankfurter Allgemeine Zeitung* veröffentlichte einen Artikel *Ein Expressionist meldet sich wieder* in drei

Spalten. Es stellte sich heraus, daß Paul Hatvani ein sehr scheuer Mensch war, der unter der Flucht aus Europa lange gelitten hatte und ganz zurückgezogen lebte. Nun wurde sein Name plötzlich bekannt, Zeitschriften und Verleger interessierten sich für ihn, er fing wieder an zu schreiben und veröffentlichte bis zu seinem Tode, 1975, Essays und Gedichte in österreichischen und deutschen Zeitschriften und Zeitungen über seinen Freund Hermann Broch, über Karl Kraus, den er gut kannte, über Alfred Ehrenstein, Else Lasker-Schüler und andere. Ich hatte Leslie Bodi in Melbourne von Paul Hirsch geschrieben, er lud ihn häufiger ein, so kam es zu Vorträgen und Seminaren, von denen mir Paul Hirsch in langen dankbaren Briefen berichtete. Wir korrespondierten bis zu meinem Fortgang aus Marbach. Ich habe selten so schöne und herzliche Briefe erhalten. Der alte Herr war in das literarische Leben zurückgekehrt, von dem er sich in der Zeit der Weimarer Republik verabschiedet hatte.

Biberacher »Wege und Gestalten«

Die chemisch-pharmazeutische Fabrik Dr. Karl Thomae GmbH in Biberach an der Riß verdankte ihr aufwendiges und vorbildliches kulturelles Veranstaltungsprogramm in den 1960er Jahren Heinz Sauereßig, einem ideenreichen Kulturmanager. Sein Wunsch, ich möge bei ihm einen Vortrag über den Expressionismus halten und dazu nach Möglichkeit eine Ausstellung zusammenstellen, kam meinen damaligen Arbeiten entgegen, denn ich beschäftigte mich, nachdem ich mich mit der Frühzeit dieser literarischen Bewegung befaßt hatte, mit der Spätzeit und dem

Übergang zur Neuen Sachlichkeit. Es erschienen in diesen Jahren nicht nur die frühen Stücke von Bertolt Brecht und Hans Henny Jahnn, sondern auch Werke von Autoren, von deren Zugehörigkeit zum Expressionismus wenig bekannt war. Ernst Jünger wurde schon erwähnt. Carl Zuckmayer arbeitete an der *Aktion* mit und schrieb ein Drama, *Kreuzweg*. Friedrich Sieburg gab 1920 expressionistische Gedichte *Die Erlösung der Städte* heraus, auch die damals zwanzigjährige Ruth Schaumann und Paula Ludwig waren beteiligt. Wie sehr die Stimmung dieser jüngsten Autoren zwischen Spott und Prophetie angesiedelt war, zeigt ein Gedicht von Hans Schiebelhuth, dem späteren Übersetzer von Thomas Wolfe, aus dem Jahre 1920:

Der Hakenkreuzzug

Es ist ein Hakenkreuz auf dieser Welt!
Meidet jeden Meier!
Schwarz-weiß rötet Eure Gesinnungen!
Nähert Euch dem Weltpogrom!

Es ist ein Hakenkreuz auf dieser Welt:
Ich habe
Die christlichen Droschkenkutscher aufgefordert
Nicht mehr mit jüdisch-aussehenden
Chaisenpferden zu fahren.
Ich habe den Papst gebeten
In die Kommunistische Partei einzutreten
Und die Schöne Neue Kunst zu unterstützen.

Es ist ein Hakenkreuz auf dieser Welt:
Rotterdam, den 1. April 1920.
Amtlich wird verlautbart:

Der Kölner Dom soll zu einer
Kasimir-Edschmid-Gedächtnis-Kirche
Umgebaut werden;
Mit dem Vorhaben ist bereits begonnen.

Der Zionist hat wohlgetan
Er zieht sein Kahn nach Kanaan
Es ist ein Hakenkreuz auf dieser Welt!

Spielt doch den Hakenkreuzbauern aus!
Haha, die rote Aß ist Trumpf!
Freunde nicht solche Töne!

Der Aar – des Ariers Zier –
Aufs Hakenkruzifix genagelt
Sei fürderhin des Vaterländlers Sinnbild!
O teutsches Mädchen birg es keusch im Busen
Der nimmermehr für Judas Sohn erglüh!

Siegfried lehnt sich geheimnisvoll an Simson!
Es ist ein Hakenkreuz auf dieser Welt!
Laßt Euch vom scheinheilgen Treiben
Bestechlicher Philosemiten
Nichts vormachen.
Meidet jeden Meier!
Schwarz-weiß rötet Eure Gesinnungen!
Klebt, leimt und kittet alles!
Nährt Euch vom Weltpogrom!

Die Ausstellung *Der späte Expressionismus*, für die Heinz Sauereßig die kleine Galerie in Biberach am Markt gewonnen hatte, wurde nach den Verlagen, den Orten und den politischen Ereignissen gegliedert. Ich hatte mir dazu die erste Ausstellung expressionistischer Bücher zum Vorbild genommen, die der Buchhändler Karl Peters im Sommer 1921 in Magdeburg veranstaltet hatte. Auch nutzte ich die Gelegenheit, die in der Marbacher Ausstellung übergangenen Autoren wie Hermann Kesser, Curt Corrinth und Rudolf Adrian Dietrich einzubeziehen. Für die Wände der drei Räume überließ uns die Staatsgalerie in Stuttgart wertvolle Aquarelle und graphische Blätter von Erich Heckel, Karl Schmidt-Rottluff, Otto Mueller, Ernst Ludwig Kirchner, Philipp Bauknecht und anderen.

Dr. Zeller eröffnete die Ausstellung Mitte November 1966 mit einem launigen Vortrag, in dem er das Mißverhältnis zwischen der schwäbischen konservativen Tradition und den Marbacher Bemühungen um die progressive moderne Literatur darstellte. In der Tat ist ja auffällig, daß es, abgesehen von Konstanz, in keiner württembergischen Stadt eine Gruppe expressionistischer Dichter gab.

In der Heimat Schillers, aus der er geflüchtet war, war man strikt konservativ. In der Ausstellung hatte ich einen Brief des Tübinger Gymnasialprofessors Paul Schmid ausgelegt, der in der von Hans Heinrich Ehrler, Hermann Missenharter und Georg Schmückle herausgegebenen Zeitschrift *Der schwäbische Bund* üble Angriffe gegen den Expressionismus richtete:

»Ihrer Aufforderung komme ich um so lieber nach, als ich dasselbe Thema ja von mir aus schon angeboten und halb erledigt in der Mappe habe. Allerdings muß ich bemerken, daß ich mich so resolut wie Herr Prof. Nadler mit dem neuen Geist nicht auseinandersetzen kann, ein paar Vertreter (Döblin, Trakl) gelten lassen und selbst die pure Virtuosität, die in einer gewissen Wendung für mich zum ästhetischen Genuß wird, mit Lob bedenken werde. Im übrigen ist es selbstverständlich, daß ich dem tonangebenden Trabantentum, den Sturm- und Aktion-isten restlos kritisch gegenüberstehe ...« Erstaunlich, wie Schiebelhuth recht hatte: »Es ist ein Hakenkreuz auf dieser Welt.«

Von dem kleinen Katalog mit dem roten Umschlag und dem Titelholzschnitt *Menschen* von Felixmüller, reich illustriert und in einer Futura gedruckt, gibt es zwei Ausgaben, die zweite erweitert um meinen Vortrag über das Ende des Expressionismus und eine Bibliographie der Bücher des späten Expressionismus 1918–1922. Heinz Sauereßig war ein begeisterungsfähiger Partner, er machte seine Veranstaltungsankündigungen zu kleinen literarischen Kostbarkeiten, in denen er die Vorträge abdruckte und Faksimiles von Heinrich Mann und Gottfried Benn, wozu ich den Begleittext verfaßt hatte, veröffentlichte. Das ganze Programm nannte er *Wege und Gestalten.*

In unserer gemeinsamen Ausstellung hatte er die Holzschnitte des Malers und Graphikers Felixmüller in den ausgelegten Zeitschriften bewundert, und so gewann er mich, ein Jahr später eine Ausstellung dieses in Westdeutschland damals wenig bekannten Künstlers in Biberach zu veranstalten. Mit Felixmüller stand ich wegen der Neuausgabe der *Aktion 1915–1918* seit langem in Verbindung. Im Frühjahr 1967 begab er sich »in die familiäre Obhut« seiner Kinder. »Wir sind im Begriff, unser Leben in die Nähe unseres Älteren nach Berlin-West zu verlegen – sitzen in wüster Packerei. Ein 50jähriger Haushalt – 55 Jahre Atelierinhalt – unübersichtlich scheint uns alles. Aber wenn wir Sie dann einmal bei uns sehen würden, wäre unsere Freude groß«, schrieb er noch aus Berlin-Köpenick.

Die geplante Ausstellung in Biberach führte uns zusammen, ich suchte Bilder und Holzschnitte in seinem Atelier aus, er kam mit seiner Frau Londa nach Biberach, wir verbrachten zusammen mit unserer Familie anregende Pfingsttage 1968. Da Felixmüller – für einen Künstler verständlich – ganz auf sein Spätwerk fixiert war, konnten wir nur einige, aber auch sehr wichtige frühe Ölbilder aus seinem Besitz ausleihen, im übrigen jede Menge späterer, realistischer Holzschnitte, die vor allem in der DDR-Zeit entstanden waren, wo Felixmüller sehr geschätzt wurde. Nicht zu Unrecht fürchtete er, daß ich mich mit meinem Vortrag, auf den wir uns verständigt hatten, ganz auf das Frühwerk, das ja voller Dynamik und Expressivität war, beschränken würde. Deshalb schrieb er mir kurz vor der Ausstellungseröffnung:

»Die 55-jährige Entwicklung die ich mit Pinsel u Palette Auge in Auge mit meiner Umwelt durchmachte, wurde teils gefördert aber auch teils gestört u beeinflußt von den Ereignissen u Katastrophen, die sich ja auch auf allen Gebieten unsres Lebens ablesen lassen. Bei allen normalen u guten Gaben die in mich gelegt sind, ging doch auch mein Weg in Zick-Zack, teils auf Holz teils aber auch aus der Irre zu positiven Resultaten. Irrtümlich wird mir der Einfluß der ›Brücke‹ nachgesagt – ich sah aber ganz früh – vielleicht mit 12 Jahren (in ›Über Land u Meer‹) Dinge von Edvard Munch u so kam ich nach einem grundsätzlichen Naturstudium unter Carl Bantzer an der Dresdner Akademie zur ›Befreiung‹ der vermeintlichen ›Akademie‹ zu den Experimenten um Form, Farbe, Ausdruck. Bald sublimierte ich, eben angesichts der wunderbaren Welt meine Mittel, wuchs über Experimente hinaus (die man im Expressionismus als ›Formzertrümmerung‹ oder als ›Verfremdung‹ bezeichnet), wie ich wilde Klexerei, Negroismen u Dilettantismus als greulich empfinde.

Die Werke großer Meister (Rembrandt, Vermeer, Velasquez, Hals, Holbein, La Tour) in der Dresdner Galerie – von Kindheit an gesehen, waren doch entscheidend für künstlerische Qualität u Gesinnung. Die Erscheinung der Welt, in Malerei auszudrücken, bedeutet eben doch in Übereinstimmung mit ihr zu sein; Malerei als Ausdruck von Licht u Farbe im Raum als Gesetz von Form, Ton an Ton aneinander gesetzt, entstanden aus den unendlichen Ereignissen der Welt ergibt das Wunder Kunst. Ist sie erfüllt von menschlicher Ergriffenheit – selbst vor dem kleinsten Ding – findet sie Teilnahme. Wie, wann u wo läßt sich nicht bestimmen – ist unerklärlich.«

Wir hatten wieder die Unterstützung der Staatsgalerie Stuttgart durch zahlreiche Leihgaben an Holzschnitten von Felixmüller aus seiner frühen Zeit erhalten, und so stellten wir im Braith-Mali-Museum eine vielseitige Felixmüller-Ausstellung zusammen, die entgegen den Vorstellungen des Künstlers das Gewicht auf die expressionistische Periode legte. Um ihn aber zu versöhnen, enthielt der kleine Katalog nur Abbildungen der späten Zeit.

Der siebzigjährige Felixmüller war über diese frühe westdeutsche Ausstellung glücklich, auch über meinen Vortrag. Nach seiner Rückkehr schrieb er:

»Nun versende ich an meine Freunde Ihren schönen Vortrag, der meine Ausstellung in Biberach zu einem Ereignis machte – ich bin tief gerührt über Ihre Einfühlung in meine Bemühungen aus den Eindrücken der Welt etwas in Form und künstlerischen Ausdruck zu bringen. Denke ich an die Ausstellung überhaupt zurück, so empfinde ich sie doch lückenhaft gegenüber meinem umfangreichen Werk. Aber es bereitet mir doch nach den Wechselfällen der politischen vergangenen 50 Jahre, eine Genugtuung über das doch noch zu teil gewordene Glück: wieder an die künstlerische Öffentlichkeit gekommen zu sein! 1933, mit

32 Jahren toter Mann zu sein – nach 35 Jahren wieder ausgestellt zu werden – das freut mich doch.«

Für mich war die Ausstellung von Wehmut überschattet. Sie war meine letzte Marbacher Aktion.

Abschied von Marbach

Die Marbacher Jahre waren glückliche Lebensjahre. Drei unserer vier Kinder kamen in Ludwigsburg zur Welt und wuchsen im Schwäbischen auf, wie dies unsere älteste Tochter in ihren Kindheitserinnerungen für ihren Vater geschrieben hat:

»›Was isch dei Vatter füra Doktor?‹ – ›Der isch kei Doktor!‹ – ›Aber an Eure Schelle heischts ,Dr. Raabe'!‹ – ›Wo ischs Bürro von dein Vatter?‹ – ›Im Schillermusäum!‹ – ›Ischs a Schriftsteller?‹ Ich wußte nicht genau, ob ein Schriftsteller dasselbe war wie ein Dichter, also ob Papa dasselbe war wie Hölderlin – ein Schriftsteller war jemand, der Schrift aufs Papier stellte oder setzte, ein Schriftsetzer, jemand in einer Buchdruckerei – jedenfalls jemand mit Büchern, Schreiben und Papieren! Vorsichtshalber sagte ich Ja, aber abends fragte ich Papa, ob er ein Schriftsteller sei, und er sagte, nicht alle Schriftsteller müßten Dichter sein, es gäbe viele Sorten Schriftsteller und er sei einer, der forsche und aus dem Geforschten Bücher mache. Sein richtiger Beruf sei aber Bibliothekar. Das Wort war mir zu schwierig und so blieb es beim Schriftsteller.«

Im Ort hießen die Museumsleute die »fruchtbringende Gesellschaft«: die Zellers, Volkes, Schefflers, Feifels, Raabes hatten viele Kinder, sie wuchsen mit dem Museum auf, feierten ihre Geburtstage gemeinsam, bewarfen an Schillers Geburtstag am 10. November sein Denkmal auf der Schillerhöhe mit Blumen und ließen sich am Nikolaustag durch Reinhard Tgahrts unnachahmlichen Auftritt in erwartungsvolle Weihnachsstimmung versetzen. Schon ein paar Monate vorher, an Dr. Zellers Geburtstag, gab es für alle Mitarbeiter neuen Wein, den Suser, und dazu herrlichen frischen Zwiebelkuchen. Wir waren damals noch eine überschaubare Mannschaft, die hoch über dem Neckartal in beinahe familiärer Atmosphäre gemeinsam an einer schönen Aufgabe, dem Aufbau des Deutschen Literaturarchivs, arbeitete.

Es kamen im Laufe der Jahre immer mehr Besucher und Gäste, die von uns herzlich aufgenommen wurden. Sie erzählten uns abends beim Wein im Goldenen Löwen oder bei uns zu Hause aus ihrem Leben. Es gab auch manchmal wunderliche Professoren aus Amerika. Einer, ein Pulitzer-Preisträger, schickte, ehe er eintraf, zwei große Pakete ins Gasthaus, und es stellte sich heraus, daß sich in dem einen nur Seife, in dem anderen Toilettenpapier befand. Er hatte offensichtlich etwas seltsame Vorstellungen von den Deutschen. Er trug Papierkragen und pflegte nachts um 3 Uhr ausführlich und geräuschvoll zu baden. Da dies die übrigen Gäste störte, setzte ihn der Wirt eines Tages kurzerhand auf die Straße.

Man sollte nicht den Eindruck gewinnen, als seien die Marbacher amerikafeindlich. Ganz im Gegenteil, die Amerikaner waren die ersten Ausländer, die kamen, und sie fühlten sich wohl, wurden persönlich betreut und kehrten jedes Jahr zurück, so mein Freund George Avery mit seiner Frau Doris, der Hesseforscher John Mileck mit der ganzen Familie und auch Mr. Jennings, ein Justinus Kerner-Forscher, der manchmal vor dem Rathaus auf der

Maultrommel, Kerners Lieblingsinstrument, spielte. Wenn er kam, stand er tagelang zwischen den Katalogschränken, zupfte an seinem Spitzbart und war ganz in sich versunken. Dann arbeitete er in dem kleinen Lesesaal im Souterrain. Eines Tages fragte er plötzlich die Aufsicht führende Bibliothekarin: »Fräulein Vater, – – sehen Sie dort draußen auch ein weißes Pferd?« Er war sehr erschrocken, er mußte, in Kerners Geisterseher-Papiere vertieft, fürchten, daß er den Verstand verloren hatte. Doch Fräulein Vater konnte ihn beruhigen: Auf ihrem Schimmel war eine Marbacherin an dem Fenster vorbeigeritten.

Die schwäbische Atmosphäre war für uns »Neingeschmeckte« zuerst sehr fremd, doch sie wurde uns allmählich vertraut. Unter meinen wenigen Mitarbeiterinnen war eine echte Schwäbin, die Conzin, Nachfahrin von Hölderlins Freund Karl Philipp Conz. Sie hat mir später zu meinem 65. Geburtstag eine Geschichte gewidmet, die ich hier wiedergeben möchte, da sie das Schwäbische, aber auch mich sehr frech charakterisiert hat:

»Im Dachstüble hoch überm Neckartal – d'Schwalbe schießet am Fenschter vorbei und drunten in de Anlägle siehscht zwische de Bäum de Schiller steha – da sind Bücher, Manuskript, Korrekturfahne und was weiß i no alles aufgeschtapelt bis unter d' Decke, und du muscht scho genau hingucka, daß du zwischa all dem Zeug den Dr. Raabe findescht! Der isch fleißig, des sieht mer glei – obwohl er koi Schwab isch. Aber Zeit nimmt er sich doch für unserein und wenn de so mit ihm schwätzt, na merkscht schnell, daß der a Fäßle isch. Was der so alles weiß, heilix Blechle! An Haufa Bücher und Aufsätz hat er au scho geschrieba. Also mit de Klassiker hat ers ja net so, au net mit unsere viele bedeutende Schwaba, gell, die kennt er nämlich alle scho längscht, besonders de Hölderlin, von dene weiß der mehr als mir. ›Jetzt‹, sagt er in richtig gestochenem Hoch-deutsch, ›muß man sich der neuen Zeit zuwenden, denn die Literatur ist ja nicht im 19. Jahrhundert stehen geblie-ben.‹ I glaub sowieso, daß der immer was Neues anfanga muß, a richtiger Macher isch des!

Er hat mir auch ganz begeischtert verzählt, daß er jetzt die ›Expressionisten‹ erforscht. Die schreibet ganz wilde Sache und malet schauerliche Bilder, da geht alles drunter und drüber und so ganz anständig geht's da au net immer zu (deshalb isch da au koi Schwab dabei gwese).

Aber z'denke hat mir des doch gebe, denn die Künscht-ler habet ja immer an feine Riecher, gell und jetzt denk i mir, daß die scho viel früher gmerkt habet was da für grausliche Zeite kommet. Da fang i direkt an die Kerle z'verschtehe. Schrei du doch amal dei Verzweiflung über die elendiglich Welt in Hexameter naus …! Gell, jetzt weischt, was i mein!

Wie i dann am Nachmittag die viele Treppele zum Bahn-hof wieder nunter g'stiege bin, isch mir alles, was mir da so g'schwätzt habet, nochmal im Kopf rumganga. Eins isch mir jetzt klar worde, daß mir nämlich vor lauter Verehrung für die Klassiker und unsere schwäbische Dichter d'Zeit verschlafa habet, und i denk: ›S isch bloß gut, daß da als amal so einer kommt, wie der Doktor Raabe und uns auf-weckt!‹«

Daß wir diese Idylle verlassen wollten – die Menschen, das Städtchen, das Museum, den Neckar, die Weinberge –, erschien uns wie eine Vertreibung aus dem Paradies. Doch in meinem Tatendrang stieß ich immer mehr an Grenzen. Ich sah ein, daß ich allein und privat das Expressionis-musprojekt, wie ich es vor Augen hatte, nicht bewälti-gen konnte. Es hätte eine Forschungsstätte mit mehreren Mitarbeitern entstehen müssen. Meine Quellenforschung zum Expressionismus, der ich meine ganze Freizeit opferte, benötigte eine breitere Basis. Aber daran war in Marbach nicht zu denken. Auch die bibliothekarische Arbeit konnte mich trotz der wachsenden Bestände und ihrer Erschließung nicht mehr befriedigen, denn es wurde mir immer mehr bewußt: Die gedruckten Quellen zur modernen deutschen Literatur, die Bücher, Zeitschriften und Dokumente, die Briefe, Tagebücher und Memoiren müßten insgesamt systematisch erschlossen werden, weit über das hinaus, was ich in Marbach aufgebaut hatte. Ein Dokumentationszentrum für deutsche Literaturgeschichte schwebte mir vor im Rahmen der Fachinformationszentren, die damals Mitte der 1960er Jahre, vor allem für die Naturwissenschaften, Jahrzehnte vor der Internet-Revolution, diskutiert wurden. Ich nannte das »die Bändigung der Bücher« und bezog mich auf einen berühmten Aufsatz von José Ortega y Gasset. Mit Dr. Martin Cremer, dem damaligen Direktor des Instituts für Dokumentationswesen in Frankfurt, wurde das Projekt in Marbach diskutiert. Professor Walther Killy interessierte sich und stellte sich eine Realisierung in Göttingen vor, denn für Marbach war sie damals ausgeschlossen. Die Schillergesellschaft winkte ab.

Doch es kam schließlich ganz anders. In Wolfenbüttel suchte Erhart Kästner, der Direktor der Herzog August Bibliothek, 1966 einen Nachfolger. Mit einem Stuttgarter Kollegen war ich bei ihm, und während ich weiter nach Ostberlin reiste, überzeugte er Erhart Kästner, daß ich für den Posten geeignet sei. Als ich dies meiner Frau am Telefon erzählte, rief sie entsetzt aus – ich habe die Geschichte in meinem *Bibliosibirsk* erzählt – »Was willst du denn in Wolfenbüttel?« Ja, meine Frau hatte recht. Doch je mehr wir uns gemeinsam die Sache überlegten, um so mehr

wurde uns bewußt, welch eine Herausforderung die Leitung dieser weltberühmten Bibliothek, die ihren Ruhm
dem größten Büchersammler des 17. Jahrhunderts, aber
auch Leibniz und Lessing verdankte, sein würde. Wieviel
weiter würden die Horizonte sein: hier die deutsche Literatur, dort die europäische Kulturgeschichte, hier die Begegnung mit der Fachdisziplin Germanistik, dort die Zusammenarbeit mit allen historischen Disziplinen und die
Einbettung der deutschen Literatur in den europäischen
Zusammenhang.

Doch die Verhandlungen zogen sich über fast zwei Jahre
hin und wurden mir zur Qual. Die Beamten in Hannover
rätselten, wie sie einen Nichtbeamten zu einem Beamten
machen könnten. Die Schillergesellschaft verlor die Ge-
duld, am liebsten hätte sie mich vor die Tür gesetzt. Der
lange Abschied endete im September 1968. Er fiel mir und
meiner Familie unendlich schwer.

In den Marbacher Jahren hatte ich im Umgang mit den
Überlebenden der expressionistischen Generation, ihren
Witwen und Angehörigen immer wieder mit Betroffenheit
miterlebt, welch eine brutale Zäsur es für alle war, die
1933 oder einige Jahre später Deutschland, ihre Heimat,
verlassen mußten, verjagt und vertrieben. »Durch die
zwölfjährige Gesindelherrschaft waren die Fäden der Tradition zerrissen worden«, hatte Kurt Hiller geschrieben.
»Die Ausstellung im Schiller-Nationalmuseum hat sich als
eine der leider viel zu wenig zahlreichen Aktionen erwiesen, die in dem Versuche bestehen, ein paar jener Fäden
wieder aufzunehmen und erneut zu knüpfen.« Ich hatte
mit großer Leidenschaft an dieser Wiedergutmachung,
die aber Geschehenes nicht ungeschehen machen konnte,
auf meine Weise mitgewirkt. Der erste war Kurt Pinthus in
Amerika gewesen, den ich zur Rückkehr nach Deutsch-

land ermutigte, der letzte jener Paul Hatvani in Australien, der nach 30 Jahren wieder zu publizieren begann. Mit vielen habe ich korrespondiert, manchen war ich begegnet, einigen habe ich geholfen. Es konnten aber immer nur Versuche sein, zerrissene Fäden notdürftig wieder zu knoten. Und waren nicht alle meine Expressionismusforschungen, die für mich ohne den lebendigen Umgang mit den frühen Zeitgenossen nicht denkbar waren, Bemühungen, menschliche Schicksale zu verstehen, Verlorenes zu retten, Vergangenes zu entdecken? Es waren Rettungen in später Zeit.

Mein Weggang aus Marbach im Herbst 1968 hatte zur Folge, daß meine Forschungen abbrachen, Briefwechsel einschliefen, Kontakte und Freundschaften verlorengingen, Begonnenes und Gedachtes unter den Eindrücken des Neuen verschüttet wurden. Geblieben ist der reiche Gewinn meines »expressionistischen Jahrzehnts«. Ich konnte unbekannte Schätze heben, Quellen erschließen, Bücher veröffentlichen, der Forschung ein neues Arbeitsfeld abstecken. Glücklich war ich, daß ich die Bibliothek in die Hände von Ludwig Greve legen konnte, der sie gemeinsam mit Reinhard Tgahrt fast zwei Jahrzehnte fortführte und ausbaute. Gern bin ich seither immer wieder mit meiner Frau nach Marbach zurückgekehrt. Mit den Neubauten ist eine einzigartige Forschungs- und Gedenkstätte zur deutschen Literatur der Moderne entstanden. Dankbar bin ich, daß ich an den Anfängen mitarbeiten konnte. Und es bleibt die Erinnerung wach an die Menschen, denen ich begegnete. Glückliches Marbach!

Nachspiele

Vorstellung des »Index Expressionismus«
in Nendeln/Liechtenstein.
Dr. Martin Cremer mit Paul Raabe.
Foto: Paul Raabe Archiv

Wolfenbütteler Neuland

Daß sich Erhart Kästner, der Bibliothekar, Schriftsteller und Kunstkenner, für mich einsetzte, wenngleich ich nicht die höheren bibliothekarischen Weihen besaß, ist wohl daraus zu verstehen, daß er mein Buch über Alfred Kubin und die Veröffentlichungen zum Expressionismus schätzte. Kästner war als junger Bibliothekar in Dresden noch mit dem Dichter Theodor Däubler bekannt gewesen und hatte als Sekretär Gerhart Hauptmanns Einblicke in das Wirken eines berühmten zeitgenössischen Autors gewonnen. Daher mag sein Interesse für das Deutsche Literaturarchiv gerührt haben.

Als Bibliothekar in Wolfenbüttel hatte er seit 1950 versucht, die sehr verschlossene, aber wegen ihrer alten Buchbestände weltberühmte Herzog August Bibliothek zu erneuern, was ihm erst nach zehn Jahren gelang. Mit dem Architekten Friedrich Wilhelm Kraemer gestaltete er das Zentrum des wilhelminischen Gebäudes zu einer Bibliotheca illustris um. Die alte Bibliothek war im Inneren modern geworden. Kästner stellte den reichen Handschriften und Bücherschätzen eine Sammlung moderner Kunstbücher an die Seite, die er »Malerbücher« nannte, großformatige ungebundene Werke mit Originalgraphiken von Pablo Picasso, Marc Chagall, Joan Miró, Henri Matisse usw. Der Aufbau dieses kostbaren Bestandes ist Erhart Kästners Werk, und die Hoffnung, die er auf seinen Nachfolger setzte, ist sicher nicht enttäuscht worden. Mit großer Lust habe ich die Malerbuchsammlung fortgeführt, das attraktive Malbuchkabinett eingerichtet und mit vielen Künstlern verhandelt und sie durch Ausstellungen unterstützt. Einmal besuchte mich der Holzschneider und

Künstler HAP Grieshaber in Wolfenbüttel, er stand im Sekretariat und rief: »O wie ist das schnieke hier!« Dann brüllte er so laut vor Lachen, daß die Bibliothekarinnen indigniert zusammenliefen.

Diese moderne Sammlung erleichterte mir den Anfang in einer Bibliothek, die einem riesigen Mausoleum toter Bücher glich. Kästner hatte die wichtigsten Bücher Alfred Kubins, auch sein frühes Mappenwerk *Sansara. Ein Cyclus ohne Ende* erworben, wenngleich sie nach seiner Definition keine Malerbücher waren. Für mich bedeuteten sie ein Stück Heimat in der so fremden Bücherwelt. Beim Gang durch die Magazine entdeckte ich eine weitere kleine Sammlung vertrauter Bücher: etwa 100 expressionistische Erstausgaben. Sie ließen darauf schließen, daß Kästner, Jahrgang 1904, an meiner »Welt«, die ich verloren hatte, durchaus interessiert war.

So wenig wie in Württemberg der Expressionismus eine Rolle gespielt hatte, so wenig auch in Wolfenbüttel. Immerhin stellte ich später fest, daß der Schriftsteller Max Sidow ein spätexpressionistisches Jahrbuch *Frührot* 1921 im Georg Kallmeyer Verlag, Wolfenbüttel, herausgegeben hatte. In dem bekannten Verlag der Singbewegung brachte damals Leo Kestenberg, der Freund des Verlegers Paul Cassirer, seine Erinnerungen heraus.

Die Umstellung von der modernen deutschen Literatur auf die Kulturgeschichte des Mittelalters und vor allem der Frühen Neuzeit war zunächst nicht leicht. Aber hatte ich nicht in Marbach schon von der »Bändigung der Bücher« geträumt? Ließ sich nicht im Blick auf die Moderne die Geschichte aus dem Studium der alten Buchbestände ableiten? War es nicht gerade angesichts der Studentenbewegung, die alle überkommenen Werte in Frage stellte und die ich in meiner Lehrtätigkeit in Göttingen hautnah

miterlebte, wichtig, sich jetzt für die Überlieferung einzusetzen? Hatten wir nicht in Marbach schon 1960 einiges
vorweggenommen, wofür die Studenten jetzt auf die
Straße gingen?

So fand ich die Situation bald sehr spannend. Wieder
fühlte ich mich herausgefordert. Ich wollte die alte Bibliothek in eine moderne internationale Forschungsbibliothek
nach dem Vorbild amerikanischer Independent Research
Libraries umwandeln. Ich sah ihre einzigartige Chance in
der Erforschung der europäischen Kulturgeschichte auf
der Grundlage der gedruckten und ungenutzten Quellen.
Dies fiel mit dem Europäischen Denkmalschutzjahr 1975
zusammen, das die Zukunft der Vergangenheit in den alten Städten proklamierte. Im gleichen Jahr wurde die Akte
von Helsinki verabschiedet, die zur Gründungsurkunde
eines ungeteilten Europa wurde.

Zwischen 1975 und 1985 konnte ich meine Ziele nach
längerer Vorbereitungszeit verwirklichen. In meinem Buch
Bibliosibirsk oder Mitten in Deutschland aus dem Jahre 1992
habe ich über meine 23 Wolfenbütteler Jahre Rechenschaft
abgelegt. Hier soll nur eine kurze Zusammenfassung folgen. Denn in organisatorischer Hinsicht und im Blick auf
die Zusammenarbeit und Förderung der Wissenschaftler
konnte ich all das realisieren, was in Marbach damals nicht
möglich war. Inzwischen ist durch Ulrich Ott, den Direktor des Deutschen Literaturarchivs, dort vieles nach dem
Wolfenbütteler Beispiel nachgeholt worden.

Zur unmittelbaren Förderung der Erforschung des alten
Europa entstand in der Herzog August Bibliothek ein in-
ternational und interdisziplinär angelegtes Forschungsprogramm, das zunächst mit hohen Mitteln von der VolkswagenStiftung finanziert wurde und seit 1981 als Aufgabe
des Landes fortgeführt wird. Auf diese Weise wurde die

Benutzung der abseits gelegenen Bibliothek durch die Vergabe von Stipendien an ausgewiesene Forscher, an Nachwuchswissenschaftler und Doktoranden zunächst subventioniert. Die Gunst dieser lokalen Situation kommt seither auch den wissenschaftlichen Veranstaltungen, den Symposien, Kolloquien, Arbeitsgesprächen zugute, die ebenfalls von der Bibliothek organisiert werden. Aus der Zusammenarbeit der Wissenschaftler auf einem bestimmten Gebiet gingen die Wolfenbütteler Arbeitskreise für Mittelalter- und für Renaissanceforschung, für Barockforschung und für Buch- und Bibliotheksgeschichte hervor, die von der Bibliothek betreut werden. Die Bibliothek war an der Gründung der Lessing-Akademie und der Deutschen Gesellschaft für die Erforschung des 18. Jahrhunderts beteiligt, sie fördert den wissenschaftlichen Nachwuchs durch Gastseminare und jährlich stattfindende internationale Sommerkurse. Zur Unterstützung der Doktoranden wurden zwei auf Wolfenbüttel bezogene, von Privatpersonen initiierte Stiftungen ins Leben gerufen. Schließlich ist noch anzumerken, daß die Forschungsergebnisse und Erträge der wissenschaftlichen Veranstaltungen, der Kongresse, der Symposien und Arbeitsgespräche in fünf von der Bibliothek getragenen Schriftenreihen veröffentlicht werden.

Dieses Forschungsprogramm, das sich durch eine damals noch keineswegs gängige Internationalität und Interdisziplinarität auszeichnet, war von Anfang an auch eine bibliothekarische Herausforderung. Die Bibliothek mußte mit den Wünschen der Stipendiaten, Gäste und Wissenschaftler Schritt halten. Dies bedeutete für eine rückständige Institution eine zügige Modernisierung und Umgestaltung in wenigen Jahren. In Angriff genommen wurde die Erschließung der ca. 350 000 alten Drucke durch den

Aufbau eines chronologischen Sprachen-, eines Gattungs- und eines Ortskatalogs aufgrund von Titelblattkopien und durch die Konversion mit Hilfe der EDV und der Nachkauf und die Erwerbung von internationaler Forschungsliteratur, schließlich verbunden mit dem Aufbau einer frei zugänglichen Handbibliothek zur europäischen Kulturgeschichte der Frühen Neuzeit von 150 000 Bänden. Hinzu kam die Erschließung der Zeitschriftenbeiträge zum Forschungsgebiet, die Katalogisierung der mittelalterlichen und neueren Handschriften und der Inkunabeln, die Sicherung, Restaurierung und Veröffentlichung der Porträtstichsammlung in mehr als 40 Bänden, die Mitwirkung an dem Verzeichnis der Drucke des 16. Jahrhunderts und die Herausgabe eines dreiundvierzigbändigen Katalogs deutscher Barockdrucke 1600–1720. So wurden den Wissenschaftlern Arbeitsinstrumente geschaffen, die ihnen den Zugang zu den Quellen und zur Forschungsliteratur auf vielfältige Weise erleichtern.

Doch die Aktionen stießen schnell an räumliche Grenzen. Arbeitsräume mußten angemietet, Arbeitsstellen ausgelagert werden. So ging mit der bibliothekarischen Reorganisation die Planung und Umsetzung der Baumaßnahmen und die Einwerbung der Mittel einher. Eine Neuordnung war notwendig, das Ergebnis eine Erweiterung der Bibliotheca Augusta zu einem Bibliotheksquartier am Schloßplatz in sieben Häusern. Hinzu kamen zwei Gästehäuser.

Die Umwandlung einer bedeutenden historischen Bibliothek in eine moderne Forschungsstätte wäre nicht möglich gewesen ohne die VolkswagenStiftung, die großzügige Landesförderung, die produktive Mitwirkung der Gesellschaft der Freunde der Bibliothek und die Einbeziehung der breiten Öffentlichkeit durch ein vielseitiges,

sich auf die Schätze der Bibliothek beziehendes Kulturpro-
gramm. Die Arbeit der Gelehrten wurde geradezu abge-
schirmt durch die Aktivitäten, die die Geldgeber und Un-
terhaltsträger von der Notwendigkeit der Förderung einer
solchen vielseitigen Bibliothek überzeugten.

Die musealen Räume der Bibliotheca Augusta sind seit
1970 dem Publikum geöffnet, das die Bücherschätze be-
sichtigen und ihre Bedeutung für die wissenschaftliche
Arbeit kennenlernen kann. Seit über 20 Jahren gibt es
ehrenamtlich tätige Bibliothessen, die die Gäste herum-
führen. Heute spricht man von bürgerschaftlichem Engagement, es hat in Wolfenbüttel inzwischen eine lange Tradition. So präsentiert sich die Bibliothek als historisches
Zentrum im Ensemble des Schloßbereichs und der historischen Altstadt mit ihren großen Hofbeamtenhäusern,
die seit 1978 Haus für Haus saniert werden und den Besuchern das Bild einer früheren Residenzstadt vermitteln.

Zu den kulturellen Aktivitäten der Bibliothek gehören
seit Jahren die Konzerte, Vorträge und Veranstaltungen in
der Augusteerhalle der Bibliotheca Augusta und die vielen
Sonderausstellungen der Malerbücher und vor allem solche mit kulturgeschichtlicher Thematik, an die ich besonders gern zurückdenke. Die 64 zu meiner Amtszeit erschienenen, immer reich illustrierten, zweispaltig gedruckten
Ausstellungskataloge geben, aufs Ganze gesehen, einen
Querschnitt durch die Quellenbestände.

Die facettenreiche Reform der Bibliothek, ihre Umgestaltung zu einer außeruniversitären Forschungseinrich-
tung zur Förderung des europäischen Gedankens und
ihre erfolgreiche Kultur- und Öffentlichkeitsarbeit trugen
Früchte. Als 1983 das kostbare Evangeliar Heinrichs des
Löwen, eine der bedeutendsten norddeutschen mittelalterlichen Handschriften, zu einem spektakulären Preis

von der öffentlichen Hand ersteigert wurde, erhielt es seinen endgültigen Standort in der Herzog August Bibliothek. Als die VolkswagenStiftung die Sammlung deutscher Drucke vom 16. bis zum 20. Jahrhundert anregte und finanzierte, wurde die Bibliothek in dem Kreis der fünf dezentralen Nationalbibliotheken für das 17. Jahrhundert zuständig. So kehrte die lange in Vergessenheit gewesene Büchersammlung auf die Bühne der großen deutschen Bibliotheken zurück.

Ich habe die rasante Entwicklung der Herzog August Bibliothek auch geschildert, um zu zeigen, warum es mir angesichts beruflicher Belastung nur in Ansätzen gelang, meine Expressionismuspläne fortzusetzen. Dennoch habe ich einiges zu Ende führen, anderes umsetzen können. Man kann diese Bemühungen Nachspiele nennen.

Kraus Reprint und Ulfa von den Steinen

Den Sommerurlaub 1967 verbrachten wir zum zweitenmal mit unseren vier kleinen Kindern auf einem Bauernhof am Rande der Schwäbischen Alb. Es ging dort alles sehr ländlich und einfach zu, eine Ferienidylle in der freien Natur, die Kinder mit schmutzigen Händen und Hosen, blutenden Knien, roten Köpfen. Sie waren überall zu finden, im Kuhstall, auf der Tenne, den höchsten Balken über weichen Heuhaufen, bei den neugeborenen kleinen Ferkeln, auf dem Felde oder beim Melken mit Irene.

In der Bauernstube saß Dr. Ernst Feigl aus New York mit seiner eleganten Frau, nach und nach erschienen die Kinder, verdreckt und verschmutzt. Meine Frau und ich waren angesichts dieses Aufzugs etwas verlegen. Aber da die »feinen Leute« aus Amerika wohlerzogen waren, ließen sie es sich nicht anmerken, daß sie sich recht deplaciert an dem Küchentisch vorkommen mußten. Dr. Ernst Feigl, Emigrant aus Wien, Berater und Vertrauter von H. P. Kraus, dem berühmten Antiquar in New York, hatte meine Bibliographie der Zeitschriften des Expressionismus in der Hand, machte mir Komplimente und erklärte, der Verlag Kraus Reprint in Nendeln im Fürstentum Liechtenstein habe die Absicht, die seltenen Zeitschriften und überhaupt literarische Zeitschriften nach amerikanischem Vorbild nachzudrucken. Er bat mich, den Verlag bei der Realisierung zu unterstützen. Ulfa von den Steinen, die Direktorin, würde sich mit mir in Verbindung setzen, sie sei jung, dynamisch, klug, eine hochbegabte Unternehmerin. Dr. Feigl kam ins Schwärmen und ich, im Absprung von Marbach begriffen, in eine Art Erklärungsnotstand. Er wehrte alle Bedenken ab und sagte, auf mein Buch zeigend, die dort so akribisch verzeichneten Titel müßten zu neuem Leben erweckt werden. Mit dem Nachdruck der *Aktion* hätte ich doch selbst einen Anfang gemacht, meinte Dr. Feigl. Man müsse als Verleger auch das Ganze im Auge haben. Im übrigen, schloß er, sei er sicher, daß wir uns gut mit Ulfa von den Steinen verstehen würden.

An diesen Besuch mußte ich in den nächsten Jahren oft denken, wenn ich mit Ulfa arbeitete. Sie war in der Tat eine ungeheuer vitale, ideenreiche Verlegerin, zum Risiko bereit und immer voller Pläne. Die charmante, gepflegte Schweizerin wurde unsere enge Freundin, mit der meine Frau und ich viele interessante Pläne schmiedeten und umsetzten, auch als die Expressionismusprojekte 1976 ausgelaufen waren. Der Übergang nach Wolfenbüttel wurde mir so ein wenig erleichtert durch die Aussicht, daß doch nicht alle Fäden zerrissen, andererseits auch erschwert durch das Fortwirken hinter mir liegender Gedanken in einer so ganz anderen Bücherwelt.

Doch was der finanzstarke Verlag mit der europäischen Niederlassung durch sein Nachdruckgeschäft realisierte, war für mich die Erfüllung eines bibliothekarischen Traums: der Nachdruck aller 100 expressionistischer Zeitschriften im Laufe der nächsten Jahre. Ich hatte die oft seltenen, schwer zu beschaffenden Hefte, Jahrgänge und Bände in meinem Buch beschrieben. Jetzt mußten die Originale noch einmal besorgt werden, danach wurden sie sorgsam reproduziert, und so erschienen sie nach und nach wieder, gedruckt auf blütenweißem Papier und in solides schwarzes Kaliko gebunden, mit farbigen Rückenschildern. Die erste Serie kam Ende 1968 heraus, 23 seltene, oft vergessene Zeitschriften: *Die Argonauten, Zeit-Echo, Die Sichel, Das Tribunal, Der Zweemann* usw. Auch der *Brenner* aus Innsbruck und die so wichtigen *Weißen Blätter* waren darunter.

In dem ersten Begleitheft mit einem roten Umschlag kündigte ich das ganze Unternehmen an: »Die künstlerische Avantgarde im 20. Jahrhundert ist ohne die fördernde Beteiligung der Zeitschriften nicht denkbar. Wie in andern Ländern wurden sie in Deutschland zu Trägern eines aufkommenden neuen Geistes, zu Wortführern in dem Kampf gegen das Traditionelle. Ganz speziell gilt das für die Zeit des Expressionismus. Diese künstlerische und literarische Bewegung ist der deutsche Beitrag zur europäischen Moderne. Die Zeitschriften hatten – jede für sich – die Aufgabe, das Publikum auf Unbekanntes aufmerksam zu machen, Proben literarischen und künstlerischen Schaffens vorzulegen. Doch mehr noch: Die Zeitschriften des Expressionismus wurden geistige Zentren in Deutschland, an denen die Dichter und Maler, die Schriftsteller und Politiker, die Musiker und Bildhauer zusammenwirkten. Sie sind der lebendige Ausdruck künstlerischen und literarischen Lebens. In diesem Sinne sind diese Zeitschriften im Rückblick vorzügliche, aktuell gebliebene Quellen zur Geschichte einer geistigen Epoche. Sie sind Arsenale an Ideen und Fakten, Bibliotheken neuer Literatur und Galerien moderner Kunst in einem. Die Wissenschaft kann auf die Kenntnis dieser Dokumente nicht verzichten. Sie sind aus der Gesamtheit der Überlieferung literarischen Lebens nicht fortzudenken. Da aber die meisten der hier angezeigten Zeitschriften in den Wirren der Zeit – schließlich war gerade der Expressionismus als entartete Kunst zwischen 1933 und 1945 verfemt – verloren gegangen sind, rechtfertigt sich diese Sammlung der Neuausgaben ... Was einst in der Zeit wirkte, soll nun über die Zeiten hinaus lebendig bleiben.«

Von 1968 bis 1975 folgten nach und nach der komplette *Sturm* von Herwarth Walden, die Übernahme und dann die Fortsetzung der *Aktion* von Franz Pfemfert bis 1932 und die vielen kleinen, kurzlebigen Blätter, die mit Elan begonnen wurden und doch bald an fehlenden Finanzmitteln scheiterten. Aber auch sie sind typische Erscheinungen im literarischen Leben des Expressionismus. Noch heute empfinde ich den Nachdruck aller 100 Zeitschriften und der Jahrbücher, so wie sie in meiner Zeitschriftenbibliographie verzeichnet sind, als eine einzigartige verlegerische Tat der damaligen Kraus-Thomson Organisation Ltd., zu der Kraus Reprint gehörte. In den Jahren der Expressionismusaktivitäten des Verlags war ich hin- und hergerissen zwischen Begeisterung und Melancholie, denn es wurde mir immer mehr bewußt, daß ich, seit ich in Wolfenbüttel vor neuen Aufgaben stand, von einem aufregenden Arbeitsgebiet Abschied nehmen mußte.

Doch Ulfa drängte auf die Fortsetzung der Expressionismuspläne. In einem vierten Schritt nach der Expressionismus-Ausstellung, der Bibliographie der Zeitschriften und dem Nachdruck aller dieser Periodika sollte eine inhaltliche Erschließung aller Artikel in den Zeitschriften und Jahrbüchern folgen. Es sollten alle literarischen und künstlerischen Beiträge, Abhandlungen und Textabdrucke, graphischen Beigaben und Bildreproduktionen, Rezensionen und Glossen verzeichnet, also Vollständigkeit erreicht werden. Nur so ließ sich ein Überblick über die große Zahl der Autoren und Künstler, die im Expressionismus wirkten, der Themen und Probleme, die in den Zeitschriften zur Sprache kamen, der Gattungen und Formen, die für den Expressionismus typisch waren, gewinnen. Es sollte ein Index als Schlüssel zu den Zeitschriften entstehen und als Zugang zu allem Wichtigen und Unwichtigen, das damals veröffentlicht worden war.

Zu dieser Zeit steckte die elektronische Datenverarbeitung noch in den Kinderschuhen. In Darmstadt war das Deutsche Rechenzentrum gegründet worden. In einem Saal standen die gewaltigen Computer, für die man noch sehr viel Raum benötigte. Als Bibliograph war ich von den Möglichkeiten der EDV für bibliographische Großprojekte fasziniert. In den letzten Marbacher Monaten entwickelte ich den Plan einer maschinellen Zeitschriftenerschließung, ein *Journal Index Program*, abgekürzt JIP, denn ich hatte es in Nendeln mit einer amerikanischen Firma zu tun. Dem Deutschen Rechenzentrum unter seinem Leiter Friedhelm Schulte-Tigges war ein solches nicht-numerisches Projekt in der damaligen Pionierzeit höchst willkommen. Ich gewann das Seminar für deutsche Philologie der Universität Göttingen, an der ich mich inzwischen habilitiert hatte, als Auftraggeber. So entstanden keine Kosten für die Programmierung und Verarbeitung der aufbereiteten Daten. Kraus Reprint erklärte sich bereit, die auf dem Schnelldrucker ausgedruckten Texte in Buchform zu veröffentlichen.

Die praktische Arbeit erwies sich als höchst zeitaufwendig und nervenaufreibend. Mit Hilfskräften wurden alle Beiträge aus den 250 Zeitschriftenbänden mit der Schreibmaschine jeweils nach einem vorgegebenen Schema in sieben Kategorien aufgenommen, dann in einem zweiten Arbeitsgang von meiner Frau und mir die Bezeichnungen der Gattungen und Systemstellen den einzelnen Beiträgen hinzugefügt. Danach wurden die Daten in Nendeln auf Lochstreifenschreibmaschinen abgeschrieben. Die Korrekturausdrucke wiederum auf endlos langen Rollen mußten dann in Wolfenbüttel in wochenlanger Arbeit nochmals kontrolliert, in Nendeln die letzten Korrekturen ausgeführt werden, schließlich wurden die Lochstreifen mit den 37 000 Eintragungen nach Darmstadt zur Weiterverarbeitung geschickt. Die Hauptlast hatte schließlich meine Frau zu tragen, denn ich war mit dem Jubiläumsprogramm der Herzog August Bibliothek voll beschäftigt. Allerdings beschlich uns ein ungemütliches Gefühl, als alles abgeliefert war, denn wir hatten von unserer aufwendigen Arbeit nichts mehr in den Händen, nur eine Hoffnung im Kopf.

Doch eines Tages war es soweit. Voll gespannter Erwartung fuhren wir nach Darmstadt, auch Ulfa von den Steinen kam aus Nendeln. Es war der 30. Juni 1972. Dr. Robert Marczynski, der die Programmierung durchgeführt und schließlich den Ausdruck überwacht hatte, wollte am nächsten Tag eine neue Stelle antreten. Im allerletzten Augenblick war das Opus magnum ausgedruckt worden, bis zuletzt hatte es immer wieder Schwierigkeiten gegeben.

Nun lagen die Ausdrucke auf riesigen Stößen vor uns: insgesamt 12 400 Blatt. Im Wein-Michel haben wir zu viert – Ulfa von den Steinen, Dr. Marczynski, meine Frau und ich – das Ereignis gefeiert. Am Nachmittag kam der Drucker aus Wiesbaden mit einem Kleintransporter, manche Nachbesserungen mußten schließlich noch von Hand ausgeführt werden. Im November kam das Telegramm aus Nendeln: »Gratuliere zum Index der fantastisch geworden ist stop wir haben heute darauf angestossen und auch auf Euch stop auf weitere Zusammenarbeit und Freundschaft Ulfa.«

In mehreren großen Paketen erhielten wir dann das gedruckte Werk in 18 Bänden: *Index Expressionismus. Bibliographie der Beiträge in den Zeitschriften und Jahrbüchern des literarischen Expressionismus 1910–1925.* In vielen Bibliotheken stehen die großformatigen roten Bände mit den unterschiedlich farbigen Rückenschildern. In drei Indices waren die 37 000 Titel jeweils vollständig wiedergegeben worden: in einem alphabetischen in vier, einem systematischen in fünf und einem Index nach Zeitschriften ebenfalls in fünf Bänden, jeweils zwei umfassen das Titel- und das Gattungsregister.

Der *Index Expressionismus* war ein Modellversuch, ein *pilot project*, wie man schon damals in der Frühphase der Amerikanisierung des technischen Vokabulars sagte. »Angesichts der großen Zahl an Beiträgen«, schrieb ich im Vorwort, »wurde der *Index* als eine Computer-Bibliographie konzipiert, also als Möglichkeit, eine bibliographische Aufnahme herzustellen und diese dann an mindestens fünf verschiedenen Stellen in fünf verschiedenen Zusammenhängen zu verwerten, d. h. vom Computer sortieren und mit einem Schnelldrucker ausdrucken zu lassen. Nur so schien das vielseitige Verzeichnis eines so großen Titelmaterials realisierbar zu sein. Gleichzeitig wurde der *Index Expressionismus* dadurch zu einem Forschungsunternehmen, das die Möglichkeiten einer sachgerechten Bearbeitung von Bibliographien mit Hilfe der Elektronik testen sollte.«

Das Verfahren wurde danach, um ein Vielfaches verbessert, auf den Index der deutschen literarischen Zeitschriften 1750–1815, getragen von der Göttinger Akademie der Wissenschaften, angewandt. Allerdings arbeitete dann ein Team von drei bis vier Wissenschaftlern fast 15 Jahre an der Realisierung, ca. 70000 Artikel wurden erschlossen.

Die Zusammenarbeit mit Kraus Reprint auf dem Gebiet des Expressionismus fand 1976 einen krönenden Abschluß in dem Nachdruckprogramm einer *Bibliothek des Expressionismus.* Nach meinen Vorschlägen wurden 100 Bücher expressionistischer Autoren nachgedruckt. Darunter sind viele Texte von den Autoren, die bislang nicht berücksichtigt worden waren: Ernst Angel, Karl Brand, Hans Ehrenbaum-Degele, Kurt Hiller, Franz Janowitz, Rudolf Kayser, Emil Szittya und anderen, die nur hier zu finden sind. Ergänzt wurde die Sammlung durch den Nachdruck von neun Schriftenreihen mit weiteren 160 Texten expressionistischer Autoren.

Der Verlag Kraus Reprint hat sich so um die Verbreitung und Erschließung der expressionistischen Literatur große Verdienste erworben. Mit Ulfa von den Steinen habe ich in den folgenden Jahren weitere Projekte verwirklichen können. Anfang der 1980er Jahre wurde die Firma von heute auf morgen geschlossen, eine inzwischen übliche Entscheidung anonymer Konzernspitzen. Unsere Freundin Ulfa lebt heute, seit langem verheiratet, auf Palma, einer der schönen Kanarischen Inseln.

Ein amerikanischer Expressionismussammler

Anfang der 1980er Jahre lag die Beschäftigung mit dem Expressionismus für mich lange zurück, sie war Vergangenheit geworden, zugeschüttet von neuen Aufgaben und Erfahrungen im Umgang mit Wissenschaftlern aus vielen Ländern und vielen Disziplinen. Die Entstehung der Moderne, die Rolle der Aufklärung des 18. Jahrhunderts, täglich Lessings Haus vor meinem Fenster im Blick, verdrängte die Zeit meiner intensiven Expressionismusarbeiten.

Da meldete sich eines Tages im November 1980 ein Amerikaner telefonisch aus Braunschweig, er sei auf der Durchreise und möchte mich noch heute sprechen. Der Herr, den ich zunächst in meinem eindrucksvollen Arbeitszimmer in der Bibliothek empfing, war Robert Gore Rifkind, ein Staranwalt aus Kalifornien, leger gekleidet und mit dunkler Brille, ein wenig zerstreut und sehr nervös. Er kam in Begleitung von Stephanie Barron, einer sympathischen Kunsthistorikerin, die später seine Frau wurde. Es stellte sich in dem Gespräch und an dem langen Abend bei uns zu Hause heraus, daß er eine große Sammlung expressionistischer Graphik und illustrierter Bücher besaß und mich wegen meiner Bücher zum Expressionismus kennenlernen wollte, die ihm viel bedeuteten. Er überreichte mir einen reich bebilderten Band mit Beschreibung und Abbildung von 400 Nummern seiner erstaunlichen Sammlung mit einer schmeichelhaften Widmung.

Auf meiner nächsten Amerikareise besuchte ich ihn. Er bewohnte in Beverly Hills ein elegantes mehrstöckiges Haus in einer Hanglage mit dem Blick auf Los Angeles. Schon im Eingang hing ein frühes Bild von Max Beckmann, über dem Sofa im Salon eines der schönen Tierbilder von Franz Marc und im Schlafzimmer das letzte ausdrucksstarke Triptychon von Max Beckmann. Im übrigen schmückten die Wände weitere Bilder expressionistischer Maler und Graphiker, und expressionistische Plastiken füllten die Räume. Rifkind war ein ruheloser Typ, es wurde – wie immer in seinem Hause – viel Whisky getrunken und dabei palavert. Am nächsten Tag zeigte mir seine Assistentin die Rifkind Sammlung expressionistischer Graphik in den Räumen des Los Angeles County Museum of Art, einem gewaltigen Komplex mit weitläufigen Ausstellungsräumen.

Doch erst im Frühjahr 1984 lernten meine Frau und ich die aufregenden Bestände seiner Sammlung näher kennen. Er hatte uns mit einem Stipendium zu einem dreiwöchigen Aufenthalt eingeladen und uns in einem der nobelsten Hotels in Los Angeles – Treffpunkt der kalifornischen High-Society – untergebracht, das uns aber viel zu teuer war, so daß wir zwei Tage später ein unseren Verhältnissen entsprechendes Quartier in der Nähe des Museums bezogen.

Rifkinds Sammlung war inzwischen von dem Museum erworben worden und bildete als *The Robert Gore Rifkind Center for German Expressionist Studies* eine eigene Museumsabteilung. Nach Jahren begegnete ich den vertrauten Büchern expressionistischer Autoren und Künstler in einer geschlossenen Sammlung im fernen Amerika wieder und entdeckte ich mir nicht bekannte Mappenwerke und seltene Gebrauchsgraphik.

Rifkind, der kein Wort Deutsch sprach und einen deutschen Text nur mit Mühe lesen konnte, hatte extensiv, mit großer Begeisterung und enormen finanziellen Mitteln, eine Sammlung aufgebaut, die in ihrer Vielfalt alle

Aspekte expressionistischer Graphik vermittelte: Einzelblätter, Mappenwerke, Bücher, Zeitschriften, Gebrauchsgraphik, Plakate, Ausstellungskataloge, Künstlermonographien usw.

Der Sammler hatte mich gebeten, einen Aufsatz über die illustrierten Bücher und Zeitschriften und einen zweiten über die Bibliothek seiner Sammlung zu schreiben. Dadurch lernte ich die Arbeitsmöglichkeiten seines Zentrums gründlich kennen. Die beiden Beiträge erschienen 1989 in einem zweibändigen, mehrere Kilo schweren Monumentalwerk: *German Expressionist Prints and Drawings*. Allein der Katalogband bildet ca. 5000 Blätter expressionistischer Graphik ab. Mit diesem großartigen Nachschlagewerk hat sich Robert Gore Rifkind selbst ein Denkmal gesetzt.

Im gleichen Jahr wurde in Düsseldorf und dann in Halle an der Saale kurz vor der Wende die Expressionismus-Ausstellung über die *Second Generation 1915–1925* eröffnet, die die Werke jener Künstler zeigte, die im Spätexpressionismus berühmt waren: Otto Dix und George Grosz, Felixmüller und Käthe Kollwitz, vor allem viele wenig bekannte Expressionisten wie Walter Jacob, Otto Gleichmann, Peter Drömmer und andere. Die tatkräftige Stephanie Barron hatte, angeregt durch Rifkind, in der Erforschung des künstlerischen Expressionismus einen neuen Akzent gesetzt.

Als meine Frau und ich im Herbst 1993 einige Monate Gäste des Getty Center for the History of Art and the Humanities in Santa Monica in Los Angeles waren, besuchten wir auch Bob Rifkind und seine Sammlung. Sie war inzwischen in dem Neubau des Museums eingerichtet worden, man arbeitete mit den Getty-Instituten eng zusammen. So wird das Expressionismus-Zentrum in Los Angeles seither in die phantastischen Arbeitsmöglichkeiten der Getty Foundation eingebunden. Die Expressionismusforschung hat eine zweite Heimat in Amerika gefunden.

Ein Handbuch nach 25 Jahren

Die Idee eines Handbuchs expressionistischer Autoren und ihrer Bücher stand seit der Expressionismus-Ausstellung von 1960 für mich fest. Es sollte als Pendant der Bibliographie expressionistischer Zeitschriften dieser sogar vorangehen. Doch die Vorarbeiten erwiesen sich bald als äußerst aufwendig. Zwar konnte ich die Bestände und Neuerwerbungen der Bibliothek des Deutschen Literaturarchivs zugrunde legen und die Reisen nach Amerika, Israel und Prag zu Recherchen vor Ort nutzen, doch dann zog sich die Arbeit über Jahre hin und kam, als ich Marbach verließ, vollends zum Erliegen. Allerdings hatte ich eine sehr geduldige und treue Mitarbeiterin in Ingrid Bode, einer meiner Marbacher Bibliothekarinnen, gefunden, die die Sucharbeiten fortsetzte, auch als sie in die Schweiz heiratete und ihre Stelle im Deutschen Literaturarchiv aufgab. Sie kam oft nach Wolfenbüttel, allein oder von ihrem Mann begleitet. Immer brachte sie Nachträge für die Bibliographie mit, ordnete sie in die Karteien im Keller unseres Hauses ein und ging jedesmal ein wenig trauriger wieder fort.

Erst als ich meine Aufbauarbeit in Wolfenbüttel weitgehend abgeschlossen und die Herzog August Bibliothek als internationale Forschungsstätte gesichert hatte, auch meine Studien zur Literatur- und Buchgeschichte der deutschen Aufklärung unterbrechen konnte, habe ich nicht zuletzt unter dem Eindruck der Rifkind Collection mit Hilfe meiner Frau die Bibliographie in einem Endspurt abschließen und zum Druck bringen können, so daß das Werk *Die Autoren und Bücher des literarischen Expressionismus* als bibliographisches Handbuch in Zusammenarbeit mit Ingrid Hannich-Bode in der Metzlerschen Verlagsbuchhandlung in Stuttgart im Frühjahr 1985 herauskommen konnte. Den Vertrag mit dem Verlag, in dem alle meine wissenschaftlichen Veröffentlichungen erschienen sind, hatte ich 20 Jahre zuvor – im November 1965 – abgeschlossen.

Das Buch von 1000 Seiten, zweispaltig gedruckt und mit zahlreichen eingestreuten Titelblättern, Porträtzeichnungen, Illustrationen und Handschriftenproben aufgelockert, ist so gestaltet, daß es zum Lesen und auch zum Betrachten einlädt. Die 77 Fotos der Autoren, auf 20 Druckseiten zusammengefaßt, sollen einen Eindruck von den Hauptpersonen dieser Zeit geben. Als Frontispiz hatte ich das berühmte Bildnis *Tod des Dichters Walter Rheiner* von Felixmüller gewählt, das in Robert Gore Rifkinds Wohnung hing. Ich widmete das Buch Wilhelm Badenhop und Kurt Pinthus zum Gedenken.

Im November 1985 stellten wir das Buch in dem Vortragssaal des Deutschen Literaturarchivs vor. Der Abend gab mir noch einmal Gelegenheit, auf meine hinter mir liegenden Arbeiten zum literarischen Expressionismus zurückzublicken.

»... Schließen wir mit einigen Bemerkungen zu dem Werk, das also mit Hilfe von Ingrid Hannich-Bode und im letzten Stadium mit Unterstützung meiner Frau, Mechthild Raabe, entstanden ist. Es stellt im Kern eine Bibliographie dar, eine Sammlung von Titeln, ein Lexikon zum Nachschlagen, darüber hinaus aber ein Handbuch, das über die Autoren und Bücher des Expressionismus im Rahmen einer Bibliographie vielseitig informieren möchte. Es beschränkt sich auf die Buchveröffentlichungen der expressionistischen Autoren, auf ihre literarischen Werke und auf Bücher, die sie herausgaben, übersetzten oder mit Einleitungen und Nachworten versahen. Bei der Betrachtung des Expressionismus bezieht man im allgemeinen 30 bis 40 Autoren ein: Unsere Bibliographie verzeichnet alphabetisch 347 Schriftsteller mit ihren 2300 Buchveröffentlichungen, die sie zwischen 1910 und 1923/24 publizierten, und den weiteren 6000, die vorher und nachher erschienen. Es kam darauf an, die Gesamtheit der expressionistischen Bewegung unter dem Aspekt der sie tragenden Autoren zu erfassen, verständlicherweise ein riskantes Unternehmen, denn der Bibliograph muß Farbe bekennen, wen er aufnimmt und wen er wegläßt. Ein Bibliograph hat sich den Fakten der Überlieferung zu stellen. Entscheidendes Kriterium für die Aufnahme in das Lexikon war die Mitwirkung der Schriftsteller am literarischen Leben des Expressionismus als Autoren, Dichter, Herausgeber, literarisch tätige Verleger. Dabei wurde das Verständnis der Zeitgenossen zugrunde gelegt: Zum literarischen Expressionismus wurden nicht nur die Expressionisten im engeren Sinne gezählt, also die Autoren, die im expressionistischen Stil schrieben, oder die, die Wortführer auf der einen und Randfiguren auf der anderen Seite waren, sondern alle Autoren, die sich mit dem literarischen Leben des Expressionismus identifizierten, sich daran beteiligten, deren Namen man in den Verlagsprogrammen und Schriftenreihen der Verleger findet, die sich für die neue Literatur einsetzten und die man als Herausgeber und Mitarbeiter an Zeitschriften und Anthologien immer wieder gelesen hat.

... Um sich aber die Vielschichtigkeit dieser Literatur vergegenwärtigen zu können, beschränkt sich das Werk nicht, wie üblich, auf ein Lexikon von A bis Z. Vielmehr wurde im zweiten Teil, dem Repertorium, versucht, die biographischen und bibliographischen Fakten überschaubar zu machen. So wurden die Autoren nach ihren Lebensdaten, Geburtsorten, nach Ausbildungsgang und Lebensschicksalen aufgeführt. In den Listen wird man so die Schicksale einer Generation erkennen.

Die 2300 Werke der Autoren, die in den Jahren des Expressionismus erschienen, wurden in Kurzform innerhalb der Hauptgattungen chronologisch, alphabetisch, nach den einzelnen Gattungen, nach Verlagen, Illustratoren und Titeln verzeichnet, eine Sichtung, die dem Bibliographen nur mit Hilfe eines Mikrocomputers, dem Vorläufer des PC, möglich war. Dafür habe ich besonders meinem Kollegen in Wolfenbüttel, Dr. Erdmann Weyrauch, herzlich zu danken, der die Programmierung besorgte und die Übertragbarkeit auf den Lichtsatzcomputer der Druckerei ermöglichte. Wir glauben, daß eine solche Erschließung neue Zugänge zur Literatur des Expressionismus gestattet. Allein das Verlagsregister mit 450 Verlagsnamen, unter denen 50 Verleger sind, die sich für die expressionistische Literatur engagierten, gewährt einen interessanten Einblick in die Literaturvermittlung jener Jahre.

... Die Expressionismusforschung hat in den letzten Jahrzehnten einen erstaunlichen und erfreulichen Aufschwung genommen. Man kann dies in dem sympathischen und erfrischend zu lesenden Forschungsbericht von Richard Brinkmann, der vor einigen Jahren bei Metzler erschien, nachlesen. Es ist bekannt, daß das Urteil über diese literarische Bewegung immer noch schwankt. Aber es steht wohl inzwischen fest: Der Expressionismus als geschichtliches Phänomen erscheint aus der Distanz als geistige Einheit und ist doch nur die Zusammenschau einer Vielfalt individueller Bemühungen, also das Werk vieler einzelner, die gleichzeitig in einer kurzen Zeitspanne Literatur machten. Die Beteiligten waren Individualisten und doch auch Vertreter bestimmter Richtungen und Gruppen, die zu charakterisieren wiederum eine Voraussetzung zum Verständnis des zusammenfassenden Ganzen bedeutet.

Der Expressionismus war keine einheitliche Bewegung. Brüche, Widersprüche, Ungereimtheiten gehören zu seinem Wesen, und man entdeckte sie auch bei den einzelnen Autoren, von denen man nur noch einige kennt und nur noch wenige liest. Aber da man heute auf dem Wege ist, die Werke der expressionistischen Künstler wieder hoch zu schätzen und die Werke der Maler, Graphiker und Bildhauer sichtet, die man trotz ihres Ranges lange Zeit nicht beachtete, so ist es auch an der Zeit, sich die überwältigend große Zahl der Autoren zu vergegenwärtigen, die als Schriftsteller, Dichter, Literaten, Herausgeber und Verleger an dieser Bewegung beteiligt waren. Ein bibliographisches Lexikon ist so als ein Versuch zu verstehen, die Erinnerung an eine Generation, die so viel bewirken wollte und doch zum Scheitern verurteilt war, lebendig zu halten.

Schließen wir mit einer Maxime des mein Leben begleitenden Goethe: ›Das Beste, was wir von der Geschichte haben, ist der Enthusiasmus, den sie erregt.‹«

In meinem Leben habe ich es für eine bibliothekarische Pflicht gehalten, nicht nur Bibliographien und gedruckte Katalogwerke anzuregen, sondern mich selbst dieser mühevollen Arbeit zu unterziehen. Meine Hauptwerke von dem Kubin-Buch über die Bibliographie expressionistischer Zeitschriften und den *Index Expressionismus* bis zu diesem Handbuch und später zu der *Bibliographie der Schriften von August Hermann Francke,* in meiner Zeit nach Wolfenbüttel in Halle entstanden, waren immer mehr als bibliographische Titellisten. Sie sollten eine Epoche, eine Gattung oder das Werk einer Persönlichkeit so erschließen, daß das Resultat ein Repertorium, ein Findbuch, war. Immer war mir bei der Arbeit die Bemerkung von Walter Benjamin gegenwärtig, der ein leidenschaftlicher Büchersammler war. »Die Bibliographie«, schreibt er, »ist eine Hilfswissenschaft. Und zwar steigt deren Wichtigkeit mit dem Steigen der Buchproduktion. Nun gibt es Weniges, was für eine kritische Lage der Wissenschaft so durchaus charakteristisch ist wie der Umstand, daß dieser steigenden Wichtigkeit der Bibliographie ihre sinkende Beachtung seit Jahren parallel geht. Die Bibliographie ist gewiß nicht der geistige Teil einer Wissenschaft. Jedoch sie spielt in ihrer Psychologie eine zentrale Rolle, ist nicht ihr Nervengeflecht, aber das System ihrer Gefäße. Mit Bibliographie ist die Wissenschaft groß geworden, und eines Tages wird sich zeigen, daß sogar ihre heutige Krisis zum guten Teil bibliographischer Art ist.«

Huldigungen an Gottfried Benn

Max Niedermayer, der Verleger des Limes Verlages in Wiesbaden, wohin im Sommer 1945 die Leipziger Verlage umgesiedelt worden waren, kam im Oktober 1960 mit seiner Autorin Thea Sternheim nach Marbach, um die Expressionismus-Ausstellung zu besuchen. Gemeinsame Pläne wurden beim Schillerwein auf der Schillerhöhe ausgeckt, doch sie gingen nicht in Erfüllung. Nur ein Buch haben wir gemeinsam über Niedermayers wichtigsten Autor, Gottfried Benn, 1966 herausgegeben. Wir veröffentlichten neue Texte, Briefe und Dokumente mit Erinnerungen von Tilly Wedekind und Käthe von Porada und mit Briefen von Ellinor Büller-Klinkowström und von Marguerite Schlüter, mit Huldigungen an Else Lasker-Schüler und einige weitere Texte. Es waren vor allem die Zeugnisse der Frauen im Leben des Dichters. Ich fand den Titel in einer Gedichtzeile Benns: *Den Traum alleine tragen.* Wir erläuterten ihn in unserem gemeinsamen Geleitwort und fügten hinzu:

»*Den Traum alleine tragen* –: wir wählten das Wort auch als Huldigung zum 80. Geburtstag Gottfried Benns und zugleich zu seinem zehnten Todestag. Zu Lebzeiten hatte sich unser Autor – so liest man im letzten Brief unserer Folge – alle Festschriften verbeten, die ihm ›doch nur Familienherbarien und Poesiealben‹ waren, vielfach privat bis zur Peinlichkeit. Wir holen sie nicht nach, sondern aus den authentischen Dokumenten aus der Feder des Dichters und dem Gedächtnis der Mitlebenden entsteht in der Erinnerung das Bild des Dichters und des Menschen Gottfried Benn. Bekannten Zügen werden neue Einzelheiten angefügt. Nicht nur die frühe Zeit des von Benn so geliebten Expressionismus wird in den Originalen lebendig, sondern vor allem entwerfen die Briefe und Dokumente das wahre Bild der schweren dreißiger Jahre. Aber auch auf die folgende Kriegszeit und nicht zuletzt auf die Jahre des späten Ruhms fällt ein neues Licht, und so entsteht Zug um Zug ein Porträt Gottfried Benns. In diesem Sinne verstehen wir den Band, dem wir den Namen des Dichters voranstellen, als Hommage, dargebracht von denen, die sich dazu verbunden haben.«

Ilse Benn, die Witwe des Dichters, war nach dem Tode ihres Mannes nach Bernhausen bei Stuttgart gezogen und wohnte seit 1965 in Wolfschlugen bei Nürtingen in dem nach ihren Wünschen gebauten Haus. Damals praktizierte sie noch als Zahnärztin. Wir hatten uns mit ihr angefreundet. Ilse Benn war eine sehr zurückhaltende, aber warmherzige Frau. Sie liebte, wie Thea Sternheim, auch unsere Kinder und war häufiger Gast in unserem Haus. Sie gehörte ganz zum Marbacher Kreis.

Wir sahen sie im April 1984 in Rom wieder. Das Istituto Italiano di Studi Germanici und das Goethe-Institut hatten zu einem Kolloquium über Gottfried Benn eingeladen, das Professor Paolo Chiarini leitete. Es war ein kleiner Kreis deutscher und italienischer Germanisten, die Vorträge hielten und über das Werk Gottfried Benns diskutierten. Auch Hans Egon Holthusen und der dtv-Verleger Heinz Friedrich waren gekommen und sprachen über den Dichter. Ilse Benn, mein Schwager Holthusen und seine Frau, das Ehepaar Friedrich, meine Frau und ich haben die Tage gemeinsam sehr genossen. Auch Michael Klett, der die Rechte an dem Werk Benns übernommen hatte, schloß sich uns an. Unter der wärmenden Sonne redeten wir in den Cafés über das deutsche Verlagswesen im allgemeinen und Gottfried Benn im besonderen. Seit ich Marbach verlassen hatte, waren anderthalb Jahrzehnte vergangen. Benn war inzwischen trotz der Kritik der Linken ein Klassiker der Moderne geworden.

Im Jahr zuvor hatte ich Benns *Statische Gedichte* im Arche Verlag in Zürich, von dem noch die Rede sein wird, mit zahlreichen Briefen Benns an seinen Verleger Peter Schifferli neu herausgegeben. Da Benn darin auch die in Hannover entstandenen Gedichte wie *Anemone, Einsamer nie –, Wer allein ist –* und andere veröffentlicht hatte, war ich auf die Rolle Hannovers im Leben und Werk Benns aufmerksam geworden. Über das Thema *Benn in der Provinz* hatte ich in Rom gesprochen und nahm mir vor, darüber ein kleines Buch zu schreiben. Ich inspizierte den Ort, begleitet von dem passionierten Major a. D. Horst Voigt, einem hervorragenden Kenner der lokalen Militärgeschichte auch in der Zeit, in der sich Gottfried Benn 1935–1937 als Oberstabsarzt in Hannover dem literarischen Leben in Berlin entzogen hatte. Im Sommer saß er damals oft auf den Stadthallenterrassen. Auf der Rückseite einer Speisekarte notierte er am »6. VIII. 35« sein erstes Gedicht, das in Hannover entstand und später in die *Statischen Gedichte* aufgenommen wurde:

Tag, der den Sommer endet

Tag, der den Sommer endet,
Herz, dem das Zeichen fiel:
die Flammen sind versendet,
die Fluten und das Spiel.

Die Bilder werden blasser,
entrücken sich der Zeit,
wohl spiegelt sie noch ein Wasser,
doch auch dies Wasser ist weit.

Du hast eine Schlacht erfahren,
trägst noch ihr Stürmen, ihr Fliehn,
indessen die Schwärme, die Scharen,
die Heere weiter ziehn.

Rosen und Waffenspanner,
Pfeile und Flammen weit –:
die Zeichen sinken, die Banner –:
Unwiederbringlichkeit.

In den Briefen an Ellinor Büller-Klinkowström hat Benn
sein Leben in allen Einzelheiten geschildert. So lernte ich
die Lokalitäten der damaligen unzerstörten Provinzhaupt-
stadt mit ihrer überwiegend wilhelminischen Architektur
aus den Briefen, Dokumenten und Bildern kennen, wie sie
Benn gesehen hatte: das Rathaus, die Marktkirche, Café
Kröpcke, das Opernhaus, die Eilenriede, den Maschsee.
Ich entdeckte nach komplizierten Recherchen das Haus
an der Arnswaldstraße 4, in dem Benn gewohnt hat, und
saß in der Weinstube Wolf, in der der schweigsame und
lauschende Außenseiter gern speiste und die einem berühmten, visionären Prosastück den Namen gab: *Wein-
haus Wolf.* Der Text ist ein eindrucksvolles Dokument der
inneren Emigration, eine schonungslose Abrechnung mit
der »braunen Bewegung«, an die Benn selbst für eine
kurze Zeitspanne geglaubt hatte.

Die Hoffnung, das Buch so zeitig zu schreiben, daß es
zum 100. Geburtstag am 2. Mai 1986 erscheinen konnte,
mußte ich begraben. Ich hatte meine todkranke Mutter
nach Wolfenbüttel geholt, und in den Monaten war an
Schreiben nicht zu denken. Mitte März, 14 Tage nach ihrem Tode, besuchte mich der neue Generalsekretär der gerade gegründeten Stiftung Niedersachsen, Bernd Kauffmann, er hatte einen Verleger, Erhard Friedrich aus
Velber, mitgebracht. Das Gespräch kam auch auf den be-
vorstehenden Geburtstag von Gottfried Benn, ich klagte,
wie sehr ich bedauerte, das Buch über Benn in Hannover nicht mehr schreiben zu können. Zu meiner Überra-

schung erklärte Friedrich: »Wenn Sie mir das Manuskript bis Osterdienstag abliefern, kann das Bändchen vier Wochen später erscheinen. Ich veröffentliche jeden Monat zahlreiche Zeitschriftenhefte. Da ist für uns die Drucklegung Ihres kleinen Buches doch kein Problem!«

Das umfangreiche Material, das ich gesammelt hatte, lag vor: Ich ordnete es, und so habe ich denn von Gründonnerstag nachmittag bis Ostermontag abend, wie vom Teufel geritten, geschrieben, meine Frau brachte den Text auf der Maschine ins reine, und pünktlich konnte ich dem Verleger das fertige Manuskript samt Abbildungsvorlagen übergeben. Das schmale Bändchen wurde zur rechten Zeit fertig und allgemein gelobt.

Der 100. Geburtstag wurde in Berlin und Stuttgart festlich begangen. Der Stadt Hannover hatte ich eine Ausstellung in der Stadtbibliothek vorgeschlagen. In kürzester Zeit stellten wir sie in 12 Vitrinen zusammen, Gedichte Benns wurden vergrößert, ebenso Bildzeugnisse. Hans Egon Holthusen, der gerade den ersten Band seiner Benn-Biographie vorgelegt hatte, eröffnete am Abend die sehr lebendige Literaturausstellung.

Höhepunkt aber war für die Hannoveraner die Enthüllung einer Gedenktafel für Gottfried Benn an dem Haus Arnswaldstraße 4 an einem strahlenden Vorfrühlingstag. Viele Gäste waren gekommen: Ilse Benn aus Süddeutschland, Nele Sørensen, Benns Tochter aus Kopenhagen, der Minister Cassens und Frau, Oberbürgermeister Schmalstieg, Hans Egon Holthusen mit seiner Frau, einer gebürtigen Hannoveranerin, meine Frau und viele andere. Es war eine wunderbare Stimmung, doch der Himmel verdüsterte sich plötzlich, der Oberbürgermeister hatte gerade die Gedenktafel enthüllt und ich ein paar Worte gesagt, als ein Gewitter mit Blitz, Donner und Platzregen losbrach. Alles stob auseinander, verschwand irgendwohin. Mit Mühe erreichten wir die Stadtbibliothek. Der Abend entwickelte sich dann um so freundlicher. Alle waren in sehr aufgeräumter Stimmung, besonders Ilse Benn und Nele Sørensen, die in ihrer unbekümmerten Art allen sehr gefiel. Die Huldigung an den verehrten Dichter war für mich zu einem schönen Nachspiel geworden. Gedenktafeln und Denkmäler können in unserer Zeit, in der Bedeutendes sehr schnell aus dem kollektiven Gedächtnis verschwindet, dazu beitragen, Hölderlins Vers zu beherzigen: »Was bleibet aber, stiften die Dichter.«

Expressionismus im Arche Verlag

Der von Peter Schifferli 1944 gegründete Arche Verlag in Zürich gab bereits 1946 und 1947 die Dichtungen von Georg Trakl und Georg Heym heraus und nahm damit die klassische Moderne in sein Verlagsprogramm auf. Autoren des Expressionismus wie Gottfried Benn, Jakob van Hoddis, Alfred Lichtenstein, Ludwig Meidner, Paul Klee, Hans Arp, Walter Mehring, Richard Huelsenbeck und andere wurden ebenso von ihm verlegt wie zum Beispiel die Werke von Ezra Pound und Gertrude Stein. Den renommierten Schweizer Verlag erwarben 1982, nach dem Tode von Peter Schifferli, zwei mutige und engagierte Frauen, Elisabeth Raabe und Regina Vitali, gegen die verlegerische Prominenz.

Da die eine Verlegerin meine Schwester ist, lag es nahe, daß sie ihren »großen Bruder«, der sehr viel älter ist, fragte, ob er bereit sei, die Tradition des Verlags durch die Herausgabe expressionistischer Texte fortzusetzen. Ich hatte ihr mein gerade erschienenes Expressionismus-Handbuch geschickt, aus dem sie ersah, daß ich mich dem Expressionismus wieder zugewandt hatte. Sie lud mich im Frühjahr 1986 nach Zürich ein, und wir berieten zu dritt, meine neuen Verlegerinnen und ich, den Aufbau und die Gestaltung der *Arche-Editionen des Expressionismus*. So sollte die Reihe heißen, in der ich einen alten Traum verwirklicht sah, nämlich Texte des Expressionismus in lesbaren, wissenschaftlich fundierten Ausgaben sowohl für die Freunde und Liebhaber als auch für Forscher und Kenner der Literatur des Expressionismus herausgeben zu können.

Wir hatten einen glücklichen Start. Eine junge Berliner Germanistin, Regina Nörtemann, übernahm die Edition der Dichtungen und Briefe von Jakob van Hoddis, deren Rechte bei der Arche lagen. Der 600 Seiten starke Band erschien pünktlich zum 100. Geburtstag am 16. Mai 1987 und galt als Muster für die weiteren Editionen. Die Veröffentlichungen zu Lebzeiten des Autors bildeten den Auftakt der Edition. Die umfangreichen undatierten Dichtungen aus dem Nachlaß wurden nach Motivzusammenhängen geordnet, auch die vor 1906 liegenden Jugendgedichte zum erstenmal als Vorformen lyrischen Schaffens einbezogen. Ein Essay der Herausgeberin eröffnete den Teil der Materialien zum Autor. Dazu gehörten neben den sehr wenigen erhaltenen Briefen die bisher bekanntgewordenen Dokumente zu Leben und Werk unter Einbeziehung der Krankheitsgeschichte und die Erinnerungen der Freunde an den Autor. Überlieferung, Lesarten, Erläuterungen und Zeittafel beschlossen die Edition, die also auch die Wirkungsgeschichte einbeziehen sollte. Bildbeigaben bereicherten den Band, den der Frankfurter Typograph Max Bartholl gestaltete und zu einem einladenden Lesebuch des Frühexpressionismus machte.

Insgesamt erschienen bis 1990 elf Bände teils gebunden, teils broschiert mit Texten von Georg Heym, Alfred Lichtenstein, Mynona, Karl Otten, Henriette Hardenberg und August Stramm. Zwei Anthologien wurden von jungen DDR-Wissenschaftlern herausgegeben. Thomas Rietzschel nannte seinen Band expressionistischer Liebesgeschichten *Zwischen Trauer und Ekstase* (1988), Peter Ludewig seine mit zahlreichen Holzschnitten illustrierte Anthologie Dresdner Expressionisten *Schrei in die Welt* (1990). Auch mein dtv-Band *Expressionismus. Der Kampf um eine literarische Bewegung* wurde in den *Arche-Editionen* neu herausgegeben.

In meiner Reihe veröffentlichte Klaus Kanzog seine neue vollständige Ausgabe der *Dichtungen* des 1914 gefallenen Alfred Lichtenstein. Der junge Paderborner Germanist Hartmut Vollmer hatte ihn bei der Herausgabe unterstützt. Dieser selbst edierte 1988 die *Dichtungen* von Henriette Hardenberg, der damals noch in London lebenden Dichterin, die 1916–1930 mit Alfred Wolfenstein in erster Ehe verheiratet gewesen war und in der Emigration in England danach mit Kurt Frankenschwerth eine zweite Ehe einging. Als junge Berlinerin hatte Margarete Rosenberg, die sich als Henriette Hardenberg tarnte, Gedichte in der *Aktion* von Franz Pfemfert veröffentlicht. So war ich mit ihr 1961 in brieflichen Kontakt gekommen. Daß die sympathische alte Dame – inzwischen 94 Jahre alt – noch mit der Neuausgabe ihrer zarten, sehr verhaltenen Gedichte eine Wiederentdeckung erlebte, war für sie, aber auch für die Leser ein glückliches Ereignis. Sie war, wie die beigefügten Fotos erkennen ließen, eine schöne Frau. Henriette Hardenberg starb, kurz vor ihrem 100. Geburtstag, 1993. Hartmut Vollmer, der die Dichterin mehrfach in London besucht hat, gab ein Jahr später in den *Arche-*

Editionen noch einen Band nachgelassener Dichtungen *Südliches Herz* von ihr heraus. So war wieder einmal eine Rettung gelungen.

Meinen Wunsch, die erschütternden Kriegsbriefe von August Stramm, der durch die Zertrümmerung der Syntax eine neue lyrische Sprache schuf, in einer kritischen Ausgabe veröffentlicht zu sehen, erfüllte Jeremy Adler, Professor der deutschen Literatur an der University of London, der selbst Autor visueller Poesie ist. Er ist der Sohn von H. G. Adler, der das bedeutende Buch über Theresienstadt schrieb. Der Band erschließt zum erstenmal minutiös das erste Kriegsjahr 1914/15, wie es August Stramm im Westen und im Osten bis zu seinem Tode – er fiel am 1. September 1915 in Rußland – erlebt hat.

Ich selbst war bei meinen Kuraufenthalten in der Alexander-Klinik in Davos dem Schicksal des expressionistischen Dichters Klabund nachgegangen. Er war lungenkrank und weilte seit 1916 immer häufiger in dem Schweizer Höhenkurort in Graubünden. Er wohnte, wie ich den Kurlisten entnehmen konnte, in der Pension Stolzenfels am Ortsende von Davos. Einige Jahre vor Thomas Manns *Zauberberg* schrieb Klabund eine Erzählung *Die Krankheit,* die sehr realistisch das Leben der unheilbar Lungenkranken schildert. In den *Davoser Blättern* und der *Davoser Revue* fand ich unbekannte Texte von Klabund und viele Hinweise auf den Aufenthalt des kranken Dichters und seiner Leidensgefährten, darunter des Malers Philipp Bauknecht und des Bildhauers Philipp Modrow. Auch zu Ernst Ludwig Kirchner gab es Beziehungen. Im Staatsarchiv Chur entdeckte ich Klabunds Briefe an Erwin Poeschel und seine Frau, die, beide lungenkrank, die Pension Stolzenfels 1915 erworben hatten. In Poeschels Nachlaß liegen auch Dokumente zu Brunhilde Heberle, die Klabund 1918 geheiratet hat. Sein unbekannter Privatdruck *Die kleinen Verse für Irene* ist ein anrührendes Zeugnis der kurzen Ehe, denn seine Frau starb noch im selben Jahr. Ebenso ergreifend sind die Briefe von Carola Neher an das Ehepaar Poeschel. Die bekannte Schauspielerin war die zweite Frau von Klabund, die später nach dem Tode ihres Mannes nach Rußland ging und dort umkam.

Aus diesen Unterlagen stellte ich 1990 für die *Arche-Editionen des Expressionismus* meinen Band *Klabund in Davos* mit Texten, Bildern und Dokumenten zusammen. Als ich ein Jahr später nochmals in Davos zur Kur war, feierte die Schweizer Eidgenossenschaft am 1. August 1991 ihr siebenhundertjähriges Jubiläum. An diesem Tag habe ich an der Villa Stolzenfels eine Gedenktafel für Klabund enthüllen können, die die Eigentümer auf meine Anregung hin gestiftet hatten. Am Abend las ich aus meinem Buch. Es war eine späte Huldigung an einen expressionistischen Dichter.

Mit diesem Band fanden die *Arche-Editionen,* für die sich der Verlag in ganz besonderem Maße, auch finanziell, engagierte, ein jähes Ende. Die politische Wende 1989/90 und die daraus folgende Vereinigung der beiden deutschen Staaten bedeutete für mich noch einmal eine große Herausforderung. In dem letzten Jahrzehnt des 20. Jahrhunderts habe ich meine ganze Kraft für die Rettung und den Wiederaufbau der Franckeschen Stiftungen zu Halle an der Saale, einer einzigartigen sozialpädagogischen Einrichtung in der ehemaligen DDR, eingesetzt. An eine Fortführung meiner Expressionismus-Editionen war nicht zu denken. Nur noch zwei Bände wurden 1994 nachgeliefert: die erwähnten *Nachgelassenen Dichtungen* von Henriette Hardenberg und – ebenfalls von Hartmut Vollmer mustergültig herausgegeben – eine Lyrikanthologie expressionistischer Dichterinnen: »*In roten Schuhen tanzt die Sonne sich zu Tod*«. Dennoch: Die 13 Bände trugen dazu bei, wie die Reihen anderer Verlage, nach und nach die expressionistische Literatur in ihrer ganzen Breite und Vielfalt zu sichten und zu erschließen.

Rückblick

Viele Jahrzehnte meines Lebens sind dahingegangen, seit ich in der Erforschung des literarischen Expressionismus ein Lebensziel sah. In meiner aktiven Wolfenbütteler Zeit habe ich noch manches früher Geplante vollenden können.

Blicke ich auf »mein expressionistisches Jahrzehnt« zurück, so sehe ich, daß meine Bemühungen um die Rehabilitierung des literarischen Expressionismus erfolgreich waren. Zahlreiche Studien, Forschungsbeiträge und Doktorarbeiten sind seitdem erschienen, gattungsgeschichtliche Untersuchungen, theoretische Darstellungen, kurze Überblicke und umfassende Monographien zu einzelnen Autoren veröffentlicht worden. Allerdings fehlt nach wie vor eine grundlegende Gesamtgeschichte des literarischen Expressionismus.

Von den bedeutenden Autoren sind kritische Werkausgaben erschienen, so von Gottfried Benn, Franz Kafka, Else Lasker-Schüler, Reinhard Sorge, Alfred Lichtenstein, Jakob van Hoddis, Walter Hasenclever, Ernst Toller, Alfred Wolfenstein, Klabund, Franz Jung, Hans Schiebelhuth, Hans Henny Jahnn und anderen. Manche Autoren, die in meiner Marbacher Zeit so gut wie vergessen waren, sind inzwischen in Neuausgaben erschienen, so beispielsweise die Werke von Georg Kulka, Franz Richard Behrens, Melchior Vischer, Otto Nebel, Heinrich Nowak, Hugo Kersten, Victor Hadwiger und Friedrich Wilhelm Wagner. Viele Germanisten haben sich mit enormem Engagement dieser Aufgabe gewidmet. Ich nenne nur stellvertretend Jörg Drews und Hartmut Geerken, Michael Stark und Thomas Anz, Wolfgang Haug und Thomas Milch, Richard Sheppard und Howard Gaskell. Einige sind an der Herausgabe der *Frühen Texte der Moderne* in der edition text + kritik beteiligt. Mit großem Einsatz gibt Karl Riha in Siegen *Vergessene Autoren der Moderne* in sparsam gedruckten Heften seit 1983 heraus und hat das Verdienst, unter vielen anderen auch Texte von Raoul Hausmann, Emil Szittya, Johannes Baader neu veröffentlicht zu haben. Schließlich will ich den Konstanzer Sammler, Lyriker und Anwalt Peter Salomon nennen. Auch er hat sich auf die Fahne geschrieben, in seiner Reihe *Replik* vergessene Expressionisten wie Hermann Plagge, Willy Küsters, Rudolf Hartig und andere in geschmackvoll gestalteten Heften herauszubringen.

Wenn ich diese Editionen, Bücher und Hefte zur Hand nehme, stelle ich immer wieder zu meiner Freude fest, wie sehr ich mit meinen Quellenwerken zum Expressionismus die bibliographische Grundlage für viele dieser Publikationen gelegt habe. Nach meinen beruflichen Erfahrungen in Wolfenbüttel und Halle bekümmert es mich jedoch, daß kein Arbeitskreis zur Erforschung des Expressionismus entstanden ist, der regelmäßig Kolloquien hätte veranstalten können, wo sich Wissenschaftler, die sich mit der Zeit oder den Autoren des Expressionismus beschäftigen, austauschen. Doch für einige Autoren wie Theodor Däubler, Else Lasker-Schüler, Kurt Hiller, Ernst Toller sind eigene literarische Gesellschaften entstanden.

Erfreulich ist die Entwicklung des Deutschen Literaturarchivs. Seit meinem Fortgang ist es zu einem Zentrum
der deutschen Literatur des 20. Jahrhunderts mit zahlreichen Nachlässen auch expressionistischer Autoren und
einer 700 000 Einheiten zählenden Bibliothek geworden,
in dem Ausstellungen zu Alfred Döblin, Gottfried Benn,
Theodor Däubler, Else Lasker-Schüler und anderen neue
Quellen erschlossen. Mit den 100 Heften von Friedrich
Pfäfflins *Marbacher Magazin* hat das Archiv eine originelle
Veröffentlichungsreihe erhalten, die auch dem Expressionismusforscher manchen Fund ins Haus brachte.

Sicherlich gibt es viele Büchersammler, die sich der
expressionistischen Literatur verschrieben haben, wie jener Werner Hafner aus Hausach in Baden-Württemberg,
der vor kurzem in der Niedersächsischen Staats- und Universitätsbibliothek Göttingen in einer eindrucksvollen
Expressionismus-Ausstellung seine Sammlung präsentiert
hat, in der die Vorzugsausgaben der *Aktion* und des *Sturm*
in taufrischen Heften zu sehen waren. Sammler sind nicht
nur glückliche Menschen, sondern sie leisten Pionierar-
beit für Bibliothekare und Wissenschaftler.

Was endlich die Erschließung der Quellen zum literarischen Expressionismus betrifft, so ist im Laufe des letzten
halben Jahrhunderts das meiste geleistet worden. Selbstverständlich bleiben Wünsche offen: ein Findbuch der
Nachlässe expressionistischer Autoren, ein Katalog aller
ihrer Porträts und als Pendant zu meinem *Index Expressionismus* eine Bibliographie der Beiträge expressionistischer
Autoren in nicht-expressionistischen Zeitschriften zwischen 1900 und 1925 und vor allem in den wichtigsten
Tageszeitungen.

Oft habe ich mich gefragt, wieso mich die expressionistische Bewegung und ihre Autoren, die Bücher und Zeit-

schriften, die Lebenskreise und die Symbiose der Künste ein langes Leben hindurch immer wieder von neuem beschäftigten. Es war zunächst für einen jungen Germanisten von ungeheurem Reiz, eine weitgehend verschüttete und vergessene Literatur zu entdecken und das Unbekannte in die Gegenwart zurückzuholen. Mich fesselte der Wille einer jungen Generation, die sich gegen das gesättigte Leben des Bürgertums auflehnte, um zu neuen Ufern aufzubrechen, die Welt zu verändern. Ich sah aber auch die Tragik dieser literarischen Revolte, den Aufbruch und das Scheitern, den großen Anteil der jüdischen Intelligenz, die Macht des Wortes und das Verstummen, die Hoffnungen der vielen Beteiligten und ihre Schicksale. Aber es war vor allem die Tat, die sich die meisten Expressionisten in einer von Krieg und Tod gezeichneten Zeit auf die Fahnen geschrieben hatten, die mich begeisterte.

Auch in meinem Leben war es immer der Tatendrang, etwas zu verwirklichen, Neues zu schaffen, Unbekanntes zu entdecken, Ideen in Taten umzusetzen, im Deutschen Literaturarchiv in Marbach, in der Herzog August Bibliothek Wolfenbüttel, in den Franckeschen Stiftungen zu Halle. Im Rückblick erscheinen mir die drei Stationen wie eine Steigerung von Stufe zu Stufe. In Marbach ging es um die germanistische Erforschung einer literarischen Bewegung in Deutschland, in Wolfenbüttel um die Förderung der wissenschaftlichen Arbeiten über das alte Europa, in Halle um die Einbettung der geisteswissenschaftlichen Forschung in den Kontext pädagogischer und sozialer Einrichtungen. Oder in Metaphern der Architektur ausgedrückt: In Marbach baute ich ein Haus im Haus, in Wolfenbüttel erweiterte ich ein Haus zu einem Ensemble, in Halle hatte ich es mit einem kleinen Stadtteil zu tun.

Immer war der Optimismus im Spiel und die Begeisterung, die mich bei den Überlebenden des Expressionismus trotz aller Schrecken, die sie erlitten, in meinem »expressionistischen Jahrzehnt« fasziniert hatte. So setzte ich mich mit meiner ganzen Kraft für das Andenken dieser Dichter, Schriftsteller, Maler, Graphiker ein, die vor bald 100 Jahren ihre Stimmen gegen die Trägheit der Zeit erhoben. Den literarischen Expressionismus zu erforschen war meine erste Lebensaufgabe. Und so schließe ich mit dem Wort von Paul Hatvani aus dem Jahre 1921, das ich den vergessenen und wiederentdeckten Autorinnen und Autoren, den damals noch Lebenden und den Toten nachrufe: »Der Expressionismus ist tot ... es lebe der Expressionismus.«

Anhang

Meine Veröffentlichungen zum Expressionismus

Expressionismus. Literatur und Kunst 1910–1923. Eine Ausstellung des Deutschen Literaturarchivs im Schiller-Nationalmuseum Marbach a. N. vom 8. Mai bis 31. Oktober 1960. Ausstellung und Katalog von Paul Raabe und
H. L. Greve unter Mitarbeit von Ingrid Grüninger.
Stuttgart 1960. 349 S. (Sonderausstellungen des Schiller-Nationalmuseums. Katalog Nr.7.)

*Die Zeitschriften und Sammlungen des literarischen Expressio-
nismus.* Repertorium der Zeitschriften, Jahrbücher, Anthologien, Sammelwerke, Schriftenreihen und Almanache 1910–1921. Stuttgart: Metzler 1964. XIV, 263 S.
(Repertorien zur deutschen Literaturgeschichte. Bd 1.)

Ich schneide die Zeit aus. Expressionismus und Politik in
Franz Pfemferts »Aktion« 1911–1918. Hrsg. von P. R.
München: dtv 1964. 385 S. (dtv Dokumente. 195/196.)

Expressionismus. Der Kampf um eine literarische Bewegung.
Hrsg. von P. R. München: dtv 1965. 318 S. (dtv Sonder-
reihe. 41.) – Neuausgabe. Zürich: Arche 1987. 319 S.
(Arche-Editionen des Expressionismus.)

*Expressionismus. Aufzeichnungen und Erinnerungen der Zeit-
genossen.* Hrsg. und mit Anmerkungen versehen von
P. R. Olten und Freiburg i. Br.: Walter 1965. 422 S. (Wal-
ter-Texte und Dokumente zur Literatur des Expressionismus.) – Englische Übersetzung von J. M. Ritchie.
London: Calder & Boyars 1974; Woodstock (N. Y.):
Overlook Press 1974.

Der späte Expressionismus. 1918–1922. Bücher, Bilder, Dokumente. Zusammengestellt von P. R. Biberach a. d. Riss:
Wege und Gestalten 1966. 58 S.

Felixmüller. Größe und Wandlungen des späten Expressionismus. Biberach a. d. Riss: Wege und Gestalten 1968. 5 Bl.

Index Expressionismus. Bibliographie der Beiträge in den Zeitschriften und Jahrbüchern des literarischen Expressionismus. 1910–1925. Im Auftrage des Seminars für deutsche Philologie der Universität Göttingen und in Zusammenarbeit mit dem Deutschen Rechenzentrum Darmstadt hrsg. von P. R. Bd 1–18. Nendeln, Liechtenstein: Kraus Reprint 1972.

Die Autoren und Bücher des literarischen Expressionismus. Ein bibliographisches Handbuch. In Zusammenarbeit mit Ingrid Hannich-Bode. Stuttgart: Metzler 1985. 1002 S. – 2. verb. und mit Ergänzungen und Nachträgen 1985– 1990 erw. Aufl. 1992. XIV, 1049 S.

Gottfried Benn in Hannover. 1935–1937. Seelze–Velber: Friedrich 1986. 100 S.

Klabund in Davos. Texte, Bilder, Dokumente. Zürich: Arche 1990. 230 S. (Arche-Editionen des Expressionismus.)

Die Aktion. Hrsg. von Franz Pfemfert. Jg. 1–4. (Photomechanischer Nachdruck.) Mit Einführung und Kommentar von P. R. Stuttgart: Cotta 1961. 4 Bde. – Nachdruck. Jg. 5–8. 1915–1918. Mit Kommentar von P R. München: Kösel 1967. – Nachdruck. Jg. 9–22. 1919–1932. Nendeln, Liechtenstein: Kraus Reprint 1976.

Scheerbart, Paul: *Lesabéndio.* Ein Asteroïden-Roman. Mit einem Nachwort von P. R. München: dtv 1964. 168 S. (dtv Sonderreihe. 34.)

Benn, Gottfried: *Den Traum alleine tragen.* Neue Texte, Briefe, Dokumente. Hrsg. von P. R. und Max Niedermayer. Wiesbaden: Limes 1966. 251 S. – Taschenbuchausgabe: München: dtv 1969.

Die Lebenden. Flugblätter. Hrsg. von Ludwig Kunz. 1923–

1931. (Fotomechanischer Nachdruck. Einführung: P. R. Nachwort und Register: Ludwig Kunz.) Hilversum: De Boekenvriend; Zürich: Limmat; Berlin: Rütten & Loening 1966.

Expressionism Magazines. A collection of reprints ed. by P. R. Nendeln, Liechtenstein: Kraus Reprint 1968–1976. – Nachdruck von 100 expressionistischen Zeitschriften.

Kafka, Franz: *Sämtliche Erzählungen.* Hrsg. von P. R. Frankfurt a. M.: Fischer Taschenbuch Verlag 1970. 406 S. (Fischer Bücherei. 1078.) – 858.–897. Tsd. 1994.

Hirsch, Karl Jakob: *Kaiserwetter.* Neu hrsg. und mit einem Nachwort versehen von P. R. Frankfurt a. M.: Fischer 1971. 260 S. (Im Fischernetz.) – Taschenbuchausgabe: Frankfurt a. M.: Fischer Taschenbuch Verlag 1981.

[*Bibliothek des Expressionismus.* Hrsg. von P. R.] Nendeln, Liechtenstein: Kraus Reprint 1973. – Nachdruck von 100 Büchern expressionistischer Autoren.

Becher, Johannes R.: *Gedichte. 1911–1918.* Ausgewählt und hrsg. von P. R. München: dtv 1973. 252 S. (dtv Sonderreihe. 123.)

Kafka, Franz: *Schriften, Tagebücher, Briefe.* Kritische Ausgabe. Hrsg. von Jürgen Born, Gerhard Neumann, Malcolm Pasley und Jost Schillemeit unter Beratung von Nahum Glatzer, Rainer Gruenter, P. R. und Marthe Robert. Frankfurt a. M.: Fischer 1982 ff.

Benn, Gottfried: *Statische Gedichte.* Hrsg. von P. R. Zürich: Arche 1983. 126 S. (Neue Arche Bücherei. 2.)

Der Kondor. Verse von Ernst Blass… Hrsg. von Kurt Hiller. 1912. Mit einem Nachwort versehen von P. R. Berlin: Silver & Goldstein 1989. 191 S.

Hoddis, Jakob van: *Weltende.* Die zu Lebzeiten veröffentlichten Gedichte. Hrsg. von P. R. Zürich-Hamburg: Arche 2001.

Arche-Editionen des Expressionismus. Hrsg. von P. R. 13 Bände. Zürich: Arche 1987–1995.

Hoddis, Jakob van: *Dichtungen und Briefe.* Hrsg. von Regina Nörtemann. 1987. 597 S.

Expressionismus. Der Kampf um eine literarische Bewegung: siehe oben.

Heym, Georg: *Der Städte Schultern knacken.* Bilder, Texte, Dokumente. Zusammengestellt von Nina Schneider. 1987. 172 S.

Zwischen Trauer und Ekstase. Expressionistische Liebesgeschichten. Hrsg. von Thomas Rietzschel. 1988. 223 S.

Hardenberg, Henriette: *Dichtungen.* Hrsg. von Hartmut Vollmer. 1988. 190 S.

Mynona: *Rosa die schöne Schutzmannsfrau und andere Grotesken.* Hrsg. von Ellen Otten. 1989. 213 S.

Lichtenstein, Alfred: *Dichtungen.* Hrsg. von Klaus Kanzog und Hartmut Vollmer. 1989. 213 S.

Otten, Karl: *Die Reise durch Albanien und andere Prosa.* Hrsg. von Ellen Otten und Hermann Ruch. 1989. 195 S.

Schrei in die Welt. Expressionismus in Dresden. Mit einem Nachwort versehen von Peter Ludewig. 1990. 267 S.

Stramm, August: *Alles ist Gedicht.* Briefe, Gedichte, Bilder und Dokumente. Hrsg. von Jeremy Adler. 1990. 190 S.

Klabund in Davos: siehe oben.

»*In roten Schuhen tanzt die Sonne sich zu Tod*«. Lyrik expressionistischer Dichterinnen. Hrsg. von Hartmut Vollmer. 1993. 251 S.

Hardenberg, Henriette: *Südliches Herz.* Nachgelassene Dichtungen. Hrsg. von Hartmut Vollmer. 1994. 306 S.

Meine Aufsätze zu Themen des Expressionismus sind verzeichnet bei: Barbara Strutz, *Bibliographie P. R.* 2. Auflage. München: Saur 2002.

Nachbemerkung

Mit diesem Buch schließe ich die »Trilogie« meiner Rechenschaften über meine drei »Lebenswerke« ab. Während ich die Jahre in Wolfenbüttel in meinem Band *Bibliosibirsk oder Mitten in Deutschland* 1992 und das Dezennium in Halle an der Saale in meinem letzten Buch *In Franckes Fußstapfen* 2002 unmittelbar post festem niedergeschrieben habe, sind seit den Ereignissen meines »expressionistischen Jahrzehnts« mehr als 40 Jahre vergangen. Damals lag der Expressionismus für die Überlebenden, von denen ich erzähle, noch um eine weitere Dekade zurück. Aber wie jene sich damals ihrer literarischen Jugend erinnerten, so erinnere ich mich heute, im gleichen Alter wie sie damals, meiner frühen Jahre. Sehr vieles habe ich im Gedächtnis behalten. Hilfreich aber war mir mein persönliches Archiv, aus dem ich häufiger Texte zitiert habe. Auch die Durchsicht der Unterlagen zur Expressionismus-Ausstellung im Deutschen Literaturarchiv in Marbach war mir sehr hilfreich.

Sehr herzlich danke ich wiederum meiner Frau, Mechthild Raabe, für die tatkräftige Unterstützung, die kritische Begleitung und die praktische Mitarbeit, denn fast alles, was ich schildere, haben wir gemeinsam erlebt. Das Deutsche Literaturarchiv hat meine Arbeit unterstützt, dafür möchte ich ebenfalls danken.

Mein sehr herzlicher Dank gilt schließlich meinen beiden Verlegerinnen, Elisabeth Raabe und Regina Vitali, die mich zu diesem Buch ermutigt haben, meiner Schwester insbesondere für die schöne und produktive Zusammenarbeit und Claudia Jürgens für ihre sorgfältige Überprüfung des Manuskripts.

Mein Buch soll all denen ein Denkmal setzen, denen ich in meinen Marbacher Jahren begegnet bin und die mit so viel Enthusiasmus meine damalige Arbeit unterstützten. Sie alle sind mir unvergessen geblieben.

Wolfenbüttel, Januar 2004   P. R.

Quellennachweis

Seite 11 *Noch aber steht* Aus dem Vorwort: Lyrik des expressionistischen Jahrzehnts. Zitiert nach Gottfried Benn, Gesammelte Werke. Hrsg. von Dieter Wellershoff. Bd 4. Wiesbaden 1961. S. 389 © Klett-Cotta, Stuttgart 1991.

Seite 14 *So kam allmählich* Berichte der Oldenburgischen Museumsgesellschaft 2 (1959). S. 10 f.

Seite 21 f. *Man kann sich* Alfred Richard Meyer, die maer von der musa expressionistica. Düsseldorf-Kaiserswerth 1948. S. 12 f.

Seite 23 f. *Glücklich und angeregt* Zitiert nach Paul Raabe, Alfred Kubin. Leben – Werk – Wirkung. Hamburg 1957. S. 41.

Seite 27 *Wenn das Buch* Franz Kafka, Briefe 1900–1912. Hrsg. von Hans-Gerd Koch. Frankfurt a. M. 1999. (Kafka, Schriften, Tagebücher, Briefe. Kritische Ausgabe.) S. 36.

Seite 38 f. *Eine traurige Entwicklung* Wilhelm Flitner, Erinnerungen 1889–1945 © 1986 by Verlag Ferdinand Schöningh, Paderborn. (Flitner, Gesammelte Schriften. Bd 11.) S. 394 f.

Seite 40 *Der Literaturpreis* Tobias Runkel [d. i. Karl Ludwig Schneider], Bumke-Gedichte. Hamburg 1957. S. 10 © Erben Karl Ludwig Schneider.

Seite 42 *Form ist Wollust* Ernst Stadler, Dichtungen. Eingel., textkritisch durchges. und erl. von Karl Ludwig Schneider. Hamburg [1954]. S. 127.

Seite 61 ff. *Dieser Wintermorgen* Ernst Meister, Prosa 1931–1979. Hrsg. von Andreas Lohr-Jasperneite. Heidelberg 1989. (Veröffentlichungen der Deutschen Akademie für Sprache und Dichtung Darmstadt. 60.) S. 314–316 © Rimbaud-Verlag, Aachen.

Seite 65 f. *Nachdem es mich* Zitiert nach Jakob van Hoddis, Weltende. Hrsg. von Paul Raabe © 2001 by Arche Verlag. S. 98.

Seite 68 f. *Ich habe die* Berliner Tageblatt, 17. 1. 1922. Zitiert nach Georg Heym. Dokumente zu seinem Leben und Werk. Hrsg. von Karl Ludwig Schneider und Gerhard Burckhardt. Hamburg 1968. (Georg Heym, Dichtungen und Schriften. Bd 6.) S. 150 f. © Deutsche Schillergesellschaft, Marbach a. N.

Seite 70 *Dies Buch nennt* Kurt Pinthus, Menschheitsdämmerung. Ein Dokument des Expressionismus © 1955 by Rowohlt Taschenbuch Verlag GmbH, Reinbek bei Hamburg. S. 22, 31.

Seite 77 f. *Heller Tag, auch* Ludwig Meidner, Hymnen und Lästerungen. (Hrsg. und eingel. von Hans Maria Wingler.) © 1959 by Lan-
gen-Müller, München. S. 34, 35.

Seite 82 ff. *Marbach, Hotel zum Bären* Thea Sternheim, Tagebücher
1903–1971. Hrsg. und ausgew. von Thomas Ehrsam und Regula
Wyss. Bd 4 © 2002 Wallstein Verlag, Göttingen. S. 341 f.

Seite 90 f. *Ich habe mich* Aus dem Vorwort: Lyrik des expressionisti-
schen Jahrzehnts. Zitiert nach Gottfried Benn, Gesammelte Werke.
Hrsg. von Dieter Wellershoff. Bd 4. Wiesbaden 1961. S. 389 © Klett-
Cotta, Stuttgart 1991.

Seite 104 f. *Junigewitter* Ludwig Greve, Bei Tag. Neue Gedichte.
(Stuttgart 1974.) S. 22 f. © Nachlaßverwaltung Greve Frank-
furt/Berlin.

Seite 109 *Die Generation unserer* Expressionismus. Literatur und Kunst
1910–1923. Eine Ausstellung des Deutschen Literaturarchivs …
Stuttgart 1960. Letzte Umschlagseite © Nachlaßverwaltung Greve
Frankfurt/Berlin.

Seite 110 ff. *Sehr geehrter Herr Greve / Sehr geehrter Herr Professor Kasack*
Geschlagene Empörer? Eine Kontroverse über die Expressioni-
sten. In: Stuttgarter Zeitung. Jg. 16, Nr. 149 vom 2. Juli 1960, S. 50
© Erben Hermann Kasack / Nachlaßverwaltung Greve Frankfurt/
Berlin.

Seite 116 f. *Lieber Herr Doktor* © Heinrich Enrique Beck Stiftung,
Basel.

Seite 117 ff. *Lieber Herr Doktor Raabe* Mit Genehmigung der Kurt-Hiller-Gesellschaft.

Seite 124 f. *Es war in* Alexandra Pfemfert. Die Gründung der Aktion.
In: Expressionismus. Aufzeichnungen und Erinnerungen der Zeit-
genossen. Hrsg. von Paul Raabe. Olten und Freiburg i. Br. 1965.
S. 43 f. Mit Genehmigung der Rechtsträger.

Seite 130 f. *Wilhelm Klemm verläßt* Wilhelm Klemm, Aufforderung.
Gesammelte Verse. Mit einem Nachwort von Kurt Pinthus. Wiesbaden 1961. S. 139 © Deutsche Schillergesellschaft, Marbach
a. N.

Seite 132 *Wandlungen* Wilhelm Klemm. Aufforderung. a. a. O. S. 40
© Erben Wilhelm Klemm.

Seite 137 f. *Leute, die sich* Kurt Hiller, Die Jüngst-Berliner. In: Literatur und Wissenschaft. Monatliche Beilage der Heidelberger Zeitung. Juli 1911. Mit Genehmigung der Kurt-Hiller-Gesellschaft.

Seite 146 f. *Mit Melancholie liest* Die Lebenden. Flugblätter. Hrsg. von Ludwig Kunz. (Fotomechanischer Nachdruck.) Hilversum 1966. S. 93.

Seite 153 *An Galdys* Ernst Blass, Die Straßen komme ich entlang geweht. Heidelberg 1912. S. 11 © Thomas B. Schumann, Hürth.

Seite 156 *Dr. med. Gottfried Benn* Gottfried Benn: Den Traum alleine tragen. Neue Texte, Briefe, Dokumente. Wiesbaden 1966. S. 74. Abdruck mit freundlicher Genehmigung des Verlages Klett-Cotta, Stuttgart.

Seite 156 f. *Lieber Herr Doktor* Alle Rechte bei und vorbehalten durch Wallstein Verlag, Göttingen.

Seite 159 *Wie sie das* Maria Benemann, Leih mir noch einmal die leichte Sandale. Erinnerungen und Begegnungen © 1978 by Verlag Hans Christians, Hamburg. S. 200.

Seite 168 f. *Das Thema Expressionismus* Kurt Wolff, Autoren – Bücher – Abenteuer. Betrachtungen und Erinnerungen eines Verlegers © 1964 by Verlag Klaus Wagenbach, Berlin. S. 23.

Seite 173 f. *Die Sonne* Die Aktion. Jg. 4 (1914), Nr. 22 vom 30. Mai, Sp. 478 f.

Seite 178 f. *Im Spätsommer 1960* Expressionismus. Literatur und Kunst 1910–1923. Ausstellung ... in der Akademie der Künste. (Berlin 1961.) S. 2, 4.

Seite 183 *die neue Heilslehre* Programmschrift. (Berlin o. J.)

Seite 188 ff. *Es ist ein* Der Aufbau (New York), Mai 1961 © Erben Manfred George.

Seite 192 *Vaterhaus* Ernst Angel, Sturz nach oben. Gedichte. Wien 1920. S. 33.

Seite 193 *Vaterhaus: Zuerst veröffentlicht* Ernst Angel, Sturz nach oben. Nachdruck der Ausgabe. Wien 1920. Nendeln 1973. S. 5.

Seite 196 f. *Das hanseatische Lebensgefühl* Hans Harbeck, Expressionismus in Hamburg. In: Expressionismus. Aufzeichnungen und Erinnerungen der Zeitgenossen. Hrsg. von Paul Raabe. Olten und Freiburg i. Br. 1965. S. 276.

Seite 199 *Der Clou und* Die Welt (Hamburg), 30. 11. 1961.

Seite 205 f. *Der Germanist der* Fritz Martini, An der Schwelle der Moderne. Florenz entdeckt den deutschen Expressionismus. In: Stuttgarter Zeitung. Jg. 20, Nr. 134, 13. 6. 1964 © Erben Fritz Martini.

Seite 207 f. *Aber in der* Deutscher Expressionismus. Faltblatt zur Ausstellung.

Seite 214 *Zu Kubin's Bild* Ernst Jünger. Abgedruckt in: Paul Raabe, Alfred Kubin. A.a.O. Nach S. 32 © Klett-Cotta, Stuttgart 2003.

Seite 222 f. *Hören Sie, Herr* Die Aktion. Jg. 4 (1914), Nr. 21 vom 23. Mai, Sp. 445 f. Mit Genehmigung der Rechtsträger.

Seite 224 f. *Das mit großer* [Manfred George] Wiederkehr einer Zeitschrift. In: Der Aufbau (New York), 9. 3. 1962 © Erben Manfred George.

Seite 226 ff. *Das Jubiläum der* Unveröffentlicht. Im Paul Raabe Archiv. Mit Genehmigung der Kurt-Hiller-Gesellschaft.

Seite 234 f. *Junge Pferde* Erstdruck in: Die Aktion. Jg. 2 (1912), Nr. 43 vom 23. Oktober, Sp. 1361 f.

Seite 235 f. *Bei so allseitiger* Die Aktion. Jg. 8 (1918), Nr. 47/48 vom 30. November, Sp. 620 © Heinrich Enrique Beck Stiftung, Basel.

Seite 237 f. *Was aller Orten* Zenit (Zagreb), 1 (Oktober 1921), Nr. 8, S. 8 f. Zitiert nach: Expressionismus. Der Kampf um eine literarische Bewegung. Hrsg. von Paul Raabe. Zürich 1987. S. 180 © Wallstein Verlag, Göttingen.

Seite 265 f. *In den Methoden* Weltfreunde. Konferenz über die Prager deutsche Literatur. (Wiss. Redakteur: Eduard Goldstücker.) Prag 1967. S. 392 f.

Seite 272 f. *Auch die kühnste* Johannes R. Becher, Das poetische Prinzip © Aufbau-Verlag Berlin 1957. S. 103 f.

Seite 273 f. *Café Stefanie 1912* Johannes R. Becher, Gesammelte Werke. Bd IV, Gedichte 1936–1941 © Aufbau-Verlag Berlin und Weimar 1966.

Seite 274 *Eigentlich überflüssig zu* Johannes R. Becher, Auf andere Art so große Hoffnung. Tagebuch 1950 © Aufbau-Verlag GmbH, Berlin 1951. S. 445.

Seite 285 *Über die Gründe* Bulletin des Leo Baeck Instituts. Jg. 8 (1965), S. 177–206.

Seite 287 f. *Der Hakenkreuzzug* Hans Schiebelhuth, [Werke] Bd 1, Gedichte 1916–1936/Übertragungen. (Hrsg. von Manfred Schlösser.) © 1966 by Agora Verlag Berlin (ehm. Darmstadt/Zürich), S. 219 f.

Seite 289 f. *Ihrer Aufforderung komme* Zitiert nach Paul Raabe, Der späte Expressionismus. Biberach 1966. S. 50.

Seite 295 f. *Im Dachstüble hoch* Mit Genehmigung der Verfasserin.

Seite 311 f. *Die künstlerische Avantgarde* Literarische Zeitschriften im Nachdruck. Expressionismus. 20. Jahrhundert. Nendeln 1968. S. 1.

Seite 325 *Die Bibliographie ist* Walter Benjamin, Gesammelte Schriften. Bd 3. Hrsg. von Hella Tiedemann-Bartels © 1972 by Suhrkamp Verlag, Frankfurt am Main. S. 121.

Seite 326 *Den Traum alleine* Gottfried Benn. Den Traum alleine tragen. (Hrsg. von Paul Raabe und Max Niedermayer.) Wiesbaden 1966. S. 5.

Seite 328 f. *Tag, der den Sommer endet* Gottfried Benn, Statische Gedichte. Hrsg. von Paul Raabe © 1948, 1983, 2000 by Arche Verlag AG, Zürich-Hamburg. S. 26.

Die mit Genehmigung der Inhaber der Rechte – soweit zu ermitteln – zitierten Briefe und Briefauszüge von Wilhelm Badenhop, Lilly Becher, Käthe Brodnitz, Siegfried Buchenau, Conrad Felixmüller, Claire Goll, Doris Hahn, Sylvia von Harden, Kurt Hiller, Paul Hirsch, Franz Jung, Erna Klemm, Ludwig Kunz, Clara Leybold, Ludwig Meidner, I. B. Neumann, Alexandra Pfemfert, Maria Schaefer, Nico Rost, Erika Schneller, Thea Sternheim, Klaus Wagenbach und Kurt Wolff befinden sich im Paul Raabe Archiv.

Wir danken allen Autoren, Verlagen und Nachlaßverwaltern für die freundliche Genehmigung zum Abdruck. In einigen Fällen ist es uns trotz intensiver Nachforschungen nicht gelungen, die heutigen Rechteinhaber zu ermitteln. Wir bitten diese, sich mit dem Arche Verlag, Zürich-Hamburg, in Verbindung zu setzen.

Personenregister

Die Personen, die zum Expressionismus und seinem Umkreis gehören, und darüber hinaus einige verstorbene Weggefährten werden im Register mit ihren Lebensdaten verzeichnet.

Adler, H. G. 334
Adler, Jeremy 129, 334
Adler, Paul (1878–1946) 142
Adorno, Theodor W. 105
Alexander, Gerhard 200
Altenberg, Peter 138
Andreas-Salomé, Lou 166
Angel, Ernst (1894–1986)
    192–194, 316
Ansbacher, Mordechai 260
Anz, Thomas 337
Arnim, Bettina von 142
Arntz, Helmut 94
Arp, Hans (1886–1966) 92,
    191, 233, 331
Avery, Doris 262, 294
Avery, George 262, 264, 294

Baader, Johannes 337
Bachmair, H. F. S. (1889–1960)
    217, 273
Bachmann, Ingeborg 199
Badenhop, Katharina 63
Badenhop, Wilhelm
    (1902–1961) 56–65, 89, 94,
    130, 321
Baeckmann, Anna 16
Bahr, Hermann 166
Ball, Hugo (1886–1927) 117,
    162, 173 f., 191, 245
Bänsch, Dieter 58

Bantzer, Carl 291
Barlach, Ernst (1870–1938)
    12, 14, 89, 95, 99, 180, 244
Barron, Stephanie 317, 319
Bartholl, Max 332
Bauer, Felice 219
Bauknecht, Philipp 289, 334
Baum, Oskar (1883–1941)
    194, 255
Bäumer, Ludwig (1888–1928)
    163
Baumgardt, David (1890–1963)
    187 f.
Becher, Johannes R. (1891–
    1958) 76, 78, 129, 162, 168,
    173, 182, 234, 239, 246,
    270–274, 278
Becher, Lilly 164, 182, 270
Beck, Adolf 28, 37, 47
Beckmann, Max (1884–1950)
    14, 89, 99, 180, 317 f.
Behl, Carl Friedrich Wilhelm
    (1889–1968) 176, 241
Behrens, Franz Richard
    (1895–1977) 337
Beißner, Friedrich 100, 247
Benemann, Maria (1887–1980)
    159
Benjamin, Walter 114, 325
Benn, Gottfried (1886–1956)
    11, 20, 62, 85, 90 f., 99, 106,

119, 129, 138, 142 f., 155 f.,
160 f., 168, 179, 182, 189,
223, 234, 238, 290,
325–331, 336, 338
Benn, Ilse 100, 164, 327, 330 f.
Berend, Eduard 48
Bergmann, Hugo 155, 257 f.
Bienek, Horst 236 f.
Bierbaum, Otto Julius 173
Bing, Benno 274
Blass, Ernst (1890–1939) 118,
138, 140, 145, 153, 169, 228,
234, 240, 243, 246, 259
Blei, Franz (1871–1942) 139,
223, 244, 266 f.
Bloch, Ernst (1885–1977) 239
Böckmann, Paul 100
Bode, Ingrid s. Hannich-Bode
Bodi, Leslie 209, 286
Boldt, Paul (1885–1921) 234 f.
Bolliger, Hans 56
Borchardt, Rudolf 102 f., 258
Born, Jürgen 267, 269
Bosch, Hieronymus 23
Bosch, Manfred 240
Brand, Karl (1895–1917) 316
Brazil, Felix s. Klemm,
Wilhelm
Brecht, Bertolt (1898–1956)
182, 270, 287
Brinkmann, Richard 100, 247,
323
Broch, Hermann 283, 286
Brod, Fritta 176
Brod, Max (1884–1968) 140,
165, 194, 219, 222 f., 242,
246, 253–262, 264, 268
Brodnitz, Käthe (1884–1971)
161–163

Bronnen, Arnolt (1895–1959)
182, 193
Bruck, Elsbeth 276
Brust, Alfred (1891–1934) 164
Buber, Martin 259
Buchenau, Siegfried (1892–
1964) 33, 213–220, 230,
232
Büller-Klinkowström, Ellinor
326, 329
Burschell, Friedrich
(1889–1970) 176, 241
Busoni, Ferruccio 187
Buttlar, Herbert Frh. von 182

Canaris, Wilhelm Franz 148
Canetti, Elias 26
Carossa, Hans 32
Caspari, Georg 174
Cassens, Johann-Tönjes 330
Cassirer, Paul 304
Celan, Paul 105, 157
Cézanne, Paul 17
Chagall, Marc 303
Chiarini, Paolo 203–206, 327
Claudius, Matthias 258
Cocteau, Jean 85
Conrad, Joseph 91
Conz, Almut s. Pfeiffer
Conz, Karl Philipp 295
Corrinth, Curt (1894–1960)
182, 289
Coster, Charles de 215
Cremer, Martin 297

Dante Alighieri 48
Däubler, Theodor (1876–1934)
107, 189, 225, 234, 244,
274, 303, 337 f.

Dauthendey, Max 30, 32
Dehmel, Richard 197, 217, 274
Dejon, Mrs. 164
Deutsch, Ernst (1890–1969)
255
Dietrich, Rudolf Adrian (1894–
1969) 100, 240 f., 289
Dietz, Ludwig 267
Dix, Otto (1891–1969) 157 f.,
319
Döblin, Alfred (1878–1957)
111, 116, 142, 289, 338
Döblin, Peter 187
Dostojewski, Fjodor 24, 215
Draws-Tychsen, Hellmut
(1904–1973) 167, 239,
278–282
Drews, Jörg 175, 337
Drey, Arthur (1890–1965)
187 f., 234
Drömmer, Peter (1889–1968)
319
Düttmann, Werner 178
Dyroff, Hans-Dieter 236

Edschmid, Kasimir (1890–
1966) 90, 92, 97, 114, 117,
165, 197, 223, 237, 242, 245
Eggert, Fritz 103
Ehrenbaum-Degele, Hans
(1889–1915) 316
Ehrenstein, Albert (1886–
1950) 129, 164 f., 168, 175,
234, 244, 246, 261, 286
Ehrler, Hans Heinrich 289
Eichendorff, Joseph von 151
Eichmann, Adolf 188, 260
Einstein, Carl (1885–1940) 85,
116, 124, 142 f., 223, 244

Eisner, Kurt 174
Ellermann, Heinrich 41, 53
Emrich, Wilhelm 67 f., 269
Engert, Ernst Moritz (1892–
1986) 55
Ensor, James 23
Ernst, Otto 223
Esenwein, Jürgen von 280

Faber du Faur, Curt 164 f.
Faude, Ekkehard 240
Faul, Eckhard 163
Feifel, Winfried 293
Feigl, Ernst 309 f.
Feininger, Lyonel (1871–1956)
23, 89, 95, 111, 180, 203,
223
Felixmüller, Conrad (1897–
1977) 85, 222, 290–292,
319, 321
Felixmüller, Londa 291
Ferle, Horst 264
Ficker, Ludwig von (1880–
1967) 103
Fischer, Max 95
Fischer, Wolfgang 14–18, 34
Fleißer, Marieluise 279
Flitner, Wilhelm 38
Fontana, Oskar Maurus (1889–
1969) 26, 149, 241
Francke, August Hermann 50,
325
Frank, Charlot 175 f.
Frank, Leonhard (1882–1961)
175, 274
Frankenschwerth, Kurt 333
Friedlaender, Salomo
s. Mynona
Friedrich II. von Preußen 31

Friedrich, Erhard 329 f.
Friedrich, Heinz 233, 327
Fritsche, Herbert 145
Fuhrmann, Ernst 149–151
Fürnberg, Louis 264
Fürst, Margot 103
Fürst, Max 103

Gaskell, Howard 337
Gassner-Hirsch, Ruth 163
Gauguin, Paul 17
Geerken, Hartmut 337
Georg, Manfred s. George
George, Manfred (1893–1965)
    188, 222
George, Stefan 30
Gide, André 85
Glaser, Edith 259
Gleichmann, Otto (1887–1963)
    319
Göbel, Wolfgang 169
Goebbels, Joseph 228
Goering, Reinhard 244
Goethe, Johann Wolfgang 48,
    164, 166, 220, 229, 255, 271,
    324
Goetz, Wolfgang 26
Goldstücker, Eduard 262–266,
    269
Goll, Claire (1891–1977) 114,
    156 f., 159
Goll, Yvan (Iwan) (1891–1950)
    129, 157, 189, 234, 237 f.,
    244, 246
Götschelt, Barbara 49
Goya 23
Graf, Oskar Maria (1894–
    1967) 173
Grass, Günter 167

Greve, Ludwig (1924–1991)
    48–50, 52, 83 f., 94–96, 98,
    100, 102–106, 109–114,
    117, 119, 141, 175, 180, 202,
    299
Grieshaber, HAP 95 f., 103,
    107, 141, 304
Grossmann, Rudolf 223
Grosz, George (1893–1959)
    99, 319
Gruenter, Rainer 269
Grüninger, Ingrid 94, 96, 98,
    175
Guilbeaux, Henri 117
Günther, Alfred (1885–1969)
    100, 114, 242

Haas, Willy (1891–1973) 90,
    199, 242, 255
Hadwiger, Victor (1878–1911)
    337
Hafner, Werner 338
Hahn, Doris 160, 222
Haindl, Josef 279
Halbe, Max 162
Halpert, Dodo David 154
Hals, Frans 292
Hampel, Norbert 34
Hannich-Bode, Ingrid 49 f.,
    320 f.
Harbeck, Hans (1887–1968)
    197, 200, 241
Hardekopf, Ferdinand (1876–
    1954) 13, 137, 158, 223,
    234, 246
Harden, Sylvia von (1894–
    1964) 157–159, 241
Hardenberg, Henriette (1894–
    1993) 164, 333, 335

356

Haringer, Jakob (1898–1948)
  145
Hart, Heinrich 249
Hart, Julius 249
Hartig, Rudolf (1893–1962)
  337
Hartleben, Otto Erich 173
Härtling, Peter 246, 268
Hase, Karl von 131
Hasenclever, Edith 97, 160
Hasenclever, Walter (1890–
  1940) 71, 73, 118, 129, 137,
  164 f., 189, 221, 225, 233,
  246, 336
Hatvani, Paul (1892–1975)
  282–286, 299, 340
Haug, Wolfgang 337
Hauptmann, Gerhart 177,
  303
Hausmann, Raoul (1886–1971)
  92, 242, 337
Heartfield, John 276
Heberle, Brunhilde 334
Heckel, Erich (1883–1970) 13,
  99, 111, 180, 189, 289
Heimann, Hans 128
Heine, Heinrich 48
Heine, Thomas Theodor 215
Heißenbüttel, Helmut 93
Hennings, Emmy (1885–1948)
  173, 272
Herrmann-Neisse, Max (1886–
  1941) 78, 84, 93, 144–146,
  189, 223
Herzfelde, Wieland (1896–
  1988) 182, 263 f., 270 f.,
  275–278
Herzmanovsky-Orlando,
  Fritz von 26

Herzog, Wilhelm (1884–1960)
  136
Heselhaus, Clemens 204 f.
Hesse, Hermann 26, 32, 138
Hetzer, Theodor 17
Heuss, Theodor 47
Heym, Georg (1887–1912)
  20 f., 38, 41–43, 53–58,
  68 f., 76, 90 f., 99, 107,
  111, 124, 129, 138, 140,
  164 f., 169, 180 f., 188,
  217, 219, 223, 228, 234,
  244–246, 271, 331, 333
Heynicke, Kurt (1891–1985)
  114, 130
Hiemer, Franz 83
Hiller, Kurt (1885–1972) 26,
  90, 100, 114, 117–119,
  124 f., 134–141, 153 f., 200,
  217, 219, 222–224, 226,
  234, 236 f., 246, 298, 316,
  337
Hindemith, Paul 155
Hirsch, Karl Jakob (1892–
  1952) 163
Hirsch, Paul s. Hatvani
Hitler, Adolf 139, 154, 174,
  208
Hoddis, Jakob van (1887–
  1942) 20–22, 65, 76, 78,
  107, 124, 129, 138, 234,
  244, 259, 272, 331 f., 336
Hoerle, Heinrich 225
Hoetger, Bernhard (1874–
  1949) 12 f.
Hoffe, Ilse Esther 253
Hoffmann, Dieter 133
Hoffmann, Eugen Ferdinand
  (1885–1971) 239

357

Hoffmann, Wilhelm 47, 102, 105

Hofmannsthal, Hugo von 102, 195

Holbein, Hans 292

Hölderlin, Friedrich 37, 43, 83, 220, 230, 245, 293, 295, 331

Höllerer, Walter 269

Höltgen, Karl Josef 59

Holthusen, Hans Egon 184 f., 187, 190, 327, 330

Holthusen, Mechthild 28

Horwitz, Leo 154

Horwitz, Martha 154

Höxter, John (1884–1938) 78

Huch, Friedrich 24

Huch, Ricarda 162

Huelsenbeck, Richard (1892–1974) 92, 187, 191, 234, 331

Hulbeck, Charles R. s. Huelsenbeck, Richard

Ihering, Herbert (1888–1977) 58

Jacob, Heinrich Eduard (1889–1967) 237, 241

Jacob, Herbert 54

Jacob, Walter (1893–1964) 319

Jacob-Loewenson, Alice 53

Jacobsohn, Siegfried 136

Jahnn, Hans Henny (1894–1959) 287, 336

Jandl, Ernst 93

Janowitz, Franz (1892–1917) 166, 316

Janthur, Richard (1883–1956) 76

Jarry, Alfred 64

Jaspers, Karl 16

Jawlensky, Alexej von (1864–1941) 177

Jennings, Lee B. 294

Jentzsch, Robert (1890–1918) 180 f., 234

Jessen, Hans 222

Johst, Hanns (1890–1978) 90, 238

Jouve, Jean-Pierre 85

Jung, Claire (1892–1981) 164, 182, 222, 271, 276, 278

Jung, Franz (1888–1963) 142, 148–152, 189, 222, 242, 274, 276, 336

Jünger, Ernst (1895–1998) 26, 214, 287

Kafka, Franz (1883–1924) 26 f., 30, 37, 164 f., 168 f., 188, 194, 219, 253, 255–257, 263, 266–269, 336

Kahn, Harry 228

Kaiser, Georg (1878–1945) 111

Kandinsky, Wassily (1866–1944) 25, 36, 95, 203

Kanzog, Klaus 333

Karsch, Walther 135

Kasack, Hermann (1896–1966) 39, 90, 92, 94, 97, 109–114, 130, 146, 150, 216, 222, 234, 241

Kästner, Erhart 200, 250, 297, 303 f.

Kästner, Erich 35

Katte, Hans Hermann von 31

Kauffmann, Bernd 329

Kayser, Rudolf (1889–1964) 193 f., 316
Kennedy, John F. 73
Kerner, Justinus 295
Kerr, Alfred (1867–1948) 118, 136, 138, 140, 199, 223, 228, 250
Kersten, Hugo (1892–1919) 337
Kersten, Kurt (1891–1962) 188, 222
Kesser, Hermann (1880–1952) 289
Kestenberg, Leo 304
Ketterer, Roman Norbert 128
Killy, Walther 297
Kippenberg, Anton 274
Kirchner, Ernst Ludwig (1880–1938) 14, 22, 56, 99, 110, 203, 289, 334
Kirndörfer, Marie 177
Kisch, Egon Erwin 255
Kitta von Kittel, Jörg 76
Klabund (1890–1928) 138, 162, 173, 177, 245 f., 334–336
Klee, Paul (1879–1940) 23, 25, 30, 35 f., 89, 95, 99, 110, 203, 331
Kleist, Heinrich von 220
Klemke, Werner 276
Klemm, Alfred 133
Klemm, Arno 133 f.
Klemm, Erna 100, 129–134, 152, 222
Klemm, Gelimer 133
Klemm, Manfred 133
Klemm, Wilhelm (1881–1968) 60, 97, 114, 129–134, 234

Klett, Michael 327
Klöss, Eberhard 236
Kluth, Karl 14
Knoblauch, Adolf (1882–1951) 182
Kobus, Kathi 173
Kohn, Hein 146 f.
Kokoschka, Oskar (1886–1980) 89, 99, 100, 110, 127 f., 165
Kollwitz, Käthe 319
Kölwel, Gottfried (1889–1958) 159
Kölwel, Rosa 159, 222
Köster, Albert 71, 165
Kraemer, Friedrich Wilhelm 303
Kraft, Werner (1896–1991) 155, 222, 257
Kraus, Hans Peter 310
Kraus, Karl (1874–1936) 103, 135, 165, 168 f., 225, 245, 258, 286
Krell, Max (1887–1962) 222, 242
Kreuder, Ernst 20
Krohn, Hildegard 271
Krolop, Kurt 264
Kröner, Alfred 132, 134
Krupp, Alfred 223
Kubicki, Karol 180, 223
Kubicki, Stanislaw (1889–1943) 180
Kubin, Alfred (1877–1959) 23–33, 34, 131, 149, 196, 213–215, 303 f., 324
Kucharski, Heinz 38 f.
Kuhnert, Karl 16
Kulka, Georg (1897–1929) 337

Kunz, Ludwig (1900–1976)
  144–147
Kurella, Alfred 238
Kurtz, Rudolf (1884–1960)
  183
Küsters, Willy (1888–1949) 337
Kutscher, Arthur 162

La Pira, Giorgio 204
La Tour, Georges de 292
Lafrentz, Traute 38
Landauer, Gustav (1870–1919)
  118, 174
Lang, Hans Joachim 38
Lange, Elisabeth 38 f.
Lange, Horst 20
Langgässer, Elisabeth 199
Lasker-Schüler, Else
  (1869–1945) 20, 58–60,
  99, 126, 129, 140, 154–156,
  189, 199, 223, 225, 234,
  244–246, 258 f., 275, 286,
  326, 336–338
Lasker-Schüler, Paul 155
Lautensack, Heinrich 173
Ledig-Rowohlt, Heinrich
  Maria 73
Lehmann, Wilhelm (1882–
  1968) 103, 144, 146
Lehmbruck, Wilhelm
  (1881–1919) 89, 95, 99
Leibniz, Gottfried Wilhelm 298
Leins, Hermann 230
Leip, Hans (1893–1983) 197
Leipelt, Hans 38 f.
Lemp, Richard 222
Lenin Wladimir Iljitsch 229
Leonhard, Rudolf (1889–1953)
  129, 182

Leonhard, Susanne 152
Leppin, Paul (1878–1945) 255
Lessing, Gotthold Ephraim 55,
  141, 197, 298, 306, 317
Levi-Mühsam, Else 163
Levin, Georg s. Walden
Levin, Julius (1862–1935) 146
Levin, Ludwig 187, 195
Leybold, Clara 161
Leybold, Hans (1892–1914)
  161–163, 173
Lichtenberger, Hans 30
Lichtenstein, Alfred (1889–
  1914) 20–22, 91, 129, 223,
  244, 331, 333, 336
Liebmann, Kurt (1897–1981)
  239
Lindinger, Cäcilia (Cilly) 29,
  32
Loerke, Oskar (1884–1941)
  103, 111, 139, 144–146
Loewenson, Erwin (1888–
  1963) 42, 53, 65, 68, 259
Lorenz, Karl (1888–1961) 197,
  233
Lotz, Ernst Wilhelm (1890–
  1914) 76, 78, 118, 129, 138,
  189, 243, 280
Ludewig, Peter 333
Ludwig, Paula (1900–1974)
  287
Lukács, Georg 238 f.
Luther, Martin 255
Lutz, Otto 103

Macke, August (1887–1914)
  35, 99, 203
Malraux, André 82
Manet, Edouard 17

Mann, Heinrich (1871–1950)
  118, 169, 189, 223, 290
Mann, Thomas 32, 147, 215,
  334
Marc, Franz (1880–1916) 25,
  30, 110, 318
Marcuse, Ludwig 242
Marczynski, Robert 314 f.
Mardersteig, Hans 216
Marietta di Monaco
  s. Kirndörfer
Martini, Fritz 204–206
Masereel, Frans 117, 240
Matthias, L. L. (1893–1970)
  222
Matisse, Henri 303
Mayer, Hans 204 f., 269–271
Mayer, Paul (1889–1970) 223
Mayer, Rudolf 103
Mazzucchetti, Lavinia 204
Mehring, Walter (1896–1981)
  92, 331
Meidner, Ludwig (1884–1966)
  75–80, 99, 136, 144, 189,
  217, 223, 260, 272, 331
Meister, Ernst 61–63
Menck, Clara 99
Mendelsohn, Erich 261
Metelmann, Ernst 230
Meyen, Ingeborg 49
Meyer, Alfred Richard (1882–
  1956) 20 f., 90
Meyer, Reinhold 39
Mierau, Fritz 278
Mierau, Sieglinde 278
Milch, Thomas 337
Mileck, John 294
Miró, Joan 64, 303
Missenharter, Hermann 289

Mittner, Ladislao 204 f.
Modersohn, Paula 14
Modrow, Philipp 334
Mombert, Alfred 21, 32, 111,
  225
Mon, Franz 93
Monet, Claude 17
Mueller, Otto (1874–1930) 14,
  180, 289
Mühsam, Erich (1878–1934)
  146, 161, 163, 173 f.,
  274
Mühsam, Paul (1876–1960)
  163
Mühsam, Zenzi 276
Müller, Artur 151
Müller, Hans Dieter 241
Müller-Wulckow, Walter
  (1886–1964) 14 f., 36
Munch, Edvard 99, 291
Münchhausen, Börries von 238
Muncker, Franz 162
Münstermann, Ludwig 17
Münter, Gabriele (1877–1962)
  177
Munz, Dieter 225
Musil, Robert 145
Mynona (1871–1946) 26, 124,
  157, 160, 189, 333

Nadler, Josef 289
Nagel, Otto 182
Nebel, Otto (1892–1973) 337
Neher, Carola 335
Nerval, Gérard de 24
Neumann, I. B. 195 f.
Niedermayer, Max 91, 101,
  130, 143, 325 f.
Niedlich, Wendelin 103

Nolde, Emil (1867–1956) 14, 99, 111
Nooteboom, Cees 143
Nörtemann, Regina 332
Nossack, Hans Erich 20, 67
Nowak, Heinrich (1890–1955) 337
Nussbaum, Anna 259

Oelze, Richard 14
Oncken, Karl Gerhard 13
Oppenheimer, Max 124 f.
Ortega y Gasset, José 297
Ossietzky, Carl von 136
Ott, Ulrich 305
Otte, Kurt (1902–1983) 23–28, 33 f., 214
Otten, Ellen 91, 246 f.
Otten, Karl (1889–1963) 60, 91 f., 97, 130, 150, 217, 244, 246, 333
Otto, Claire s. Jung

Pasley, Malcolm 264, 266 f.
Paulsen, Wolfgang 118
Pechstein, Max (1881–1955) 13, 180
Peters, Karl 289
Pfäfflin, Friedrich 225, 338
Pfeiffer, Almut 49 f., 295
Pfemfert, Alexandra (1883–1963) 97, 115, 123–126, 152, 159, 217, 221, 223, 225 f., 234
Pfemfert, Franz (1879–1954) 85, 91, 123–126, 130 f., 134, 136, 145, 158 f., 180, 189, 222–224, 226, 228 f., 231–236, 312, 333

Picard, Fritz 157, 222
Picard, Jacob (1883–1967) 100, 240 f.
Picasso, Pablo 303
Pick, Otto (1887–1940) 28, 194
Pinthus, Else 72, 191
Pinthus, Kurt (1886–1975) 56, 67–75, 91 f., 99, 129 f., 133, 156 f., 165, 187 f., 191, 195, 204, 217, 219, 222, 241, 244, 250, 282, 298, 321
Piscator, Erwin 148
Plagge, Hermann (1888–1918) 337
Pleines, Harm 19
Poe, Edgar Allan 24
Poeschel, Erwin 334 f.
Pohl, Gerhart 145, 178 f., 222
Pollig, Hermann 208
Porada, Käthe von 326
Pörtner, Marlies 64
Pörtner, Paul (1925–1984) 56, 64–68, 89, 99, 222
Pörtner, Xenia 64
Pound, Ezra 331
Presber, Rudolf 223
Pretzel, Ulrich 41
Przygode, Wolf (1895–1926) 216
Pyritz, Hans 28, 37, 41–43, 194, 197

Raabe, Elisabeth 239, 331
Raabe, Katharina 248 f., 293
Radziwill, Franz (1895–1983) 14, 35
Reber, Mr. 184, 187, 190
Redon, Odilon 23

Rée, Anita 159
Reichert, Josua 95, 99, 103 f.,
    179, 198
Reimann, Paul 263
Rembrandt 291
Renoir, Auguste 17
Reuchlin, Johannes 254, 256
Rheiner, Walter (1895–1925)
    321
Richter, Hans (1888–1976) 92
Rietzschel, Thomas 333
Rifkind, Robert Gore 317–319,
    321
Riha, Karl 337
Rilke, Rainer Maria 21, 143,
    264, 274
Ritter, Emma (1878–1972) 13
Robert, Marthe 269
Rockenbach, Martin 58
Rohlfs, Christian (1849–1938)
    14
Rokyra, Hugo 265
Rolland, Romain 117
Roselius, Ludwig 13
Rosenberg, Margarete
    s. Hardenberg
Rost, Edith 142
Rost, Nico (1896–1967)
    142–144
Rothe, Hans (1894–1977) 157,
    204, 242
Rothe, Margaretha 38 f.
Rowohlt, Ernst (1887–1960)
    33, 73, 165, 213, 217
Rubiner, Ludwig (1881–
    1920) 118, 124, 223, 228,
    234
Ruest, Anselm (1878–1943)
    78, 124, 226 f.

Rühle, Gerd 238
Runkel, Tobias s. Schneider,
    Karl Ludwig

Sack, Paula 97, 160, 222
Salomon, Peter 337
Samuel, Richard 209
Santoli, Vittorio 205
Sarkowski, Heinz 221
Sauereßig, Heinz 286, 288, 290
Schad, Christian (1894–1982)
    217, 241
Schaefer, Heinrich (1889–
    1943) 116
Schaefer, Maria 97, 116, 123
Schapire, Rosa (1874–1954)
    159
Scharoun, Hans (1893–1972)
    182
Schasar, Salman 255
Schaumann, Ruth (1899–1975)
    287
Scheerbart, Paul (1863–1915)
    25, 160, 165, 239, 246, 280
Scheffler, Walther 293
Schickele, Anna 100, 160
Schickele, René (1883–1940)
    85, 129, 169, 223, 234, 246
Schiebelhuth, Hans (1895–
    1944) 287 f., 290, 336
Schiff, Gert 84
Schifferli, Peter 65, 327, 331
Schiller, Elisabetha
    Dorothea 84
Schiller, Friedrich 47, 68, 80 f.,
    83, 93, 95, 133, 137, 164,
    176, 220, 289, 294 f.
Schlegel, August Wilhelm 220
Schleger, Friedrich 220

Schlemmer, Oskar (1888–1943)
36
Schlüter, Marguerite 91, 326
Schmalstieg, Herbert 330
Schmid, Paul 289
Schmidt, Arno 175
Schmidt-Rottluff, Karl 13, 99,
180, 203, 223, 289
Schmückle, Georg 289
Schnack, Anton (1892–1973)
26
Schneider, Karl Ludwig (1919–
1981) 37–43, 56, 58, 65, 69,
89, 197–199, 219, 243
Schneider, Nina 37
Schneller, Erika 180 f.
Schodder, Karl 160
Schoeller, Wilfried F. 142
Scholz, Martha 181
Schopenhauer, Arthur 255,
264
Schreyer, Lothar (1886–1966)
114, 128 f., 200 f., 216,
241
Schrimpf, Georg (1889–1938)
276
Schrimpf, Hedwig 276
Schröder, Rudolf Alexander 20
Schulenburg, Lutz 152
Schulte-Tigges, Friedhelm 313
Schulze, Ernst 280
Schulze-Maizier, Friedrich
(1888–1971) 217, 219
Schwitters, Kurt (1887–1948)
93, 134
Schwöbel, Herbert 103
Schwoon, Karl (1908–1972)
34–36
Seelig, Carl 90

Seewald, Richard (1889–1967)
242
Seghers, Anna 142
Seidel, Willy 24
Seiffert, Hans-Werner 54
Sengle, Friedrich 100
Serner, Walter (1889–1942?)
241
Shakespeare, William 48
Sheppard, Richard 337
Sichowsky, Richard von 41
Sidow, Max (1897–1965) 304
Siebert, Ilse 270, 278
Sieburg, Friedrich (1893–1964)
287
Siggel, Direktor 55
Soergel, Albert 89
Sonnenschein, Hugo (1890–
1953) 234
Sørensen, Nele 330 f.
Sorge, Reinhard (1892–1916)
187, 336
Speyer, Mr. 185
Stadler, Ernst (1883–1914) 20,
38, 41 f., 85, 99, 111, 129,
165, 169, 223, 244 f.
Stark, Michael 337
Starke, Ottomar (1886–1962)
215
Stein, Gertrude 331
Steinen, Ulfa von den 309–316
Steiner, Herbert 195
Steiner, Marianne 269
Steinhardt, Jakob (1887–1968)
76, 259 f.
Sternfeld, William 222
Sternheim, Carl (1878–1942)
81 f., 84–86, 111, 113, 116,
165, 168 f., 235, 249

Sternheim, Thea (1883–1971) 80–86, 101, 116, 131, 152, 325, 327
Stifter, Adalbert 258
Stöcker, Helene 135 f.
Stoermer, Curt (1891–1976) 22
Störig, Hans Joachim 221
Stramm, August (1874–1915) 20, 129, 229, 333 f.
Stramm, Inge 129
Straub, Karl Willy (1880–1971) 239
Strauss, Georg 155
Streicher, Julius 228
Strodtbeck, Dr. 96
Stuckenberg, Fritz 14
Sturmann, Manfred (1903–1989) 145, 155, 258 f.
Suhr, Albert 38 f.
Szittya, Emil (1886–1964) 157, 222, 316, 337
Szymanski, Rolf 180

Tagger, Theodor (1891–1958) 182
Tgahrt, Reinhard 75, 103, 106, 294, 299
Thomas, R. Hinton 209
Tiemann, Hermann 199
Toller, Ernst (1893–1939) 135, 174, 336 f.
Tominski 125
Trakl, Georg (1887–1914) 20, 26, 38, 90, 99, 103, 111, 129, 141, 165, 169, 199, 245, 289, 331
Tramer, Hans 284
Tschirner, Hildegard 49

Tucholsky, Kurt 135 f., 255
Tychsen, Cecilie 280
Tzara, Tristan (1896–1963) 191

Uhland, Ludwig 220
Ulbricht, Walther 154, 272
Ungar, Hermann (1893–1929) 142
Unger, Erich (1887–1950) 259
Unruh, Fritz von (1885–1970) 164 f.
Urech-Walden, Hannes 127
Urzidil, Johannes (1896–1970) 187, 194 f., 241
Usinger, Fritz (1895–1982) 217, 219
Uyttersprott, Hermann 143

Velasquez 291 f.
Vermeer, Jan 291
Viebeg, Paul 25
Vischer, Melchior (1895–1975) 337
Vitali, Regina 331
Vogeler, Heinrich (1872–1942) 163
Voigt, Horst 328
Volke, Werner 293
Vollmer, Hartmut 333, 335
Voss, Ernst Theodor 229
Vriesen, Gustav 35

Wagenbach, Klaus 168, 266–269
Wagner, Friedrich Wilhelm (1892–1931) 337
Wagner, Richard 153

Walden, Herwarth (1878–
1941) 23, 126–128, 136,
182, 200, 229, 231 f., 246,
312

Walden, Nell (1887–1975) 97,
126–129, 152, 201

Walden, Sina 128

Wauer, William (1866–1962)
182 f.

Wedekind, Frank 162, 173, 195

Wedekind, Kadidja 195

Wedekind, Tilly 326

Weisbach, Emmy 245

Weiskopf, F. C. 264, 275

Welk, Ehm 270

Wendler, Wolfgang 86

Wendtorf, Ursula 36

Werfel, Franz (1890–1945) 26,
71, 129, 138, 140, 164 f.,
169, 189, 197, 199, 255

Werkman, Hendrik 141

Weyrauch, Erdmann 323

Wiesenthal, Simon 143

Wild, Heinrich 225

Wingler, Hans Maria 77

Wolf, Friedrich (1888–1953)
270

Wolf, Hans 222

Wolfe, Thomas 287

Wolfenstein, Alfred (1883–
1945) 78, 86, 129, 145, 223,
333, 336

Wolff, Gustav (1886–1934) 95

Wolff, Helen 165, 167, 246

Wolff, Kurt (1887–1963)
164–169, 194, 217, 219,
232 f., 246, 267

Wolffheim, Hans 37

Wolfradt, Willi 145

Wolfskehl, Karl 30

Worringer, Wilhelm (1881–
1965) 283

Zech, Paul (1881–1946) 78,
93, 129

Zehder, Hugo (1882–1961)
183

Zeller, Bernhard 47, 83 f., 94,
96 f., 116 f., 160, 167, 203,
246, 289, 293 f.

Zepler, Georg 124 f.

Ziegesar, Sylvie von 166

Ziegler, Klaus 100, 216, 218,
247, 250

Zinn, Ernst 100, 264 f.

Zohn, Harry 283, 285

Zollikofer, Fred von (1898–
1937) 145

Zuckmayer, Carl (1896–1977)
80, 234, 287

Zweig, Arnold (1887–1968)
189

Zweig, Stefan 32, 237, 250,
261

Paul Raabe, geboren 1927 in Oldenburg (Oldb.). 1948 Diplombibliothekar, 1951–57 Studium der Germanistik und Geschichte in Hamburg, 1957 Promotion. 1958–68 Leiter der Bibliothek des Deutschen Literaturarchivs in Marbach a. N. 1967 Habilitation in Göttingen. 1968–92 Direktor der Herzog August Bibliothek Wolfenbüttel. 1992–2000 Direktor der Franckeschen Stiftungen in Halle a. d. S. Ehrendoktor der Universitäten Braunschweig, Krakau und Halle. Zahlreiche Veröffentlichungen zum Expressionismus, Buch- und Bibliothekswesen. Bei Arche erschienen u. a.: *Bibliosibirsk oder Mitten in Deutschland. Jahre in Wolfenbüttel* (1992), *Spaziergänge durch Goethes Weimar* (1990), *Spaziergänge durch Nietzsches Sils-Maria* (1994), *Spaziergänge durch Lessings Wolfenbüttel* (1997), *In Franckes Fußstapfen. Aufbaujahre in Halle an der Saale* (2002). Seit 1986 Herausgeber der *Arche-Editionen des Expressionismus*.